*La jeune génération s'attend à un
sort pire que la génération de la
guerre de 1939-45,
si nous ne ripostons pas.
Le destin a un nom:
Transhumanisme & 5G.*

Tout ce qui est décrit dans ce livre est réel:
- l'intelligence artificielle,
- le transhumanisme,
- le contrôle de l'esprit,
- la manipulation du temps météorologique,
- les chemtrails,
- le HAARP,
- les armes biologiques,
- la maladie des morgellons,
- la 5G .

Un traitement justiciable de ces
"armes contre l'humanité"
a déjà commencé. Cela se reflète dans la poursuite en justice contre les représentants des États profonds,
Affaire n° : '19CV2407CAB AHG ,
déposée le 16 décembre 2019 auprès de la
Cour suprême de Californie.

Les chefs d'inculpation sont:
(1) L'UTILISATION ABUSIVE DE L'INTELLIGENCE ARTIFICIELLE, DE LA CYBERNÉTIQUE, DE LA ROBOTIQUE, DE LA BIOMÉTRIE, DE LA BIO-INGÉNIERIE, DE LA TECHNOLOGIE 5G ET DE L'INFORMATIQUE QUANTIQUE
(2) LA MISE EN DANGER DE L'ESPÈCE HUMAINE PAR L'UTILISATION ABUSIVE DE LA TECHNOLOGIE DE L'INTELLIGENCE ARTIFICIELLE
(11) LAVAGE DE CERVEAU HUMAIN AVEC CODAGE KI ET BIAIS ALGORITHMIQUE
(12) LE GÉNOCIDE CULTUREL PAR L'UTILISATION ABUSIVE DE L'INTELLIGENCE ARTIFICIELLE
(et 22 autres frais[1])

Dr. Joachim Sonntag

2025

Fin de partie
Ou
Le coup d'Ètat mené d'en haut

3ème édition, augmentée et mise à jour
Traduction de l'allemand

3ème édition, augmentée et mise à jour
Publié par l'auteur lui-même.

www.sonntag-physik.de
https://joachim.jugnw.org.uk/

Traduit de l'allemand

Le titre original allemand (ISBN 9783751936330):
„2025 – Das Endspiel oder Der Putsch von oben"

Ce livre est également disponible en traduction dans les langues:
English: „2025 – The Endgame …"   ISBN 9783751930024
Русский: „2025 – финальная игра …"   ISBN 9783751935548
Español: „2025 – El Final juego …"   ISBN 9783751935586

ISBN 9783751935708

Impression: BoD - Books on Demand, Norderstedt

Informations bibliographiques de la Deutsche Nationalbibliothek : La Deutsche Nationalbibliothek répertorie cette
publication dans la Deutsche Nationalbibliografie ; des
données bibliographiques détaillées peuvent être consultées
sur Internet sur dnb.dnb.de.

"Diviser et régner".

—

*Quand il était encore temps de changer les choses, les
gens se battaient:
Droite contre gauche,
"Les jeunes contre les vieux",
Les patriotes contre les bienfaiteurs,
Les autochtones contre les migrants,
Les musulmans contre les chrétiens et les juifs,
les pauvres contre les riches,
Les partisans de la vaccination contre les opposants à
la vaccination,
Les théoriciens de la conspiration contre les croyants
du courant dominant.*

**Est-il encore possible de s'échapper
d'un monde infernal sans espoir?**

À propos de l'auteur

Le Dr Joachim Sonntag a étudié la physique à l'Université technique de Dresden. Jusqu'en 1989, il a travaillé à l'Institut central de physique des solides et de recherche sur les matériaux, se spécialisant dans la structure des électrons dans les alliages métalliques. Il s'est ensuite installé à Dortmund et a travaillé pour la HL-Planartechnik GmbH en tant que développeur de capteurs de température et de rayonnement. Ses domaines de prédilection sont la physique des rayonnements, les alliages multiphases et les nanomatériaux, pour lesquels il a publié un certain nombre d'articles fondamentaux dans des revues internationales de premier plan. Il est l'auteur des formules/théorie de la force thermoélectrique (2005; 2017), de l'effet Hall et de l'effet Hall géant (2016) et de la redistribution des électrons dans les composites (1989). (Pour plus de détails, voir *www.sonntag-physik.de*). En 2019, il a publié avec deux autres collègues ce qui sera pour l'instant sa dernière publication scientifique, un article de synthèse intitulé "Electronic Transport in Alloys with Phase Separation (Composites)".[2]

"Dans l'ensemble, je dirais que votre livre m'a aidé à rester sain d'esprit pendant l'horreur du coronavirus, et pour cela je vous serai toujours reconnaissant."[*] (Stephen Philp, correcteur de la traduction anglaise de ce livre)

---

[*] *"All in all, I would say that your book has helped to keep me sane during the Coronavirus horror, and for that I will always be grateful to you."*

Sommaire · Page

Les sections en italique sont nouvelles par rapport à la 1ère édition allemande de 2019.

Prologue - La route vers la tyrannie

De quoi s'agit-il ? C'est une question de profit, de pouvoir et d'esclavage. Il s'agit de rien
de moins que de l'abolition de la démocratie et de l'établissement d'une nouvelle société d'esclavagistes

Pour atteindre cet objectif, l'élite ou l'État profond a prévu un certain nombre d'étapes intermédiaires: destruction des Etats-nations, déracinement des populations, division de la population, destruction de la cohésion familiale et de la famille elle-même, abaissement du niveau d'éducation, la création de la peur (de la terreur, de la catastrophe climatique, du Corona), les migrations massives, les métissage[3,4,†], l'expropriation, le contrôle total de tous les peuples, l'abolition des espèces, la dissolution de la différence entre hommes et femmes[‡], la réduction de la population mondiale à 500 millions, l'affaiblissement de la santé des survivants. Il s'agit de revendications qui doivent être prouvées. En outre, cette série/trilogie de livres porte le titre général "2025". Le titre de la première partie est "2025 - L'avant-dernier acte" et a déjà été publié en avril 2019 (bref résumé à la fin de ce livre). La troisième partie a le titre provisoire "2025 – Fin de partie" et est en préparation. Qui ou quelle entité incarne l'élite et l'État profond est exposé dans l'épilogue.

El tema central de esta segunda parte de la trilogía es "armes contre l'humanité" y cómo son utilizadas por los poderosos de esta tierra con el objetivo de llevar a la humanidad a su total dependencia. Utilizan los últimos avances en los campos de la inteligencia artificial, el transhumanismo, el control mental, la manipulación du

---

[†] Nicolas Sarkozy (2008): *"L'objectif est le mélange des races!"*
[‡] Cela semble absurde, mais c'est le but ultime du projet d'intégration de l'égalité des genres (voir section " Le cauchemar ") prochaine génération est en danger

temps météorologique, las estelas químicas, HAARP, las armas biológicas, los morgelones, 5G. Por medio de estas "herramientas" se planea:
1) la modificación genética del ser humano,
2) cuyo control total y
3) Reducción de la población mundial a 500 millones.
El transhumanismo y la 5G juegan un papel clave en estas "armas contra la humanidad" que se enumeran aquí, tema del capítulo "5. Le contrôle des esprits et le transhumanisme".

"Dans le but de maintenir le pouvoir, la population mondiale sera réduite au minimum. Cela se fera au moyen de maladies créées artificiellement. Dans ce processus, les armes biologiques sont transformées en épidémies déclarés, mais cela se fera aussi par le biais de famines et de guerres ciblées. La raison en est que la plupart des gens ne peuvent plus financer leur propre nourriture. À ce moment là, les riches seraient obligés de prendre des mesures d'aide, sinon un énorme et dangereux potentiel de conflit se présentera à eux. "[5,6] C'est sont les points 10 des 12 prophéties de Carl Friedrich Weizsäcker sur les tendances futures de l'évolution du monde. Comme indiqué sur le blog "falschzitate.blogspot.com" le 1er mai 2018, cette citation et les 12 prophéties[7] sous-jacentes ne sont pas censées être de Carl Friedrich von Weizsäcker, mais d'un auteur inconnu, probablement de l'année 2007. Cependant, je suis devenu très prudent dans mes recherches, surtout en ce qui concerne les portails de vérification des faits comme CORRECTIC ou MIMIKAMA, mais aussi Wikipedia[8], qui selon mon expérience ne sont pas indépendants, ainsi que les médias publics. Par exemple, le chercheur sur la paix Daniele Ganser est qualifié de "théoricien du complot"[9] par Wikipédia afin de le faire paraître invraisemblable. Même le "Nouvel ordre mondial" est toujours qualifié de "théorie du complot" sur Wikipédia et sa crédibilité est mise en doute.[10] Et Mimikama, par exemple, affirme en contradiction avec les innombrables preuves disponibles: "Depuis plus de 20 ans maintenant, la théorie de la conspiration des chemtrails circule. - Et à ce jour, il n'y a pas une seule preuve crédible". (Pour plus de détails sur les preuves, voir "Les

chemtrails - "la soupe chimique" dans le ciel"). Et la plupart des gens croient ces médias apparemment indépendants.

Ma méfiance à l'égard de la politique, des médias et des portails de vérification des faits est née à l'occasion du 11 septembre et des reportages unilatéraux qui en ont découlé, où la principale contradiction a été balayée sous le tapis : comment est-il possible que trois (!) gratte-ciels aient été abattus par deux avions ? Au lieu de cela, les médias adhèrent sans réserve à la thèse officielle du 11 septembre, selon laquelle une équipe conspiratrice d'attentats suicides islamiques aurait planifié et exécuté le 11 septembre. Les contradictions entre la version officielle et les faits rapportés[11] ne sont toujours pas discutés ouvertement. De plus, on ne parle pas des guerres basant sur des mensonges du MENA (ANMO) et enfin les campagnes de diffamation et de dénonciation contre l'AfD (ApA) par les politiciens des partis établis et les médias et leur lavage de cerveau dans les émissions d'information, les talk-shows et les analyses publiques. Mon impression est réduite à un dénominateur commu effrayant : le mensonge devient la vérité et la vérité devient le mensonge.

Retour à la citation: Même si cette citation n'est pas de Carl Friedrich von Weizsäcker, la question se pose de savoir dans quelle mesure ces 12 prophéties décrivent notre réalité de vie et les développements futurs dans le monde. Si nous examinons ce seul point n. 10, nous devons conclure qu'il présente déjà une réalité effrayante aujourd'hui ; depuis des décennies, les laboratoires secrets de l'armée et des services secrets travaillent au développement *d'armes biologiques*, et il semble que celles-ci ont déjà quitté les laboratoires et entraîné la mort et l'appauvrissement de nombreuses personnes dans le monde. Mais vous en saurez plus dans le chapitre "6. Les guerre biologique". Les *famines et les guerres* font également partie de notre réalité actuelle. Si les hommes politiques des pays industrialisés riches avaient vraiment intérêt à ce que plus aucun enfant dans le monde ne souffre de la faim, ce problème aurait été résolu depuis longtemps grâce à une aide économique judicieuse. Et ils pourraient également résoudre le problème de la surpopulation par des moyens humains, par l'éducation et en renonçant à la pratique consistant à bâillonner les

contrats avec les pays du tiers monde, c'est-à-dire les accords de libre-échange, qui rendent ces pays encore plus pauvres. Au lieu de cela, leurs marchés sont inondés par les produits bon marché des pays riches industrialisés et leurs matières premières sont exploitées.

Les 11 autres citations[12] ont également une réalité effrayante aujourd'hui, ou leurs tendances de base se révelent déjà de manière effrayante. Si vous suivez le développement social de notre pays d'un œil critique et alerte, vous reconnaîtrez les signes avant-coureurs qui pointent exactement dans la direction que ces pronostics abordent. Ces précurseurs sont le sujet de ce livre, qui pourrait bientôt devenir une amère réalité.

En lisant les chapitres suivants, il faut toujours garder à l'esprit le contenu de cette préface, surtout lorsque le bon sens nous dit qu'une telle chose n'est pas possible, ou qu'elle est contraire à l'idée humaniste selon laquelle les gens ne peuvent pas faire cela à d'autres personnes! Car nous avons affaire ici à des psychopathes qui sont étrangers à l'empathie.

Après avoir terminé le livre et vérifié un certain nombre de citations, j'ai constaté que certaines d'entre elles n'étaient plus accessibles, c'est-à-dire qu'elles avaient été supprimées. Certaines de ces citations ont été supprimés par la censure, qui semble aujourd'hui devenir de plus en plus intense. *" Seul le mensonge a besoin du soutien de la censure; la vérité se tient debout toute seule. "*[13]

Je considère cela comme une censure des contenus non désirés, légitimée par les nouvelles lois adoptées récemment, par exemple la loi dite "Network Enforcement Act" (NetzDG), qui est entrée en vigueur le 1er octobre 2017. L'avocat Steinhöfel l'appelle la "loi de lutte contre la liberté d'opinion".[14] En fait, *"nous sommes confrontés à une intervention drastique de l'élite politico-médiatique dans l'un de nos droits fondamentaux les plus importants, et ce au moyen d'une loi qui est anticonstitutionnelle, contraire au droit européen et tout simplement superflue.* " [§] Cette loi ne vise pas seulement à combattre, diffamer et ridiculiser les critiques des partis au pouvoir dans les médias. Ils doivent être réduits au silence.

De nombreux lecteurs placeront le contenu de ce livre dans le coin de la théorie de la conspiration et jugeront les citations de vidéos YouTube comme non scientifiques. Ce livre n'est pas un traité scientifique, mais un avertissement sur ce que l'élite a prévu avec nous depuis longtemps, et ce qu'elle entend mettre en pratique d'ici 2025. J'espère que la majorité des gens se réveilleront et sortiront de leur zone de confort pour la combattre. Si vous voulez connaître mes articles scientifiques, je vous recommande de visiter mon site web www.sonntag-physik.de. Le lecteur y aura directement accès à la liste complète des sources du livre.

Et si vous pensez que ce qui est décrit ici dans ce livre est exagéré et inimaginable, alors mettez-vous mentalement dans le temps d'avant le 11 septembre : auriez-vous pu imaginer à cette époque que le gouvernement enverrait des milliers de ses propres citoyens à la mort et que tous les médias raconteraient la même version du 11 septembre, alors qu'elle est fausse ?[15,16] - est-ce si inimaginable qu'une telle chose puisse être possible ?

[§] Cette vidéo de Steinhöfel citée ici n'est également plus disponible : *"Cette vidéo n'est plus disponible, car le compte YouTube lié à cette vidéo a été effacé"*, une formule fréquemment utilisée comme raison.

1. Le programme 2025

"En raison de son incroyable crédibilité, la vérité échappe à toute reconnaissance".
(Héraclite d'Ephèse vers 500 avant J.-C.)

Trois documents ayant un but identique, culminant en "2025"

"La destruction a été si grande que cette arme a été interdite par les Nations Unies en 76 - 77. Un accord a été conclu (la convention ENMOD[**]) selon lequel les armes climatiques ne peuvent pas être utilisées dans les conflits armés. Mais en fait, elle est toujours utilisé. Que peut-on faire et que font-ils avec cette arme ? Avec cette arme, vous pouvez générer de la pluie, des orages, des nuages, des éclairs, n'importe où dans le monde ou au contraire, vous pouvez briser des fronts de pluie, arrêter la grêle et les chutes de neige et aussi provoquer la sécheresse. Que se passe-t-il ? Cette arme de contrôle du climat, celui qui la possède a un contrôle absolu sur les trésors de ce monde. Plus précisément, la nourriture. Donc, en étant clair : si un pays dispose de cette technologie, il contrôle les robinets du monde entier. Faites ce qu'on vous dit et vous aurez de l'eau, et si vous êtes contre, votre pays n'aura pas assez d'eau, les nuages seront détruits, une sécheresse longue en est la conséquence. Cela conduit à l'incapacité de nourrir la population de ce pays, la conséquence en est la famine. Cette méthode existe. Certains pays disposent de cette technologie, et aux États-Unis, cette technologie fait déjà partie de leur politique étrangère. Un rapport de l'armée de l'air

---

[**] La **convention ENMOD,** ou Convention sur l'interdiction d'utiliser des techniques de modification de l'environnement à des fins militaires ou toutes autres fins hostiles, est un traité international élaboré par la Commission du désarmement des Nations unies pour interdire l'utilisation militaire ou toute autre utilisation hostile de techniques de modification de l'environnement (Wikipédia).

nord-américaine dit - regardez le titre ! - "Own the climate[††] by 2025" (voir l' image n.1). Ce titre, qui se passe d'explication, nous laisse sans mots et sans air. Le fait que l'on puisse être présomptueux au point de vouloir contrôler le robinet du monde ne rentre pas dans la tête de la plupart des gens. Ce rapport indique également que le changement climatique fait partie de la politique étrangère américaine, que le monde le veuille ou non. Et cette politique est mise en œuvre, avec des accords bilatéraux, par des organisations telles que l'OTAN, qui est responsable de nous, ou par les Nations unies. En fait, lors de la dernière Assemblée générale des Nations unies, dans la section D du 5e rapport sur le changement climatique, le GIEC,[‡‡] il légitime plus ou moins ce qu'on appelle la géo-ingénierie.[17]

Tout comme les gens sont aujourd'hui stigmatisés comme des "théoriciens du complot" lorsqu'ils prétendent que des milliers de tonnes de poisons provenant des avions sont pulvérisées au-dessus de nos têtes dans le cadre de la géo-ingénierie, il en va de même pour ceux qui prétendent que la météo est manipulé par l'armée, les services secrets ou d'autres puissances, que les sécheresses, les inondations, les tremblements de terre, les ouragans, les tsunamis peuvent être déclenchés ou provoqués artificiellement. Parce que cette stigmatisation par les médias est soutenue et dirigé par des soi-disant "experts", on ne croit pas ce que ces "théoriciens du complot" stigmatisés disent. Cependant, c'est précisément parce que l'humanité était déjà techniquement capable de provoquer de telles catastrophes naturelles dans les années 1970 que la communauté internationale a saisi cette occasion pour créer la convention ENMOD. Dans l'accord d'interprétation de la convention ENMOD, il est clairement indiqué que l'utilisation des armes météorologiques est interdite, avec une référence explicite aux tsunamis, aux tremblements de terre et aux modifications de l'équilibre écologique. Cela signifie que la technologie de la

---

[††] Bien que cette traduction (de l'espagnol) parle de climat, d'armes climatiques et de contrôle du climat, les termes "weather", "weather weapon" et "weather control" semblent caractériser les faits avec plus de précision dans l'usage allemand.
[‡‡] Der „Intergovernmental Panel on Climate Change" (IPCC) ist eine Institution der Vereinten Nationen, kurz Weltklimarat.

manipulation de la météo était déjà à la pointe du progrès avant 1976 (voir la section "HAARP - le cutter universel dans le ciel").

Weather as a Force Multiplier:
Owning the Weather in 2025

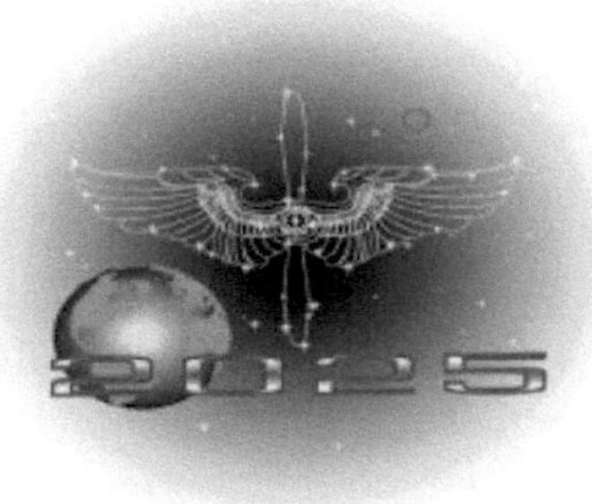

A Research Paper
Presented To

Air Force *2025*

by

Col Tamzy J. House
Lt Col James B. Near, Jr.
LTC William B. Shields (USA)
Maj Ronald J. Celentano
Maj David M. Husband
Maj Ann E. Mercer
Maj James E. Pugh

August 1996

Document 1: Page de couverture du document "La météo comme amplificateur de force : maîtriser la météo d'ici 2025".

L'année "2025" dans le titre de ce livre est empruntée au document mentionné dans la citation ci-dessus (document 1), dont le titre du texte original se lit comme suit : **"La météo comme amplificateur de force : maitriser la météo en 2025"**[18,19], ci-après dénommé "document de guerre météorologique". La document 1 montre la page de couverture du document.

Ce document sur la guerre de la météo a été préparé au Département de la Défense des Etats-Unis et soumis le 17 juin 1996. On peut lire dans la traduction libre:[20] "*En 2025, les forces aérospatiales américaines pourraient dominer la météo en tirant parti des nouvelles technologies et en se concentrant sur le développement de ces technologies pour la guerre. Cette capacité fournit aux forces armées des outils pour façonner le champ de bataille d'une manière unique. Les technologies actuelles, qui arriveront à maturité au cours des 30 prochaines années, permettront à quiconque de disposer des ressources nécessaires afin de modifier les conditions météorologiques et leurs effets associés, au moins localement. Les tendances démographiques, économiques et environnementales actuelles créeront des tensions mondiales qui donneront l'impulsion nécessaire à de nombreux pays ou groupes pour traduire cette capacité à changer la météo de manière concrète.*" Ce texte décrit un programme de développement d'armes météorologiques, et les questions importantes suivantes se posent:

1) Y a-t-il un lien avec le document "Future Strategic Issues/Future Warfare [approx. 2025]" (voir le document n.2) ? Autrement dit, y a-t-il un projet commun derrière ces deux documents ? Cette question est évidente, puisque les deux documents ont la même année (2025) comme date clé. Quelle en est la conséquence ?

2) Dans quelle mesure ces développements, tels qu'ils sont décrits dans le document sur la guerre météorologique, ont-ils progressé jusqu'à aujourd'hui ? De quelles capacités d'influence sur la météo les militaires disposent-ils déjà aujourd'hui, et sont-ils déjà utilisés?

La première question implique une autre question:

3) Le document la guerre de la météo fait-il partie du projet planifié par les élites, qui caractérise la transition du processus rampant de la mondialisation vers la prise de pouvoir mondiale ?[21]

La réponse à la question 3) est très probablement OUI. Car il existe un troisième document avec le point clé 2025 ; dans ce document, une réduction dramatique de la population dans le monde occidental est prévue pour l'année 2025. Ce troisième document (le document n. 5 montre la densité de population prévus pour l'année 2025) provient de la société "Deagel",[22] qui traite des informations de nature militaire, qu'elle obtient directement de la CIA, du FBI, de la NSA, de l'armée américaine, du Mossat, de l'OTAN, de l'UE (pour plus de détails, voir la section "Réduction de la population mondiale").

Il est donc évident qu'il existe un plan, un calendrier, appelons-le **programme 2025**, qui envisage l'effondrement des États du monde occidental, en un sens la grande crise sur les ruines de laquelle il est prévu de construire le Nouvel Ordre Mondial (NOM), tout à fait dans l'esprit de la déclaration de David Rockefeller: *"Nous sommes au bord d'une transformation mondiale, il nous suffit d'une crise globale juste et les nations s'accorderont sur le Nouvel Ordre Mondial."*[§§]

Dans le document de la NASA, document 2, le plan décrit comment la transition du processus rampant de la mondialisation (que nous subissons actuellement) va vers la prise de pouvoir mondiale par l'élite. Pour que ce plan fonctionne et que la résistance attendue des populations ne le mette pas en péril, l'élite a besoin de cette "véritable crise globale". Le nombre "2025" est un synonyme du jour J où la prise de pouvoir devrait avoir lieu. Et cette prise de contrôle aura lieu simultanément aux États-Unis, en Allemagne et dans les autres pays de l'UE.[23]

[§§] 1994 devant le Comité économique des Nations unies (UN Business Council). (https://wahrheitinside.wordpress.com/2017/04/19/zitate-zur-neuen-weltordnung/)

Future Strategic Issues/Future Warfare [Circa 2025]

The Future Is Now!

Document 2 : document de la NASA de 2001 (page de couverture) sur la guerre future, autorisé par la NASA, l'U.S. Air Force, la CIA, le FBI, ...[24].

Les anciens présidents américains Eisenhower et Kennedy avaient déjà mis en garde en 1961 contre les dangers d'un gouvernement fantôme de plus en plus puissant, initié par un complexe militaro-industriel toujours plus grand.   Dans son discours historique et programmatique du 27 avril 1961, Kennedy a déclaré :[25] *"Nous avons affaire à une conspiration mondiale monolithique et malfaisante qui étend son influence par des moyens clandestins : par l'infiltration au lieu de l'invasion, avec le coup d'État au lieu des élections, avec l'intimidation au lieu de l'autodétermination, avec des guérillas la nuit à la place des armées le jour. C'est un système qui, grâce à d'énormes ressources humaines et matérielles, a mis en place un mécanisme complexe et efficace reliant les opérations militaires, diplomatiques, de renseignement, économiques, scientifiques et politiques. Ses plans ne sont pas publiés mais cachés, ses échecs sont enterrés, non publiés. Les dissidents ne sont pas félicités, mais réduits au silence..."* [26] Parce que Kennedy avait annoncé qu'il allait dénoncer ces machinations de l'élite, il a été assassiné. [27]

Il existe des sites web qui *"se moquent de ceux qui prennent au sérieux le programme de l'US Air Force "Owning the Weather 2025". Nous sommes - comme on le prétend habituellement - des théoriciens de la conspiration. D'où cette déclaration de l'ancien secrétaire d'État américain Cohen:*[28] *"D'autres (les terroristes) pratiquent même l'éco-terrorisme, où ils peuvent changer le climat au moyen d'ondes électromagnétiques, déclencher des tremblements de terre et des volcans à distance. Il y a donc beaucoup d'esprits ingénieux qui cherchent des moyens de répandre la terreur dans d'autres nations. C'est réel, et c'est pourquoi nous devons intensifier nos efforts".*[***] Et ces efforts se reflètent dans ce programme, énoncé dans ce document 1, la guerre de la météo.

Tout comme dans le cas du document sur la guerre météorologique (doc. 1) et du document de la NASA[29] (doc 2), les informations de la société "Deagel" (DEAGEL.com) sont également mises en doute ou ridiculisées de différents côtés. Toutefois, compte tenu des

---

[***] Texte original en anglais : *"Others (terrorists) are engaging even in an eco-type of terrorism whereby they can alter the climate, set off earthquakes, volcanoes remotely through the use of electromagnetic waves ... So there are plenty of ingenious minds out there that are at work finding ways in which they can wreak terror upon other nations ... It's real, and that's the reason why we have to intensify our efforts."*

recherches effectuées par les auteurs de la vidéo You-Tube[30], nous ferions bien d'accorder toute notre attention aux informations de DEAGEL.com.

Ce "**programme 2025** est un projet à long terme dont l'objectif est la prise de pouvoir mondiale par l'élite, qui a été formulé plusieurs décennies auparavant, par exemple dans le document **"des armes silencieuses pour des guerres secrètes"**[†††,31], qui date de 1986 et dont l'histoire remonte à 1954, année de la fondation du groupe Bilderberg.[32] Donc, si vous répondez OUI à la troisième question, cela pourrait signifier que *"le jour J,* où la prise de pouvoir de l'élite devrait avoir lieu. ",[33] cela ne devrait pas seulement se produire pour la sphère d'influence occidentale, mais aussi pour le reste du monde. Car les techniques de changement de la météo décrites dans le document "la guerre de la météo" ont déjà atteint une telle maturité que leurs effets peuvent atteindre chaque point du globe avec des conséquences dévastatrices pour le pays concerné (détails dans le chapitre "La destruction de nos moyens de subsistance"). Une guerre météorologique mondiale semble plus probable aujourd'hui qu'une guerre nucléaire mondiale. Parce qu'une guerre nucléaire laisserait une planète "contaminée" pendant longtemps, même pour les élites.

Parallèlement à ce programme de géo-ingénierie, de nouvelles armes biologiques sont développées en contournant les accords internationaux, mais aussi de nouvelles armes à rayonnement dont les effets dévastateurs sur l'humanité seront gigantesques. Les "armes météorologiques", biologiques et à radiations font partie du plan qui vise à réduire la population à un niveau inférieur à 500 million sur Terre,[‡‡‡] mais aussi à nuire à la santé des survivants et à manipuler notre pensée et nos émotions afin de contrôler les survivants en toute sécurité. (Pour plus de détails, voir le chapitre "la guerre biologique")

[†††] *„Stumme Waffen für heimliche Kriege"*
[‡‡‡] *„BE NOT A CANCER ON THE EARTH – LEAVE ROOM FOR NATURE – MAINTAIN HUMANITY UNDER 500.000.000 IN PERPETUAL BALANCE WITH NATURE"* (Inschrift in den Georgia Guide Stones)

Grâce aux nanopuces et à la poussière intelligente (Smart Dust), qui sont introduites dans notre corps de diverses manières sans que nous en ayons conscience, le cerveau de chaque être humain peut être lu au moyen de la grille intelligente IoT,[§§§] mais aussi être contrôlé part l'extérieur. Certains états de conscience peuvent être également émis de l'extérieur.[34] En outre, grâce à la biologie synthétique, une toute nouvelle catégorie de formes de vie a été créée, appelée fibres de Morgellons[35], qui se reproduisent et peuvent être utilisées comme émetteurs récepteurs de signaux ou d'informations étrangers, à l'aide desquels les pensées, les sentiments et les fonctions corporelles des personnes peuvent être enregistrés, mais aussi contrôlés à distance.

Il s'agit de **la finalité ultime** pour influencer et contrôler à distance la population, en écrasant et programmant sa pensée et en contrôlant les sentiments et les actions des masses. Cela semble incroyable, "conspiratif" et doit être prouvé, d'où ce livre.

Si vous regardez les capacités technologiques dont dispose déjà l'armée, les problèmes apparaissent,
> *L'exploitation impitoyable de nos matières premières,*
> *Jeter des déchets dans les mers,*
> *La déforestation des forêts tropicales,*

qui ont jusqu'à présent été traités de manière plutôt négative par les gouvernements, sont d'une importance plutôt secondaire. Car ces problèmes pourraient être résolus si la volonté de les résoudre prévalait enfin parmi les gouvernements. Mais que font les responsables politiques et économiques pour contrer cette menace ? Même si les différents gouvernements semblent s'attaquer au problème (mot-clé : durabilité), la surexploitation de nos matières premières se poursuit, tout comme l'abandon d'ordures dans les océans, la déforestation des forêts tropicales, l'exploitation du tiers monde, les affamés dans le monde et les guerres, voir le document 3 et 4. L'armée est aujourd'hui le plus grand pollueur au monde, en particulier l'armée de l'Empire américain. *"La machine de guerre*

[§§§] IoT = Internet of Things - Internet des choses, le réseau dit 5G est créé pour son développement.

géante est le plus grand consommateur de produits pétroliers au monde. Officiellement, 320 000 barils de pétrole sont consommés quotidiennement sur les 7 000 bases militaires du monde. Il est à l'origine de la plupart des émissions dites de gaz à effet de serre et rejette chaque jour des mégatonnes de polluants toxiques dans l'environnement. Mais le Pentagone est exempté de tous les accords internationaux sur le climat et l'environnement. ... Le Pentagone produit plus de déchets hautement toxiques que les cinq plus grandes entreprises chimiques américaines réunies. Parmi les substances toxiques figurent les pesticides, le plomb ou les matières radioactives provenant de la production d'armes, pour n'en citer que quelques-unes. L'Irak, par exemple, a été bombardé à l'uranium appauvri lors des deux invasions... À ce jour, de grandes parties du Vietnam sont contaminées à la dioxine.[36]

Concernant le document 3: *"Ce qui est inquiétant, c'est cette barre qui se trouve à l'extrême droite. Bien que les troupes américaines soient actuellement retirées de Syrie et d'Afghanistan, ce qui devrait permettre de réaliser des économies considérables, les États-Unis ont augmenté leur budget militaire pour 2019 de manière plus radicale qu'au cours des six dernières années. La question est de savoir si cet argent est destiné à une guerre majeure. Peut-être même pour une guerre contre l'OCS "?* [37]

Tout aussi graves en termes de destruction de l'environnement sont les environ 2200 essais nucléaires destructives effectués depuis 1945, qui ont eu au total une force explosive au moins 6000 fois supérieure à celle de la bombe atomique d'Hiroshima.[38] L'influence de ces tests a peut-être eu un effet bien plus durable sur le climat mondial que toutes les influences civiles réunies, les gaz intestinaux des vaches, les gaz d'échappement des voitures, des avions, des bateaux et des centrales électrique á charbon.

Des guerres sont menées pour les matières premières et l'énergie, des accords de libre-échange sont conclus avec les pays du tiers monde, ce qui les rend encore plus pauvres et empêche ces pays de se développer économiquement, mais favorise au contraire la corruption. La déforestation des forêts tropicales humides se poursuit,[39] motivée par la recherche du profit, et le saccage des mers n'est pas arrêté. Au lieu de résoudre ces problèmes, les responsables tentent d'attirer l'attention sur un problème construit artificiellement et de manière propagandiste, le "changement climatique provoqué par l'homme". Comme nous le démontrerons dans les chapitres suivants, ce "changement climatique provoqué par l'homme" est à la fois une arme destructrice, mais aussi un énorme canular qui rend les riches encore plus riches et le reste de la population encore plus pauvre. L'"arme destructrice" est le "programme de géo-ingénierie" qui, selon la vision officielle, tente de stopper le réchauffement climatique, mais est en réalité un programme gigantesque mis en œuvre pour manipuler le climat, le temps, l'ionosphère et la génération de séismes artificiels. Ces armes dites "météorologiques" domineront largement les guerres futures, mais elles sont déjà utilisées aujourd'hui. Ce "programme de géo-ingénierie" est avant tout mené par l'armée et les services secrets, principalement financés par l'argent des contribuables, mais aussi par les dons d'investisseurs privés, un groupe de personnes super riches - appelons-les l'élite.

Si vous voulez avoir une idée de ce que signifie la géo-ingénierie, vous pouvez obtenir des informations sur la page d'accueil de la Bundeswehr, le bureau de planification des forces armées allemandes.[40] La géo-ingénierie y est présentée comme une technologie d'avenir dans le but de lutter contre le réchauffement climatique. Cependant, cette géo-ingénierie est déjà utilisée depuis des décennies, notamment par l'armée, en Allemagne par l'armée américaine, mais cela n'est pas officiellement confirmé pour éviter les poursuites en justice pour destruction de l'environnement. En effet, en cas de plainte en cas de pollution de l'environnement, l'agent polluant doit être prouvé sans le moindre *doute*, ce qui est d'autant plus difficile si l'existence de la géo-ingénierie est niée par les autorités officielles. Sur la page d'accueil des forces armées allemandes, le bureau de planification de la Bundeswehr,[41] il est clairement indiqué que la géo-ingénierie est une technologie d'avenir. Il est déjà écrit dans le titre: "La géo-ingénierie - une perspective de politique de sécurité", et l'un des sous-titres se lit comme suit: "Comment la géo-ingénierie pourrait-elle être utilisée?

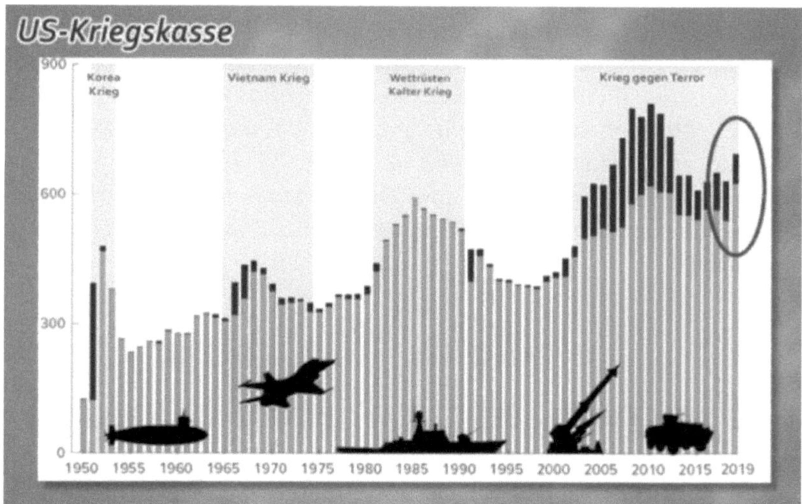

Document 3: Évolution du budget militaire américain (en million de dollars US).[42] Les pics sont en corrélation dans le temps avec la guerre de Corée et la guerre du Vietnam ainsi qu'avec la course à l'armement / la guerre froide et la guerre contre la terrorisme.

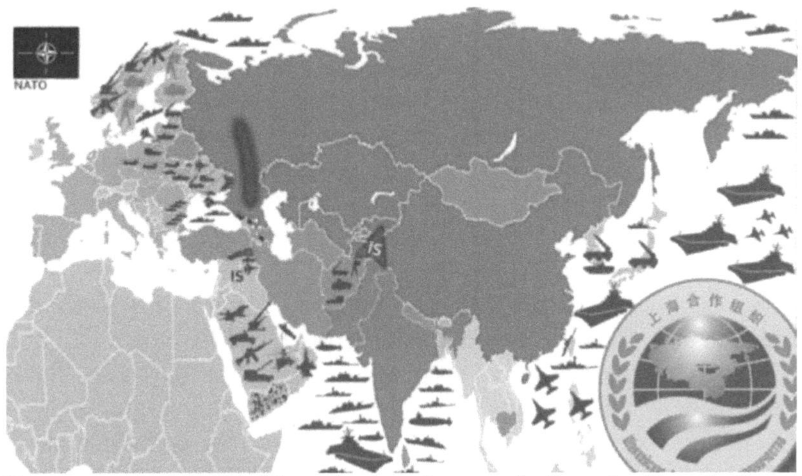

Document 4: L'OCS (Organisation de coopération de Shanghai), un groupement de pays marqués en gris foncé, fondé en 2001, entouré par l'armée américaine et l'OTAN.[43]

Sur NEW.EURO-MED.DK,[44] vous pouvez lire : *"Depuis que la marine et l'armée de l'air américaines ont lancé le programme "Owning the Weather by 2025" en 1996, notre ciel n'est plus le même : couvert de traînées de produits chimiques toxiques et de nuages en forme de planche à laver, le HAARP - et 'nos' météorologues idéologisés essaient constamment de nous faire croire à un réchauffement climatique dû à l'homme, mais qui est inexistant."*

Le rôle de l'UE dans le processus de mondialisation

L'année 2025 apparaît également dans un autre contexte, celui de l'abolition des États-nations européens, plus précisément des États membres de l'UE. Le 7 décembre 2017, le président du SPD de l'époque, Martin Schulz, a appelé à la création des États-Unis d'Europe d'ici 2025 et donc à l'abolition des États-nations européens.[45] Cela signifie également que la dernière souveraineté étatique de l'Allemagne prendra fin en 2025. ***"Le jour viendra où les gouvernements seraient obligés d'admettre qu'une Europe intégrée est un fait accompli sans avoir le moindre mot à dire dans la définition de ses fondements. Il ne leur resterait plus qu'à fusionner toutes leurs institutions autonomes en une seule administration fédérale, puis à proclamer les États-Unis d'Europe".***[46] L'Allemagne sera alors absorbée *"dans un monstre bureaucratique démocratiquement illégitime et contrôlé par le lobby, appelé l'UE".* ... *c'est la fin d'une Europe libre et démocratique..."*[47] C'est la même année que, selon les plans des mondialistes, le NOM doit devenir réalité. L'établissement de l'État européen est une condition préalable à la création du NOM. Nous l'avions déjà indiqué dans la première partie de la trilogie "2025" : *"Et cette prise de pouvoir* (par le NWO) *aura lieu simultanément en Allemagne et dans les autres pays de l'UE.*[48]

2. La destruction de nos moyens de subsistance

„La structure du pouvoir mondial a fait depuis longtemps le choix de soumettre notre planète (et toutes sa toile de vies, y compris l'humanité) à une intervention climatique / une attaque de guerre météorologique inimaginablement massive et destructrice. "[49]

Les psychopathes

Ne leur pardonnez pas, car ils savent ce qu'ils font!

„ Tant que le monde sera dirigé par des psychopathes, nous devons, malheureusement, par expérience, toujours craindre le pire : les guerres, la manipulation de la météo, le contrôle de l'esprit. "[50]

Ce dont nous parlons dans ce livre est tellement incroyable et monstrueux qu'il dépasse l'imagination humaine. L'élite de ce monde veut construire le NOM, qui est dominé par un "gouvernement mondial unique" et une domination bancaire absolue. Ils se sont donné pour mission d'asservir les populations et d'acquérir ainsi un pouvoir absolu sur elles. Cela semble incroyable. Et parce que ces choses sont si incroyables, elles échappent à la détection. *"Parce qu'ils sont si incroyables, la vérité échappe à la détection."* (Héraclite). De nombreuses discussions avec des amis et des collègues, par exemple sur la question "les chemtrails existent-ils vraiment ? m'ont montré que la plupart d'entre eux n'ont jamais entendu parler des chemtrails et écoutent avec incrédulité mes arguments pour prouver leur existence, ou m'interrompent constamment et à voix haute dans cette argumentation et m'empêchent de présenter ces arguments. Ils exigent des preuves, mais en même temps m'empêchent de les présenter en m'interrompant constamment. Un commentaire approprié à un article publié en 2017, qui traite des chemtrails et du HAARP[****]:[51] *"... C'est presque incroyable ce qui se passe. Si vous mentionnez le sujet à l'extérieur, vous êtes réprimandé comme un fou complet et un théoricien du complot".* Oui, c'est exactement ce qui m'arrive tout le temps. Cela m'a montré que les gens sont loin de s'imaginer tout cela et ne sont pas prêts à croire qu'il pourrait y avoir des personnes et des institutions qui veulent délibérément détruire nos moyens de subsistance et nous empoisonner. Il en va de même pour la question "les systèmes HAARP existent-ils et à quoi servent-ils ? Un contre-argument fréquent est : "Comment les élites se protègent-elles elle-mêmes contre cela ? *"Ces personnes sont protégées. Tous les autres membres de la population... ne le sont pas. Les barons de la drogue sont ailleurs, dans leurs montagnes, quelque part, dans l'air pur... "Ils ont les moyens de se défendre, mais les gens stupides ne l'ont pas."* [52]   Il y a un autre aspect : la motivation à faire de telles choses, même si elles peuvent se retourner contre nous , est également enracinée dans la psyché de ces personnes. Derrière les projets évoqués dans ce chapitre se cachent des personnes sans scrupules et sans empathie, deux caractéristiques typiques des psychopathes, mais aussi de certains hommes politiques occupant des postes de haut niveau. Les deux semblent propices à une carrière jusqu'aux plus hauts postes de décision.

1 à 15 % de l'humanité seraient des psychopathes.[††††] Une analyse du système le montre : une organisation avec une structure pyramidale est susceptible de voir les postes de décision les plus élevés progressivement occupés par des psychopathes. Plus l'organisation est ancienne et grande, plus les structures ainsi constituées sont susceptibles d'y être confrontées. Le Vatican, la Banque mondiale, l'ONU, Siemens, l'UBS et la Deutsche Bank sont des exemples de structures pyramidales de ce type.[53]   Et si le niveau de gestion d'une telle organisation est à un moment donné occupé principalement par des psychopathes, elle développe un

---

[****] **H**igh **F**requency **A**ctive **A**uroral **R**esearch **P**rogram.
[††††] La psychopathie désigne aujourd'hui un trouble grave de la personnalité qui, chez les personnes concernées, s'accompagne d'un manque généralisé ou total d'empathie, de responsabilité sociale et de conscience. (Wikipédia)

grand potentiel destructeur contre tout et tous ceux qui font obstacle à ses objectifs, son influence, sa prétention au pouvoir et à la maximisation du profit. Jetons un coup d'œil sur les responsables de l'industrie pharmaceutique, de la médecine et de l'engraissement des animaux. *"Selon l'Institut Robert Koch, entre 1000 et 4000 personnes en Allemagne meurent déjà chaque année d'une infection par des agents pathogènes multirésistants. En Europe, le chiffre est de 25 000, et aux États-Unis, environ 23 000 personnes sont victimes de ces "super-germes" (super-microbes) chaque année.*[54] Selon une étude réalisée[55] à partir de 2016 dans 30 pays, environ 91 000 personnes meurent chaque année d'infections hospitalières, dont 15 000 en Allemagne. Les chiffres de ces deux sources diffèrent considérablement pour l'Allemagne. Néanmoins, ces milliers de décès dus à des germes multirésistants sont la conséquence du fait qu'au fil des ans, les germes ont développé des résistances auxquelles les antibiotiques disponibles sont devenus inefficaces. L'une des causes est l'utilisation massive et irresponsable d'antibiotiques dans l'engraissement des animaux. En conséquence, il a été possible de garder les animaux dans des espaces très confinés, ce qui a permis de réduire considérablement les coûts par rapport à l'élevage respectueux des animaux et donc d'augmenter les profits. Le fait que les responsables soient eux-mêmes exposés au risque d'attraper des germes résistants et d'en mourir prématurément ne leur vient cependant pas à l'esprit. Ou bien ils suppriment le danger dans leur esprit. Car, comme l'a dit Karl Marx:[56] avec un profit correspondant, le capital devient audacieux ; à 50%, il devient téméraire ; à 100%, il ignore toutes les lois humaines ; et à 300% de profit, il n'y a pas de crime qu'il ne risque pas, même au risque de sa propre destruction ![‡‡‡‡]

[‡‡‡‡] Cette citation est en fait tirée de P.J. Dunning (1860), mais a été rendue célèbre par Karl Marx dans une note de bas de page du "Capital" : "Le capital a une horreur de l'absence de profit, ou de très petits profits, comme *la nature devant le vide. Avec le profit correspondant, le capital devient audacieux. Dix pour cent suffisent, et il peut être appliqué partout ; 20 pour cent, il devient vivant ; 50 pour cent, positif et audacieux ; pour 100 pour cent, il écrase toutes les lois humaines sous son pied ; 300 pour cent, et il n'y a pas de crime qu'il ne risque pas, même s'il risque la potence"*.

Un autre exemple est l'introduction et la diffusion mondiale d'agents chimiques de synthèse dans l'agriculture et l'industrie alimentaire - des toxines environnementales telles que les pesticides et les insecticides - utilisés pour tuer les mauvaises herbes ou prolonger la durée de conservation des aliments, ce que certains médecins considèrent comme la cause de l'augmentation rapide des cas de cancer, par exemple.[57] Ce risque accru pour la santé menace naturellement aussi ceux qui sont responsables de la propagation mondiale de ces toxines ou qui ne font rien pour y remédier, qu'il s'agisse de chefs d'entreprise ou de politiciens. Contre ceux qui soulignent les choses incroyables qui se passent autour de nous, on utilise souvent le mot-clé "théoriciens du complot", qui étouffe d'emblée toute discussion sur le contenu.

Les personnes qui ne sont pas d'accord avec l'affirmation selon laquelle le réchauffement climatique est dû à l'homme sont aujourd'hui tout aussi combattues que celles qui font des chemtrails et du HAARP un sujet de discussion. Elles sont combattues *idéologiquement* par les politiciens et les médias publics, et *factuellement* par les "experts des médias", pour lesquels il existe toute une série de vidéos sur YouTube. C'est ce que nous dit le présentateur Markus Lanz dans un talk-show: [58,59,60] *"Il faisait plus chaud au Pôle Nord qu'à Berlin ces jours-ci."* Et son invité Dirk Steffens répond : *"Oui, et nous deux, si tout va bien, nous pourrons traverser le pôle Nord en canot pneumatique, car il sera libre de glace en été, nous allons voir ce jour arriver."* Markus Lanz a manifestement raison dans sa déclaration. Ce faisant, il omet toutefois de mentionner que la fonte de l'Arctique n'a rien à voir avec le réchauffement de la planète, mais qu'elle est due à l'homme, non pas au CO_2 que l'homme rejette dans l'air, mais au bombardement par les ondes dites EBF. Ce projet remonte à un traité conclu en 1974 entre les États-Unis et l'URSS dans le but d'obtenir les ressources minérales sous la glace arctique.[61,62]

Dans ce contexte, il convient également de mentionner le livre numérique"Truth Lies"[63] de l'auteur Thomas Beschorner, *"une collection en ligne de sujets hautement explosifs et sensibles. Les articles sont destinés à mettre en évidence le pour et le contre des points de vue individuels de la population."* Dans le premier article de ce travail très complet, il est souligné que le HAARP est un projet purement scientifique, qu'il est mené par de nombreux scientifiques internationaux et qu'il n'est soumis à aucun secret. Et il est souligné que le HAARP est appelé *"projet secret" dans les théories du complot où il est lié aux catastrophes naturelles telles que les tremblements de terre, les inondations et les éruptions volcaniques qui se produisent dans le monde entier. Parfois, la manipulation de la pensée à l'aide d'ondes EBF est également suggérée".* Dans le deuxième article, ceux qui font de telles réclamations sont appelés "des fous". Dans le troisième article, cependant, c'est exactement le contraire qui est exprimé. On peut lire : *"Détails et historique d'un projet fou, qui a été développé pendant des années dans le plus grand secret en Alaska par l'armée américaine. Le projet HAARP (High Frequency Active Auroral Research Program) chauffe l'ionosphère avec des frondeuses énergétiques gigantesques (jusqu'à 100 milliards de watts) afin d'influencer la surface de la terre et la conscience humaine avec les fameuses ondes EBF".* Deux points de vue contradictoires sur le projet HAARP. Qui ment ? Les auteurs des deux premiers articles ? Ou ceux du 3ème article ? Quel article, cher lecteur, préféreriez-vous croire, le dernier ou les deux précédents ? Je suppose les deux précédentes; car l'idée du 3ème article est si inhumaine, si monstrueuse qu'on ne peut et ne veut pas y croire, que des gens puissent faire de telles recherches contre l'existence humaine.

Cependant, les opinions exprimées dans les 1er et 2. articles s'inscrivent parfaitement dans le but de discréditer les théories du complot (la théorie du complot comme terme de combat). Dans ce qui suit, nous montrerons que nous ferions bien de ne pas rejeter d'emblée le 3e article des "mensonges de la vérité"[64] cités plus haut, mais de devenir nous-mêmes actifs et de rechercher des sources indépendantes.

Un certain nombre de projets ont été lancés afin 1) de réduire fortement la population mondiale et 2) de parvenir à une domination et un contrôle absolus sur celle-ci. Les projets en détail peuvent être brièvement résumés comme suit:

a) Les guerres et guerres civiles
b) La dissolution des Etats-nations/mélange ethnique des populations
c) La réduction du QI moyen
d) La destruction des familles
e) La destruction de la santé humaine
f) Le contrôle absolu du peuple

Ces projets visent à
(i) une réduction massive de la population mondiale
(ii) créer des personnes, qui sont affaiblies mentalement, physiquement et psychologiquement et qui ne sont plus en mesure de comprendre les questions politiques et qui n'ont pas la force de se rebeller.

Comment l'élite procède-t-elle? Une étape importante dans la mise en œuvre de ces projets a été la propagation du réchauffement climatique et l'affirmation selon laquelle il est causé par l'homme. Entre-temps, cette affirmation a été réfutée par de nombreux scientifiques sérieux et est qualifiée par eux de "mensonge climatique" (voir ci-dessous pour plus de détails). Néanmoins, elle est toujours propagée par les politiciens et les médias publics et sert de justification à un certain nombre de projets de géo-ingénierie qui conduisent à la destruction des conditions de vie et de la santé humaine. L'un de ces projets de géo-ingénierie consiste à pulvériser dans la stratosphère des produits chimiques hautement toxiques, des métaux lourds, des composés d'aluminium, de strontium et de baryum sous forme de nanoparticules et de fibres plastiques par l'intermédiaire de chemtrails (pour les faits et les sources, voir la section "Chemtrails – *La soupe chimique'* dans le ciel"). La libération de ces substances toxiques (chemtrails) est soit niée par les médias, soit on prétend principalement qu'elle sert à réduire le rayonnement solaire, mais en réalité elle représente un risque extrêmement élevé pour la santé humaine, en partie à cause des matières hautement toxiques, qui, après s'être répandues sur toute la planète, s'accumulent dans les eaux et les aliments produits par l'agriculture, d'une part parce que ces substances sont inhalées par l'homme, mais aussi en raison de la réduction supplémentaire de la production de vitamine D due à l'obscurcissement de la lumière naturelle du soleil. *"Ce qui me frappe, c'est qu'ils enlèvent la lumière. Et la lumière est nécessaire à la reproduction et à la construction du système immunitaire en général. C'est la base de tout cela. La lumière du soleil est diminuée. Nous n'obtenons plus le spectre complet. ...et cela, clairement, affectera le comportement reproductif de la prochaine génération.* [65] Cette déclaration, "qu'ils nous enlèvent notre lumière", n'est pas exagérée, voir la vidéo[66] (à partir de la minute 14 :26).

La réduction de la population mondiale

Si tu comptes tous les gens dans le monde
Tu vas voir qu'il en manque un tiers
Ce qui en reste, regarde dans chaque pays,
Ils ont perdu la tête à mi-chemin.
(extrait du "Chant du tilleul")[67], 1850)

Il est probablement clair pour tout le monde que la croissance de la population mondiale est l'un des problèmes les plus graves de notre époque. Un certain nombre de mesures ont été prises dans le passé pour limiter la croissance démographique, comme l'introduction de la pilule contraceptive ou la politique chinoise de l'enfant unique, mais elles n'ont pas encore résolu le problème. L'élite, en revanche, poursuit une stratégie complètement différente et plus efficace, qui a reçu différents noms sur Internet. Sur "News-for-Friends.de", on peut lire : programme 2021, programme 2030, programme 2050. Ils ont en commun que la population mondiale devrait être réduite jusqu'à 95%. Les moyens pour y parvenir sont les suivants *Chemtrails (ou 'géoingénierie'), les vaccins, les aliments irradiés,* *les OGM[§§§§] (Codex Alimentarius[*****]), les compteurs communicants, l'utilisation de la 5G,"*[68] En outre, il faut mentionner ici la migration massive de la population d'Afrique et du Moyen-Orient vers l'Europe, qui est censée contrecarrer son "déclin démographique", selon l'interprétation officielle. Cependant, cette migration de masse n'est en aucun cas un soulagement pour la surpopulation africaine, car sa croissance démographique est considérablement plus importante que la perte de population due à la migration. La population de l'Afrique augmente beaucoup plus rapidement : en deux semaines, elle a augmenté d'environ un million d'habitants. Si l'on voulait sérieusement réduire la croissance démographique sur terre, le moyen évident et humanitaire serait de soutenir les pays à forte croissance démographique de telle sorte que l'éducation et le niveau de vie dans ces pays soient portés à un niveau comparable aux normes européennes. En Europe, il n'y a plus de croissance démographique excessive, qui est liée à des niveaux d'éducation et de vie élevés. Au lieu de suivre cette voie qui consiste à élever le niveau d'éducation et le niveau de vie en Afrique, l'Europe est déstabilisée par les migrations de masse. En réalité, cette migration de masse sert à générer un énorme potentiel de conflit dans les pays européens, qui se déclenchera en guerres civiles lorsque les populations indigènes seront devenues des minorités sur leurs terres ancestrales, selon le plan de l'élite.[69] "Prends garde ! Celui qui propage depuis des années que le "multiculturalisme a échoué", qui connaît les dangers en détail, pour ensuite diriger précisément cette clientèle (c'est-à-dire les personnes extérieures à la culture) en masse vers l'Allemagne, ne le fait pas 'par une erreur'."[70] Il y a une intention derrière tout cela.*

"Dans le but de maintenir le pouvoir, la population mondiale sera réduite au minimum. Cela se fera au moyen de maladies créées

---

[§§§§] OGM : Organismes génétiquement modifiés

[*****] Codex Alimentarius : "Le Codex Alimentarius est un recueil de normes des Nations unies sur la sécurité alimentaire et la qualité des produits, publié pour la première fois par l'Organisation des Nations unies pour l'alimentation et l'agriculture (FAO) et l'Organisation mondiale de la santé (OMS) en 1963...". (Wikipédia)

artificiellement. Dans ce processus, les armes biologiques sont transformées en épidémies déclarés, mais cela se fera aussi par le biais de famines et de guerres ciblées. La raison en est que la plupart des gens ne peuvent plus financer leur propre nourriture. À ce moment là, les riches seraient obligés de prendre des mesures d'aide, sinon un énorme et dangereux potentiel de conflit se présentera à eux. "[71,†††††] C'est le point 10 des pronostics de Carl F. Weizsäcker sur les futures tendances de développement dans le monde.[72] Comme nous le verrons dans le chapitre "les guerre biologique", cette citation a déjà une réalité effrayante ; depuis des décennies, les travaux sur les armes biologiques se poursuivent précisément dans ce but.

En ce qui concerne la réduction de la population mondiale, on prévoit une perte de population dans les différents pays. Selon la vidéo[73] publiée le 22.02.2015, qui renvoie à la source www.deagel.com, 14 pays européens devraient perdre un grand nombre d'habitants, soit 137,7 millions au total (2e colonne du document 6). En 2017, ces pertes de population ont été modifiés à des valeurs encore plus élevées (au total 193,6 millions, 3e colonne du document 6). Dans ce document n.5, l'année 2025 est également retrouvée, tout comme dans les deux documents discutés dans le prologue, le document sur la guerre météorologique (document 1) et le document de la NASA (document 2), qui envisage l'effondrement des États du monde occidental, en un sens la grande crise sur les ruines de laquelle il est prévu de construire le Nouvel Ordre Mondial (NOM), tout à fait dans l'esprit de la déclaration de David Rockefeller: *"Nous sommes au bord d'une transformation mondiale, il nous suffit d'une crise globale juste et les nations s'accorderont sur le Nouvel Ordre Mondial."*[74, ‡‡‡‡‡]

[†††††] Comme indiqué sur le blog "falschzitate.blogspot.com" le 1er mai 2018, cette citation et les 12 prophéties sur lesquelles elle est basée ne sont pas censées venir de Carl Friedrich von Weizsäcker, mais d'un auteur inconnu datant probablement de l'année 2007.
[‡‡‡‡‡] 1994 devant le Comité économique des Nations unies (UN Business Council).   (https://wahrheitinside.wordpress.com/2017/04/19/zitate-zur-neuen-weltordnung/)

21		Philippines	▲	117,031,940 104,260,000
22		Germany	▼	28,134,920 80,590,000
23		Argentina	▼	41,008,200 44,290,000
24		Colombia	▲	49,240,520 47,700,000
25		Saudi Arabia	▼	25,297,620 28,570,000
26		Spain	▼	27,763,280 48,960,000
27		Vietnam	▲	99,030,160 96,160,000
28		Taiwan	▼	18,538,200 23,510,000

Document 5: Chiffres de population projetés pour 2025 pour les Philippines, l'Allemagne, l'Argentine, la Colombie, l'Arabie Saoudite, l'Espagne, le Vietnam et Taiwan. Le chiffre inférieur dans chaque cas : situation actuelle, le chiffre supérieur dans chaque cas : prévision 2025 (extrait copié sur *http://www.deagel.com/country/forecast.aspx*).

La société "Deagel", qui gère ce site (*www.deagel.com/country/*), traite des informations de nature militaire qu'elle obtient directement de la CIA, du FBI, de la NSA, de l'armée américaine, du Mossat, de l'OTAN et de l'UE. En outre, DEAGEL.com publie des informations sur le PIB, les dépenses militaires, le pouvoir d'achat et la densité de la population pour chaque pays, ainsi que des prévisions pour l'année 2025.[75] Deagel a publié les prévisions démographiques pour 2014 (2e colonne du document 6) et 2017 (3e colonne du document 6), comme le montre le document 6. Dans le texte explicatif sous le tableau, l'effondrement total des systèmes économiques et sociaux de ces pays sont cités comme la cause des fortes pertes de population, les points suivants étant soulignés:

1) Les scénarios de pandémie (par exemple, le virus Ebola)
2) L'effondrement du système financier occidental
3) L'effondrement des systèmes de Ponzi[§§§§§] tels que la bourse et les fonds de pension

Dans cette énonciation, les guerres, les guerres civiles et les famines ne sont pas explicitement abordées. Cependant, on peut supposer que des scénarios de type guerre civile peuvent se produire après un effondrement du système financier. La famine peut également être provoquée par des armes météorologiques, comme décrit dans l'introduction du prologue. Ces armes météorologiques peuvent également être utilisées contre son propre peuple, comme ce fut évidemment le cas avec les "feux de forêt" en Californie en 2017 et 2018 (voir section "Feux de forêt - d'origine humaine").

L'orateur de la vidéo[76] dit: *"... Et cette information conduit Deagel à prédire l'effondrement total du système économique et social de ces pays d'ici 2025. Cela conduirait à son tour à ce que l'on pourrait appeler une nouvelle migration de masse, avec des millions de personnes qui se déplaceraient vers d'autres pays, qui se suicideraient ou mourraient de faim ou d'une quelconque autre manière."* Ce serait alors une nouvelle "migration des peuples", mais dans le sens exactement opposé à celui qu'elle prend aujourd'hui. Cela entraînera une pression migratoire vers le monde extérieur.

[§§§§§] Une chaîne de Ponzi présente des similitudes avec un système de boule de neige, qui doit finalement s'effondrer.

Source: Prévision par:	*2) 2017: Population (en millions) **2017**	*1) 2014: Prévisions **Résidents- Perte** (en millions) **2025**	*2) 2017: Prévisions **Résidents- Perte** (en millions) **2025**
Italie	62,0	-19,0	**-18,2**
France	67,0	-24,6	**-27,9**
Autriche	8,8	-1,8	**-2,6**
Suisse	8,2	-5,2	**-2,9**
Allemagne	80,6	-1.6	**-52,6**
Belgique	11,5	-2,1	**-3,4**
Pays-Bas	17,1	-7.7	**-0,3**
Portugal	10,8	-4,0	**-2,7**
Grande- Bretagne	65,7	-31,3	**-51,1**
Espagne	49,0	-21,3	**-21,2**
Suède	10,0	-6,2	**-2,8**
Norvège	5,3	-3,1	**-1,5**
Irlande	5,0	-2,1	**-3,7**
Grèce	10,8	-7,8	**-2,7**
Total	**411,7**	**-137,7**	**-193,6**
ÉTATS-UNIS	327,0	-247,4	**-227,4**
Canada	35,6		**-9,3**
Australie	23,2		**-8,0**

1) *https://www.youtube.com/watch?v=W8lfp_O9oRA&feature=youtu.be*
2) *http://www.deagel.com/country/*

Document 6: Perte de population prévue pour 2025 (1ère colonne de chiffres: Densité de population 2017; 2ème colonne: Perte de population en 2025, prévision pour 2014; 3e colonne: Perte de population en 2025, prévisions pour 2017).

La pression migratoire vers l'extérieur

Les deux prévisions pour 2014 et 2017 diffèrent fondamentalement pour l'Allemagne: la perte de population de 1,6 million (2e colonne du document 6) prévue pour 2014 a monté subitement à 52,6 millions (3e colonne du document 6) dans la prévision pour 2017. Si l'on tient compte de l'ouverture des frontières allemandes en septembre 2015, qui a donc eu lieu entre ces deux prévisions, cette différence fondamentale entre ces deux prévisions devient compréhensible.****** Car cet afflux d'un million de migrants et leur soutien évident de la part du gouvernement allemand (ainsi que le soutien de la majeure partie de la population allemande) laissent penser que le système de sécurité sociale s'effondrera à un moment donné. En effet, les coûts supplémentaires, en constante augmentation, de plusieurs dizaines de milliards d'euros par an, liés à des millions de migrants et au regroupement familial, ne peuvent plus être absorbés par l'économie allemande en difficulté à partir d'un certain moment. Tôt ou tard, le système social s'effondrera. Le moment où cela se produit dépend également des financiers, et dans quelle mesure ils sont disposés à accorder d'autres prêts supplémentairesau financement. Il appartient donc aux financiers, c'est-à-dire à l'élite financière, de déterminer le moment exact de l'effondrement. Cela signifie que l'État ne sera plus en mesure de

---

****** Toutefois, la modification des prévisions démographiques pour l'Allemagne s'est faite en plusieurs étapes partielles (le 23 avril 2015, la population est passée de 79,6 à 48,1 ; le 16 août 2016, de 48,1 à 40,8 ; le 22 juin 2017, de 40,8 à 31,3, ou 28 millions ; source : https://www.youtube.com/watch?v=t4OwfkSEtlY). Les deux premières modifications ont été apportées avant l'ouverture de la frontière en Allemagne. Je suppose toutefois que cette ouverture de la frontière n'a pas eu lieu spontanément, mais qu'elle a suivi un plan visant à diriger les flux migratoires vers l'Europe, et que la connaissance de ce plan a été prise en compte dans les prévisions. L'existence de ce plan est suggérée par le fait que, immédiatement avant le déclenchement de la migration massive vers l'Europe, le Haut Commissariat des Nations unies pour les réfugiés (HCR) avait considérablement réduit les fonds déjà rares destinés aux camps de réfugiés près de la Syrie et du Liban, après quoi le nombre de ceux qui se dirigeaient vers l'Europe a rapidement augmenté. (Quelle: *https://www.youtube.com/watch?v=EQ0l0HxNEOY&t=300s*)

payer les pensions et les prestations de sécurité sociale. Et c'est alors que l'on prédit *"l'effondrement total du système économique et social"* comme cité plus haut. En ce qui concerne l'effondrement du système économique, nous constatons depuis quelques années que l'économie allemande s'effondre également de manière systématique, en particulier les industries clés allemandes telles que la production d'énergie (industrie nucléaire et production d'électricité à partir du charbon) et plus récemment l'industrie automobile.

Les personnes qui ont survécu à l'effondrement seront déracinées. La direction de la migration sera inversée, non plus vers l'Allemagne (ou l'Europe) mais hors d'Allemagne (ou d'Europe) ; la pression migratoire sera dirigée vers l'est. Mais après l'effondrement, on doit supposer que les frontières seront à nouveau fermées, sécurisées par les mercenaires de l'armée de l'UE, dont la mise en place est demandée ou annoncée depuis un certain temps par Macron et Merkel. Les précurseurs de cette armée européenne sont les armées secrètes GLADIO[77] et EUROGENDFOR, dans lesquelles servent aussi des mercenaires étrangers, qui seront alors également prêts à obéir aux ordres, même s'ils doivent tirer sur leur propre peuple. Ainsi, après l'effondrement, il ne sera plus possible de traverser la frontière. Les survivants de cette "grande crise" seront alors les nouveaux citoyens idéaux de l'"État" mondial ou de l'État des Nations unies, sans droits et sans avenir digne d'être vécu. C'est le nouvel ordre mondial.

Une prévision similaire existe également pour les États-Unis. Le document 7 montre comment les prévisions pour les États-Unis ont été adaptées aux conditions respectives. Le plus grand saut (correction) dans les prévisions a eu lieu le 3 avril 2014, lorsque la prévision démographique pour 2025 a été revue à la baisse, passant de 182 million à 88 million, puis à 69 million le 24 septembre 2014.

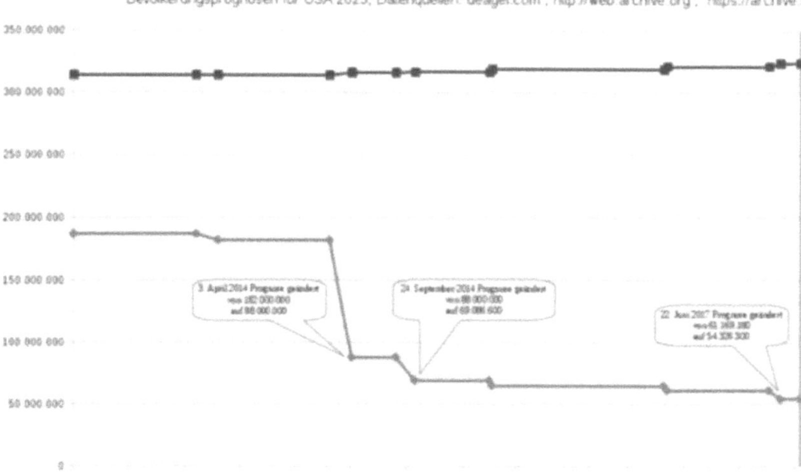

Document 7: Corrections de la prévision de la densité de population des États-Unis pour 2025 (courbe inférieure).[78] Courbe supérieure: état "réel" de la population, par rapport au point respectif dans le temps sur l'axe temporel (Axe temporel: début: 2012-03-01, fin: 2017-06-01, intervalle: 5 mois chacun)

Pour les États-Unis, on note que ces dernières années, les catastrophes naturelles semblent augmenter en fréquence et en intensité, les ouragans, les inondations, les feux de forêt. On soupçonne que l'intervention humaine est utilisée pour maintenir les gens dans la peur et pour détruire leurs moyens de subsistance. Il y a les deux incendies de forêt dévastateurs qui ont eu lieu en Californie en octobre 2017 et en novembre 2018 (voir la section "Les incendies de forêt - d'origine humaine"). Ou bien les ouragans qui ont frappé les États-Unis au cours des dix à vingt dernières années et qui ont de loin dépassés les ouragans précédents en termes de force et de destruction, par exemple l'ouragan Katrina, qui a frappé le Golfe du Mexique en août 2005 et a fait rage pendant 11 jours, détruisant finalement la Nouvelle-Orléans et nécessitant l'évacuation de dizaines de milliers de personnes. Ou encore les pluies incessantes et les inondations dévastatrices qui en résultent sur de grandes surfaces agricoles aux États-Unis, qui rendent les semailles impossibles. Si vous ne pouvez pas semer, vous ne pouvez pas récolter. Il peut en résulter une famine. Dans un article, Michael Snyder décrit la situation de l'industrie agricole aux États-Unis en juin 2019 comme suit:[79] *"Les agriculteurs américains sont confrontés à la pire crise depuis une génération - et la prochaine tempête monstrueuse approche déjà."*[80] *"En raison du temps incroyablement humide, des millions et des millions d'hectares des meilleures terres agricoles américianes devront être mis en jachère cette année parce que l'humidité ne permettra pas de semer. On sémera sur d'autre millions d'hectares supplémentaires, mais en raison de la terrible situation, le rendement risque d'être bien inférieur à la normale."*

Maintenant, on peut bien sûr se demander: les populations ne vont-elles pas résister? N'y aura-t-il pas de guerre civile partout? Bien sûr qu'il y en aura. Mais que peuvent faire les citoyens sans défense? Beaucoup ne comprennent même pas ce qui se passe autour d'eux et quelles sont les causes de ces "bouleversements". Entre-temps, ils ont oublié de remettre en question la vision d'ensemble d'un point de vue logique. C'est le résultat de décennies d'endoctrinement, une sorte de "lavage de cerveau à double sens"[81], un abêtissement des gens par les médias, qui soutiennent les acteurs politiques.

3. Le changement climatique - un enjeu pour tous

„L'effondrement de la civilisation industrielle n'est-il pas le seul espoir pour cette planète? N'est-il pas de notre responsabilité de veiller à ce que cet effondrement se produise? "
(Maurice Strong, Premier directeur du PNUE, 1990 et 1992[82]; organisateur de la Conférence de Rio)

L'urgence climatique

„Toute personne qui jouerait avec l'état d'urgence pour restreindre la liberté, nous trouvera, mes amis et moi, sur les barricades de la démocratie. "
(Willy Brandt, 1968[83])

Jusqu'au 18.décembre 2019, l'"urgence climatique" a déjà été déclarée dans au moins 67 villes et municipalités allemandes (Wikipédia). Le 28 novembre 2019, le Parlement européen à Strasbourg a déclaré une "urgence climatique" pour l'Europe.[84] Le quotidien Süddeutsche Zeitung commente :[85] *"L'urgence climatique a un caractère plutôt symbolique et vise à faire pression pour une législation bien précise. Par cette déclaration, on souligne l'urgence d'agir sur le changement climatique, a déclaré le Parlement."* Est-ce vraiment le cas ? Qu'est-ce qu'une urgence? C'est le moment où les droits civils sont suspendus. Un état d'urgence déclaré ouvre la voie à des réglementations d'urgence, à l'annulation de lois: *"Quiconque déclare aujourd'hui l'état d'urgence climatique ne demande rien d'autre que des décisions sans légitimation démocratique et vise à passer outre les lois démocratiques"*, a déclaré Markus Ferber (CSU),[86] député européen. Un état d'urgence déclaré ouvrira la voie à des décrets d'urgence.

La nouvelle directrice de la Commission européenne, Ursula von der Leyen, a annoncé le 11 décembre 2019 le "pacte vert pour l'Europe", selon lequel l'UE doit devenir neutre sur le plan climatique d'ici 2050. Elle souhaite que la neutralité climatique soit inscrite dans la loi d'ici 2050. [87,88] Elle veut abolir autant que possible l'utilisation du pétrole, du charbon et du gaz naturel d'ici 2050, et pour atteindre cet objectif, elle investira d'énormes ressources financières.

Le changement climatique - la nouvelle religion mondiale

„Le changement climatique prétendument provoqué par l'homme est l'excuse ultime pour contrôler les gens, car le CO_2 n'est ni plus ni moins la vie. Toute activité humaine est basée sur le CO_2 ; même la respiration ! Celui qui contrôle légalement les émissions de CO_2 des gens peut déterminer comment nous devons vivre et combien de personnes sont autorisées à vivre. Tout comme avant le 11 septembre, personne n'aurait vu une raison valable de mettre le Moyen-Orient à feu et à sang, avant l'hystérie climatique, personne n'aurait volontairement renoncé à voyager, à son animal de compagnie ou même à avoir des enfants. [89]

„Tous les partis des pays industrialisés, qu'ils soient de droite ou de gauche, adopteront la théorie du réchauffement du CO_2. C'est une occasion unique de taxer l'air que nous respirons. Parce qu'ils sont censés sauver le monde de la mort par la chaleur, les politiciens sont également applaudis pour cela. Aucun parti ne résistera à cette tentation. "[90]

Document 8 : Page de titre du SPIEGEL 1986 : signal de départ de l'hystérie climatique. *"Si nous n'annonçons pas les catastrophes, personne ne nous écoutera."* (John Harton, vice-président du GIEC, 1994[91])

En 1986, le SPIEGEL a choqué ses lecteurs avec un scénario d'horreur, où la page de couverture de son 33e numéro présentait la cathédrale de Cologne, qui s'était enfoncée jusqu'à un tiers de sa masse dans la mer, qui recouvrait tout jusqu'a l'horizon (document 8). Ce fut le signal de départ d'une hystérie climatique qui, depuis, a fermement ancré la peur et l'insécurité dans le cerveau de nombreuses personnes. Cette "peur du climat" est désormais fermement ancrée dans l'esprit de nombreuses personnes et a pris une telle ampleur que beaucoup sont convaincus que, dans quelques années, une catastrophe climatique mondiale balayera l'humanité et que le déclin de la civilisation humaine ne pourra être évité que par des contre-mesures massives. En 2007, Der Spiegel a une fois de plus "augmenté" le drame du "changement climatique" et l'a intensifié avec le titre de la page de garde : *"RAPPORT SECRET SUR LE CLIMAT - Nous n'avons plus 13 ans pour sauver la Terre".*[92] Après cela, il faudrait s'attendre au pire d'ici 2020 au plus tard. Ce seul exemple devrait faire naître le soupçon que la crise climatique dont on parle est un grand abêtissement de masse, alimentée par les médias et la plupart des politiciens.

Le "changement climatique provoqué par l'homme" est une invention de l'élite, qui poursuit les objectifs suivants:

1) La création d'un projet ou d'un thème commun qui concerne l'ensemble de la communauté mondiale, et non pas seulement des groupes, des États ou des groupes d'États individuels, auxquels l'humanité toute entière peut s'identifier. Ce point commun sert l'élite, qui aspire à un gouvernement mondial unique. Dirk Müller résume cela dans un commentaire :[93] *"En tant que société mondiale, nous n'avons jamais eu de thème commun. Jusqu'à aujourd'hui, il n'y a pas eu un seul sujet qui ait touché tous les peuples du monde, auquel ils auraient été confronté, dont ils auraient dû se charger, parce que cela ne les a pas concernés. . Même une guerre mondiale était un problème que pour une partie des États ... Mais si je veux créer une société mondiale, j'ai besoin d'un problème commun dont nous nous occupons tous en tant qu'humanité entière. Et puis il y a le changement climatique. Si vous ne trouvez pas d'"'extraterrestres" qui viennent d'ailleurs, il y a peu de sujets qui pourraient être utilisés pour cela. Mais le climat touche tout le monde. Le climat est tangible pour tous, il est compréhensible pour tous, il affecte tout le monde d'une manière ou d'une autre. Et c'est exactement la sujet qui a maintenant été trouvée, qui constitue l'argument pour la société mondiale afin de créer cette dernière en tout premier lieu, pour la conduire à une compréhension commune du globe."*

2) La redistribution du bas vers le haut (taxe sur le CO_2[††††††],[94] *"taxes environnementales et écotaxes toujours nouvelles et plus élevées, augmentation des péages, directives*

[††††††] Das Gutachten der Expertenkommission für Forschung und Innovation (EFI) fordert die Bundesregierung auf, eine CO2-Steuer einzuführen.

d'isolation, taxes sur les émissions, échange de certificats de CO$_2$, interdiction du diesel et les voitures électriques absurde"[95])

3) La légalisation de la géo-ingénierie (et donc des chemtrails) sous prétexte que la géo-ingénierie est nécessaire pour contrer la menace d'une augmentation de la température de la terre (contournement de la convention ENMOD[‡‡‡‡‡‡] de 1976)

4) La distraction fâce aux changements politiques, en particulier le démantèlement progressif de la démocratie, les nouvelles lois de contrôle et de censure des citoyens et les migrations massives vers l'Europe. Avant les élections européennes du 26.5.2019, le sujet a été placé au centre de l'intérêt des médias et du public, de sorte que les problèmes actuels tels que les réfugiés, le regroupement familial, la sécurité intérieure, les affaires sociales, la pauvreté des personnes âgées sont complètement passés au second plan.

5) De perturber et créer la peur

6) D'apporter une nouvelle dimension du concepte "diviser pour régner" : en plus de la division profonde au sein de la population (la droite contre la gauche, les patriotes contre les "bien-pensants", les indigènes contre les migrants, les musulmans contre les chrétiens et les juifs, les théoriciens du complot contre les personnes conformistes , les pauvres contre les riches), un nouvel élément est maintenant ajouté : "les jeunes contre les vieux", un conflit générationnel artificiel se construit et s'agite.

7) Le démantèlement de la démocratie. Roger Hallam, militant pour le climat et fondateur du "Extinction Rebellion", a déclaré dans une interview au SPIEGEL :[96] *"Lorsqu'une société agit de manière aussi immorale, la démocratie devient inutile... la protection du climat est plus importante que la démocratie."* Par "immoral", il entend que, selon lui, le gouvernement britannique ne fait pas assez pour éviter la catastrophe climatique. Étant

---

[‡‡‡‡‡‡] Die ENMOD-Konvention verbietet den Einsatz von umweltverändernden Techniken.

donné que les processus démocratiques dans une démocratie dépendent en fin de compte des décisions prises à la majorité, les processus de prise de décision nécessitent beaucoup de temps. Le centralisme, en revanche, est beaucoup plus rapide et préférable aux systèmes démocratiques pour relever les défis mondiaux actuels. Ainsi, le "changement climatique" est un excellent prétexte afin d'"ancrer cette façon de penser dans la population en convainquant que seules des décisions rapides pourraient éviter la "catastrophe climatique imminente". Une discussion diffusée sur la ZDF entre le psychologue Richard David Precht et Robert Habeck, le chef du Parti des Verts, considéré comme le prochain Chancelier, où Habeck exprime sa préférance pour le centralisme fâce au système démocratique. Même si cette déclaration de Habeck a été présentée par la suite comme un mal-entendu et n'a pas été diffusé dans ce sens,[97] elle montre clairement de quoi il s'agit : la suppression des principes démocratiques, justifiée par le prétexte de pouvoir faire appliquer les décisions politiques plus rapidement.

8) L'affaiblissement de l'économie allemande (alignement des conditions de vie au sein de l'UE. Parce qu'une Europe gouvernable et unie n'est pas possible si un pays est riche et l'autre pauvre).

9) La désindustrialisation : *"L'effondrement de la civilisation industrielle n'est-il pas le seul espoir pour cette planète ? N'est-il pas de notre responsabilité de veiller à ce que cet effondrement se produise."* (Maurice Strong, premier directeur du PNUE, organisateur de la Conférence de Rio et conseiller principal de Kofi Annan, 1990 à Wood et 1992 à la conférence de Rio sur le changement climatique[98])

La décision majoritaire : "Le CO_2, tueur du climat" ?

„ 97% des scientifiques sont certains que le changement climatique est en grande partie dû à l'homme.''[99]

Ou:

0,54% des chercheurs en climatologie sont certains que le changement climatique est en grande partie dû à l'homme.[100]

L'hypothèse selon laquelle le réchauffement climatique est dû à l'homme est répétée à maintes reprises: *"97% des scientifiques sont certains que le changement climatique est en grande partie dû à l'homme."*[101] Cette affirmation, qui est souvent utilisée comme argument contre les "sceptiques du climat", est cependant erronée : *"Seuls quelques rares articles évalués par des pairs vont jusqu'à dire que le réchauffement récent est principalement d'origine anthropique.''*[102,§§§§§§]

« L'affirmation des 97%" ci-dessus provient d'une étude de l'année 2013, dans laquelle un certain John Cook avait évalué près de 12000 travaux scientifiques. Mais cette " affirmation des 97%" est un mensonge. En fait, un examen attentif de cette étude révèle: *"Pas moins de 0,54% des journaux estiment que les humains sont responsables d'au moins 50% du changement climatique."*[103] Comment cette différence se fait-elle? Tout simplement, par des questions et des astuces astucieuses dans l'analyse statistique des réponses.[104] Cette "affirmation des 97 %" est également réfutée dans la vidéo YouTube[105]. Et pourtant, cette "affirmation des 97 %" est toujours diffusée par les médias, le GIEC et est régulièrement utilisée sur le terrain pour "réfuter" les "sceptiques du climat".

[§§§§§§] *„ Nur sehr wenige von Experten begutachtete Veröffentlichungen gehen sogar so weit zu sagen, dass die jüngste Erwärmung hauptsächlich anthropogen ist. "*

Cette "affirmation des 97 %" est même contrée par une pétition ("Global Warming Petition Project", également connue sous le nom de "**pétition d'Oregon**") signée par 31 000 scientifiques (en janvier 2018), qui affirme que l'hypothèse d'un réchauffement climatique dû à l'homme est fausse.[106] Le 19 juin 2019, 90 scientifiques italiens ont signé une "pétition contre l'alarme climatique" dans laquelle ils résument explicitement une fois de plus les faits scientifiques qui contredisent l'hypothèse ci-dessus.[107] Déjà en 1992, 4000 scientifiques ont signé le manifeste de Heidelberg (l'appel de Heidelberg), publié le dernier jour du sommet sur le climat à Rio de Jenairo, dans lequel les signataires demandaient que la société accorde plus d'attention aux scientifiques qu'aux nombreux militants irrationnels de la santé et de l'environnement.******* Et le 26 septembre 2019, 500 scientifiques ont signé la déclaration "Écoutez les scientifiques : 500 chercheurs protestent contre le déclenchement de l'alarme climatique"[108], déclarant qu'il est "cruel et imprudent de préconiser le gaspillage de milliards de dollars en se basant sur des résultats et modèles climatiques inachevés."[109] Fritz Vahrenholt, l'un des signataires, déclare dans une interview : *"Le débat sur le climat est devenu si hystérique qu'il met en urgence la politique. Mais nous n'avons pas de crise climatique. Si les demandes de Greta Thunberg sont mises en œuvre, la prospérité et le développement mondial sera massivement compromis."*[110]

Contre la "pétition d'Oregon" mentionnée ci-dessus et ses 31 000 signataires, les lobbyistes du "changement climatique", représentés entre autres par le Huffington Post ou www.klimafakten.de, tirent un grand coup en essayant de la présenter comme de la propagande. Ou bien l'importance de la "pétition d'Oregon" est niée en arguant qu'elle a été signée par des personnes pour la plupart non scientifiques. Ou encore : parmi les scientifiques signataires figurent également des étudiants en licence, des maîtres

---

******* Wikipedia: „L'appel de Heidelberg ": „ ... *The document most of the signatories thought they were signing was an appeal for the society to pay more attention to scientists than to the many irrational health and environmental activists...."*

ou des doctorants dans une discipline liée aux sciences naturelles ; mais si l'on compare le nombre de diplômés des établissements d'enseignement supérieur depuis l'année scolaire 1970/71 qui répondent aux critères de la " pétition d'Oregon " avec le nombre de signataires, le rapport est de 10,6 millions contre 31 000.[111] Une décision majoritaire pour le changement climatique d'origine humaine ? ! Quelle honte scientifique! "La terre est un disque" était également une décision majoritaire au Moyen Âge, du moins à cette époque pratiquement personne ne contestait ce point de vue. Ou bien regardons le monde actuel : le "modèle standard des particules élémentaires", les théories cosmologiques des mondes parallèles et des dimensions supplémentaires, le multivers sont également à considérer comme des décisions majoritaires, que la plupart des spécialistes suivent sans contradiction. Sont-ils pour autant justes ? Le professeur Horst-Joachim Lüdecke[112] de l'Institut EIKE écrit à propos des commentaires sur *www.klimafakten.de* : *"Le blog Klimafak-ten.de (ci-après brièvement le KF) se considère comme une association de lobbying pour l'hypothèse d'un changement climatique dû à l'homme. Ces dernières années, un sujet scientifique est donc devenu une arme pour les groupes d'intérêts idéologiques et la politique, qui poursuivent avec la "protection du climat" des objectifs complètement différents de ceux de "sauver le monde de la destruction par la chaleur". En conséquence, tous les grands partis politiques ont désormais inclus le thème du "climat" dans leurs programmes..."*

Philip Stott, professeur émérité à l'université de Londres, est cité dans le rapport sur l'état du climat de la conférence des Nations unies sur le changement climatique de novembre 2016 comme suit :[113] *"Le point fondamental a toujours été le suivant. Le changement climatique est déterminé par des centaines de facteurs ou de variables, et la simple pensée que nous pouvons gérer le changement climatique de manière prévisible en comprenant et en manipulant le seul facteur choisi politiquement, le CO_2, est aussi farfelue que tout."* Et il a ajouté : *"C'est un non-sens scientifique."* Et pourquoi cette absurdité scientifique est-elle intégrée dans une doctrine d'État, ou plus radicalement, dans une religion d'État ? Ce point de vue de Philip Stott est également partagé par de nombreux scientifiques sérieux, qui s'expriment dans une vidéo YouTube[114]: il y a des dizaines de milliers de scientifiques qui sont en désaccord avec l'hypothèse selon laquelle les humains contribuent de manière significative au changement climatique. Parmi ces dizaines de milliers de scientifiques, on compte également plus de 70 lauréats du prix Nobel[115]. En particulier, l'affirmation du camp pro-climat selon laquelle le CO_2 en est responsable est contredite par le fait empirique qu'entre 1905 et 1940, un réchauffement climatique prononcé a été mesuré, alors qu'entre 1940 et 1970, lorsque la production industrielle et donc les émissions de CO_2 causées par l'homme ont augmenté de manière extraordinaire, il y a eu un léger refroidissement. Ce qui a également été oublié : au milieu et à la seconde moitié du siècle dernier, un refroidissement de la terre, voire une nouvelle ère glaciaire, a été annoncé.[116,117,118] L'absurdité de la thèse selon laquelle le CO_2 produit par l'homme est responsable du réchauffement climatique est également discutée dans un article[119] publié sur *welt.de* en 2011, mais ni les politiciens ni les apologistes de la thèse du CO_2 n'en prennent note.

La thèse selon laquelle le réchauffement climatique est alimentée par le CO_2 produit par l'homme a également un côté satirique et grotesque, comme nous le montre un député européen dans une vidéo[120]. Les députés européens et leur personnel, soit environ 3000 personnes au total, se déplacent de Bruxelles à Strasbourg une fois par mois pendant trois nuits et quatre jours, puis reviennent. Les bagages sont transportés par camion et les députés européens prennent généralement l'avion. Ce déplacement mensuel *"signifie environ 20 000 tonnes d'émissions de CO_2 par an. Cela représente 13 000 vols aller-retour Londres-New York, simplement parce que nous nous déplaçons entre deux endroits..* [121] Cet exemple montre clairement que les décisions ne visent pas du tout à limiter le CO_2, dit tueur du climat, mais que le débat sur la limitation des émissions de CO_2 est un faux débat. Sur le plan financier, ce mouvement mensuel représente 114 million d'euros par an (selon la Cour des comptes). *"Quelle entreprise aurait l'idée absurde de déplacer 3 000 employés chaque mois pour trois nuits et quatre jours ?* [122]

Contredisant également le souci de réduction des émissions de CO_2, les 709 membres du Bundestag ont été spécialement rappelés de leurs vacances pour assister à la cérémonie de prestation de serment du ministre de la Défense par intérim AKK. Les coûts s'élèvent à un million d'euros en plus de l'émissions de CO_2 supplémentaires.[123]

Si les "activistes du climat" étaient vraiment sérieux en ce qui concerne la protection du climat et la préservation des conditions de vie humaines, ils feraient tout ce qui est en leur pouvoir pour s'opposer à la déforestation des forêts tropicales en Amérique du Sud ou en Indonésie. Et ils s'opposeraient plus fermement à ce que les mers et les océans soient jonchés de déchets plastiques. Et ils prôneraient une utilisation responsable des ressources mondiales. Ces problèmes sont connus depuis longtemps et apparaissent de temps en temps dans les médias sous forme de nouvelles ou de commentaires. Cependant, l'impression demeure que pratiquement rien n'est fait contre ces problèmes, mais que des menaces sont plutôt créées, comme la légende du CO_2, qui servent ensuite à maintes reprises de moteur pour de nouveaux investissements et de justification pours des augmentations ou la création de nouvelles taxes.

Des séries de tests avec des carottes de forage dans la calotte glaciaire ont montré que, lorsque la température augmente ou diminue au cours des 100 000 dernières années, le CO_2 augmente à son tour à une intervalle de quelques centaines d'années, c'est-à-dire que *"le CO_2 ne provoque pas le changement climatique, mais le suit ... Ainsi, l'hypothèse de base de la théorie du changement climatique provoqué par l'homme s'est révélée fausse."* [124] L'explication du fait que la teneur en CO_2 suit le changement de température respectif est liée à l'éjection du CO_2 des océans, qui augmente ou diminue selon que la température globale augmente ou diminue. Cependant, le réchauffement ou le refroidissement des océans eux-mêmes est lié au soleil, en particulier à ce qu'on appelle l'activité solaire, c'est-à-dire que *"le soleil est à l'origine du changement climatique, le CO_2 ne joue aucun rôle"*. [125]

Au début, il y a eu des avertissements sur le **"réchauffement climatique"** causé par le CO_2, mais lorsqu'il est devenu évident que les températures annuelles moyennes mesurées au cours des 20 dernières années n'avaient pas vraiment augmentés,[126] ce terme a simplement été remplacé par **"changement climatique"**. *Le mot* ***"réchauffement planétaire"*** *(encore très populaire au début du millénaire) a été presque complètement éliminé et remplacé par le terme beaucoup plus universel de 'changement climatique'. Ce terme neutre permet désormais d'utiliser le mot de manière neutre sur le plan climatique et religieux. Aujourd'hui, une période glaciaire ou même une période chaude peut se produire sans danger, ce qui sera certainement le cas. Il s'agit seulement de maintenir le drame et de ne pas succomber à une quelconque erreur, afin de ne pas mettre en péril le commerce des indulgences fait avec le climat. Ce modèle d'entreprise se nourrit exclusivement d'une panique* **'durable'** *dans l'esprit des partisans du changement climatique, selon laquelle il peut être laissé complètement pour compte qu'il fasse chaud ou froid, car seul le changement sécurisé compte.* "[127]

"Tout repose sur cette seule question : si le dioxyde de carbone n'est pas une cause majeure, alors le captage du carbone, le plafonnement et l'échange, le commerce du CO_2 et l'accord de Kyoto une perte de temps et d'argent. Tout cela détourne les ressources des choses importantes qui nous tiennent à cœur, comme trouver un remède contre le cancer ou nourrir les enfants somaliens. "[128]

Un article sur *http://news-for-friends.de* conclut:[129] *"Le changement climatique anthropique est probablement le plus grand mensonge et le plus grand canular de tous les temps, avec les conséquences les plus graves. Elle sert exclusivement à redistribuer la richesse du bas vers le haut à une échelle sans précédent, c'est-à-dire du vol total ... dans ce système socio-écologique dans lequel nous devons malheureusement encore vivre actuellement, en fin de compte l'asservissement de toute l'humanité.* "

Dans le film très cité de Davis Guggenheim et Al Gore, "Une vérité qui dérange",[130] qui met en garde contre le changement climatique provoqué par l'homme, *"les faits ont été dissimulés d'une part et d'autre part adaptés pour produire l'effet désiré : Créer la peur dans la population et obtenir la légitimation de la politique "climatique" absurde et ruineuse, telle que des taxes environnementales et écologiques toujours nouvelles et plus élevées, l'augmentation des péages, les directives d'isolation, les taxes d'émission, l'échange de certificats de CO_2, l'interdiction du diesel et les voitures électriques absurdes..."*[131]

Nous assistons aujourd'hui à la célébration d'une religion du climat qui n'a aucune utilité pour les faits scientifiques, mais qui a au contraire élever le "changement climatique provoqué par l'homme" au rang de dogme. L'affirmation centrale des représentants du "changement climatique provoqué par l'homme" est que le CO_2 causé par l'homme accélérerait le réchauffement de la planète, mot-clé "effet de serre". Voici un argument qui suggère le contraire:

L'antithèse

„Il y a un tabou absolu sur le sujet du changement climatique, et c'est probablement ca, le pire de tout.
(Naomi Seibt, 16 ans, diplômée du lycée[132])

Le CO_2 est plus lourd que l'air ; par conséquent, la concentration près de la terre est plus importante que dans les couches supérieures de l'atmosphère. Ce point est souvent utilisé par les apologistes du climat pour réfuter les "négationistes du climat" en disant que la turbulence des masses d'air (par le vent, les courants) empêche une diminution du CO_2 et que par conséquent le CO_2, le N_2 et l'O_2 sont plus ou moins également répartis dans l'atmosphère.[133] Cependant, ils ignorent un autre effet, à savoir la formation des nuages, qui se produit à des altitudes d'environ 2 à 13 km. Lorsque des nuages se forment, la vapeur d'eau ascendante se condense et libère l'énergie thermique absorbée à la surface de la terre lors de l'évaporation, qui est irradiée dans toutes les directions de la même manière. Le CO_2, qui est présent sous les nuages en plus grande concentration qu'au-dessus des nuages, fait que le rayonnement thermique vers l'espace est maintenant plus important que vers la surface de la terre, ce qui signifie un refroidissement de la zone proche de la terre par rapport à la situation (hypothétique) où il n'y aurait pas de CO_2.[134]

Une méthode dite de géo-ingénierie, qui limite le réchauffement climatique causé par le rayonnement solaire, consiste à installer dans la haute atmosphère un parasol artificiel composé de fines particules métalliques, qui devrait réfléchir une grande partie du rayonnement solaire direct vers l'espace (3ème aspect dans le chapitre "Quels sont les objectifs des chemtrails?). Depuis 2003/2004[135], cela a déjà été fait au-dessus de l'Allemagne en émettant d'énormes quantités de petites particules métalliques dans la haute atmosphère (voir la section "Chemtrails – *La soupe chimique'* dans le ciel"). Le résultat est un ciel blanc laiteux, ce qui entraîne en fait une diminution de la quantité de lumière du soleil frappant la terre. Cependant, ce ciel blanc laiteux réduit également le rayonnement thermique de la terre vers l'espace, ce qui contribue à son tour au réchauffement de la planète. Sans ce ciel blanc laiteux, le rayonnement thermique de la terre vers l'espace serait plus important, ce qui signifierait un refroidissement supplémentaire de la surface de la terre. Cet effet de refroidissement a été bien observé au cours des années précédentes : le refroidissement nocturne était toujours particulièrement prononcé lorsque le ciel était sans étoiles et sans nuages. D'autre part, une couverture nuageuse dense a réduit le rayonnement thermique vers l'espace, c'est pourquoi le refroidissement nocturne n'a pas été aussi fort que dans un ciel sans nuages. Alors que le rayonnement thermique de la surface de la terre vers l'espace a toujours lieu, c'est-à-dire 24 heures sur 24, la protection du rayonnement solaire par le ciel blanc laiteux ne fonctionne que pendant la période de la journée, lorsque le soleil est dans le ciel. Dans la balance, cela signifie que ce parasol artificiel contribue à une augmentation de la température moyenne à la surface de la terre, mais pas à une diminution de la température.

La teneur moyenne en CO_2 dans l'air normal est extrêmement faible. Il n'est que de 0,04% environ. L'Institut européen pour le climat et l'énergie (EIKE) fait le calcul suivant:[136] *"Il y a donc 0,038% de CO_2 dans l'air; la nature en produit 96%, le reste, soit 4%, est produit par l'homme. Cela fait quatre pour cent de 0,038 %, soit 0,00152 %. La part de l'Allemagne est de 3,1 %. ... Nous voulons ainsi jouer le premier rôle dans le monde, ce qui nous coûte environ 50 milliards d'euros par an en taxes et en charges."*
Si c'est le cas, la question se pose: pourquoi alors prétend-on exactement le contraire, à savoir que le CO_2 est à l'origine du réchauffement climatique? La réponse est simple: 1) Si l'on disait que le CO_2 peut réduire ou inverser le réchauffement climatique, alors aucun certificat ou taxe sur le CO_2 ne pourrait être justifié sur cette base. Il serait plus difficile de justifier la suppression de la production d'électricité à partir du charbon. 2) Le réchauffement réel de la planète est souhaitable pour maintenir l'affirmation selon laquelle le CO_2 contribue au réchauffement de la planète. On peut alors dire que nous n'avons pas encore économisé suffisamment de CO_2, de sorte que la température mondiale continue d'augmenter et qu'il faut rendre la taxation du CO_2 encore plus efficace, c'est-à-dire la rendre plus coûteuse. On suppose que les masses de gens ne comprennent pas le véritable contexte et les véritables liens. S'ils le faisaient, tout le projet de taxation du climat s'effondrerait comme un château de cartes. C'est pourquoi les médias diffusent et alimentent de manière propagandiste la thèse du réchauffement climatique par le CO_2, et le font avec succès, comme le montre l'exemple du mouvement "Grève mondiale pour le climat", mais aussi les votes des Verts aux élections européennes et aux dernières élections nationales.

Ce qui est réalisé en même temps que la lutte contre le CO_2 est une lutte contre le monde végétal, qui est une des conditions préalables à l'existence humaine. Le CO_2 est un gaz important sans lequel une civilisation humaine ne pourrait pas exister. Parce que le CO_2 est une substance essentielle pour le monde végétal, nécessaire à la production d'énergie par photosynthèse. Et la photosynthèse ne fonctionne que s'il y a suffisamment de lumière solaire. Les autres mesures utilisées pour réduire le réchauffement climatique comprennent la réduction du rayonnement solaire en introduisant des aérosols dans les couches supérieures de l'atmosphère pour absorber une partie de la lumière solaire ou la renvoyer dans l'espace. Il en résulte une réduction de la photosynthèse.

Comment est-il possible - malgré la contribution extrêmement minime de l'homme au CO_2 - qu'une "religion du climat" entière puisse être construite sur cette base? La vidéo "L'origine du mensonge climatique"[137] apporte une réponse à cette question. L'auteur y déclare *"que les médias, surtout les journaux, bien sûr aussi la télévision, étaient en train d'inventer des faits qui n'existaient même pas. Et tous ces faits allaient, si l'on y réfléchit un peu, créer de la peur".* - Dans la brève description du livre "Die Lüge der Klimakatastrophe" de Hartmut Bachmann, on peut lire : *"Selon un sondage, 70% des Allemands sont effrayés par une panique systématique face à une catastrophe climatique imminente. Mais quiconque se rend compte que les valeurs fondamentales de cette prétendue catastrophe **sont largement faussés,** peut réduire ses craintes. ... l'ensemble de la construction censée soutenir la catastrophe climatique est **un simple tissu de mensonges**, construit par les plus hautes autorités climatiques internationales jusqu'aux gouvernements des États. Après avoir déchiffré ces faits, l'auteur poursuit la question: **CUI BONO?** Qui en bénéficie? Il tombe sur une activité criminelle... (et) comme des exploiteurs et des égoïstes sans scrupules dans le monde des affaires et de la politique manipulent et effrayent les gens pour ensuite les exploiter."*[138].

Le projet climatique est trop grand pour échouer

Le document 9a montre l'augmentation de la température moyenne de l'atmosphère proche de la terre et des océans depuis le début de l'industrialisation (Wikipédia). Selon Wikipédia, il s'agit d'un *"changement climatique causé par des influences anthropiques (créées par l'homme)"*. Le document 9a représente une partie de la courbe climatique dite "en crosse de hockey", dont l'image 9b présente l'intégralité : la température moyenne dans l'hémisphère nord depuis l'an 1000, déterminée sur la base de diverses sources. Ces graphiques constituent les principales pierres angulaires de l'affirmation selon laquelle le changement climatique est "causé par l'homme". Et ils constituent la base des modèles climatiques que les climatologues utilisent pour estimer l'évolution des températures jusqu'à l'an 2100 si nous ne réduisons pas les émissions de CO_2. Ils constituent également une base pour les rapports sur le climat du GIEC.

Le graphique, l'image 9a, provient de la NASA et a été créé par M. James Hansen (et ses co-auteurs) en 2010, puis révisé et complété par M. Nathan Lenssen (et ses co-auteurs) en 2019. La "courbe climatique de la crosse de hockey", l'image 9b, a été publiée par un certain M. Michael Mann (et ses co-auteurs) en 1998. Il montre une diminution progressive de la température depuis environ l'an 1000, mais avec le début de l'industrialisation depuis 1890 environ, une forte hausse jusqu'en 1998.

Mais cette "courbe climatique en forme de crosse de hockey" est évidemment une courbe inventée ou manipulée par M. Mann. Parce que ce M. Man a maintenant été condamné pour avoir menti devant un tribunal canadien.[139,140] C'est un verdict sévère. *"Le très acclamé Michael Mann a constamment refusé de donner ses données brutes et ses codes informatiques afin que son fameux gadget puisse être vérifié."*[141]

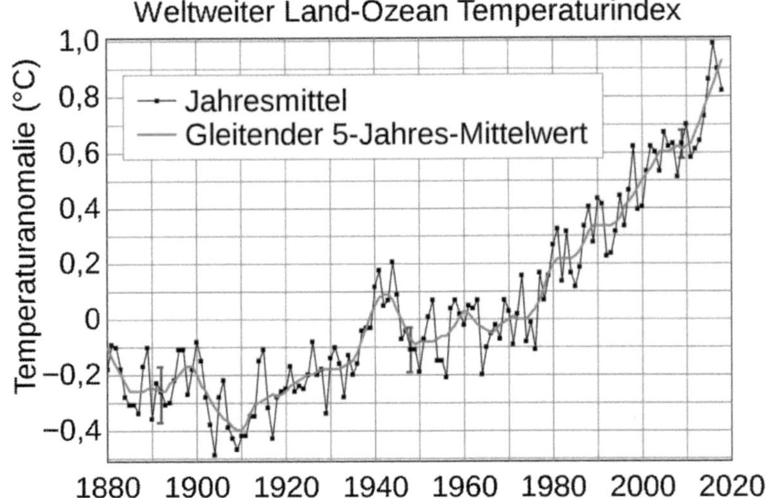

Le document   9a: Réchauffement climatique ou réchauffement de la planètedepuis le début de l'industrialisation. (copié sur Wikipédia)

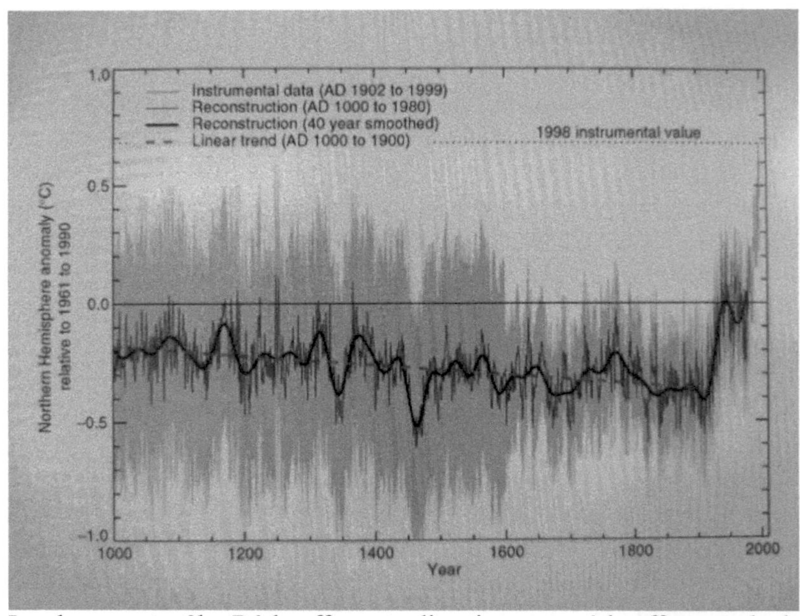

Le document   9b: Réchauffement climatique ou réchauffement de la planète au cours des 1000 dernières années. (copié sur Wikipédia)

Dans le passé, il y a eu également un certain nombre de publications par d'autres auteurs dans lesquelles la crédibilité des données sur lesquelles le graphique (l'image 9b) est basé a été remise en question. En 2013, SPIEGEL ONLINE a analysé le dilemme soulevé par les critiques concernant la "courbe climatique de la crosse de hockey". L'auteur de cet article conclut :[142] *"Sous la pression du lobby de l'industrie - apparemment l'"équipe de hockey", comme Mann et ses collègues se sont appelés eux-mêmes, ils se sont vus acculés par un puissant lobby d'associations industrielles. Les lobbyistes ne craignent pas une mauvaise interprétation délibérée des données climatiques afin de minimiser les dangers du réchauffement climatique..."* Donc, ici, les rôles ont été inversés, ce ne sont pas Mann et ses collègues qui ont fait semblant, mais ils ont été invités à *"... banaliser les dangers du réchauffement climatique..."*, ce qu'ils n'ont pas fait.

Wikipedia conclut: *"Entre-temps, les reconstitutions climatiques plus récentes des 1000 dernières années ont fourni une image comparable au diagramme d'une crosse de hockey. Ces graphiques actuels sont largement conformes au diagramme original de la crosse de hockey et se situent dans la marge d'erreur indiqués par Mann et al."* Wikipedia fait référence à ces deux sources.[143,144] Et sur www.klimafakten.de vous obtenez un résultat similaire.[145] Ce verdict n'est pas surprenant, puisque les *"nouvelles reconstructions climatiques"* sont basées sur des données manipulées, comme nous le montrerons dans la prochaine section.

En ce qui concerne l'autre graphique, le document 9a, il convient de dire la chose suivante à propos de son auteur : si aucune trace de l'auteur Nathan Lenssen ne peut être trouvée sur Internet, James Hansen, le "père de la courbe climatique", peut être trouvè avec des résultats surprenants. Il est cité dans un rapport du Washington Post de 1971. À l'épque, il mettait encore en garde contre une ère glaciaire: *"Au cours des 50 prochaines années, la poussière fine que les gens rejettent constamment dans l'atmosphère par la combustion de combustibles fossiles pourrait affaiblir la lumière du soleil à un point tel que les températures moyennes pourraient chuter de 6 degrés ... 10 ans plus tard, James Hansen est déclaré directeur de l'Institut Goddard de la NASA et évoque le réchauffement de la planète à partir du refroidissement global et de la courbe de température ... qui descend, avec une courbe qui monte (l'image 9). On disait alors : "Il n'y a pas de menace d'une ère glaciale, bien au contraire, elle se réchauffe, si bien que les calottes polaires vont bientôt fondre.*[146]

La manipulation des données mesurées

„La manipulation des données de température est le plus grand scandale scientifique de tous les temps "[147]

Comment se peut-il qu'une période glaciaire initialement prévue se transforme en un réchauffement climatique imminent avec l'annonce d'une catastrophe climatique après seulement quelques années? Tout simplement : par la manipulation des données : *"... les données fondamentales de cette prétendue catastrophe (sont) largement falsifiées ...",* selon la déclaration de la source citée ci-dessus.[148] Nous voulons vérifier cette affirmation. Examinons de plus près certaines données. Dans un article de l'Institut EIKE[149], de telles contrefaçons ont été étudiées en détail. Il cite la façon dont la NASA a manipulé les enregistrements de données de mesure de température qui avaient été enregistrés sur une période de plus de 100 ans à différents endroits sur la terre.[150] Dans l'une des sources qui y sont citées, des exemples provenant de six endroits différents dans le monde sont montrés où les températures mesurées ont été manipulées : Punta Arenas, Chili ; Marquette, État du Michigan, États-Unis ; Port Elizabeth, Afrique du Sud ; Davis, Antarctique ; Hachijojima, Tokyo ; Observatoire de Valentia, Irlande.

Ces nouveaux ensembles de données de température fournissent désormais des tendances partielles au réchauffement, même dans les endroits où il y avait autrefois une tendance au refroidissement.

"De cette façon, la NASA utilise sa baguette de triche pour convertir le refroidissement en (faux) réchauffement"[†††††††] Trois exemples de manipulation de données sont présentés dans les documents 10 à 12. La NASA a modifié ses données originales, dites *"V3 données non corrigées"* et les a publiées sous le nouveau nom de *"V4 données non corrigées"*. L'image du haut montre les données originales (*"V3 non ajustée"*) dans le temps, l'image du bas montre les données modifiées (*"V4 non ajustée"*). Le graphique 10 montre une très légère baisse de la température à partir d'une nette tendance à la baisse de la température moyenne, le graphique 11 montre une nette tendance à la hausse à partir d'une légère tendance à la baisse. Dans le document 12[151,152], les graphiques correspondants sont présentés pour l'aéroport de Darwin, en Australie, où les données *"V3 non corrigées"* montrent une nette tendance à la baisse de la température moyenne, tandis que les données *"V4 non corrigées"* montrent une nette tendance à la hausse.

Un autre exemple de manipulation de données par le GISS/NASA est la courbe de température depuis 1900 pour la station de mesure sélectionnée "Zürich Fluntern". Les données de température du GISS/NASA pour les séries chronologiques de 1900 à 2018 sont nettement supérieures aux données originales.[153] *"En conséquence, la Suisse présente des températures trop chaudes selon la base de données GISTEMP, qui constitue la base de nombreux modèles climatiques, avec une tendance croissante, c'est-à-dire que les nouvelles valeurs de la température de la terre rapportées par la NASA pour Zürich Fluntern ou la Suisse ont tendance à s'écarter de plus en plus de celles rapportées par Météo Suisse."*

[†††††††] *"This is how NASA uses its magic wand of fudging to turn past cooling into (fake) warming."*

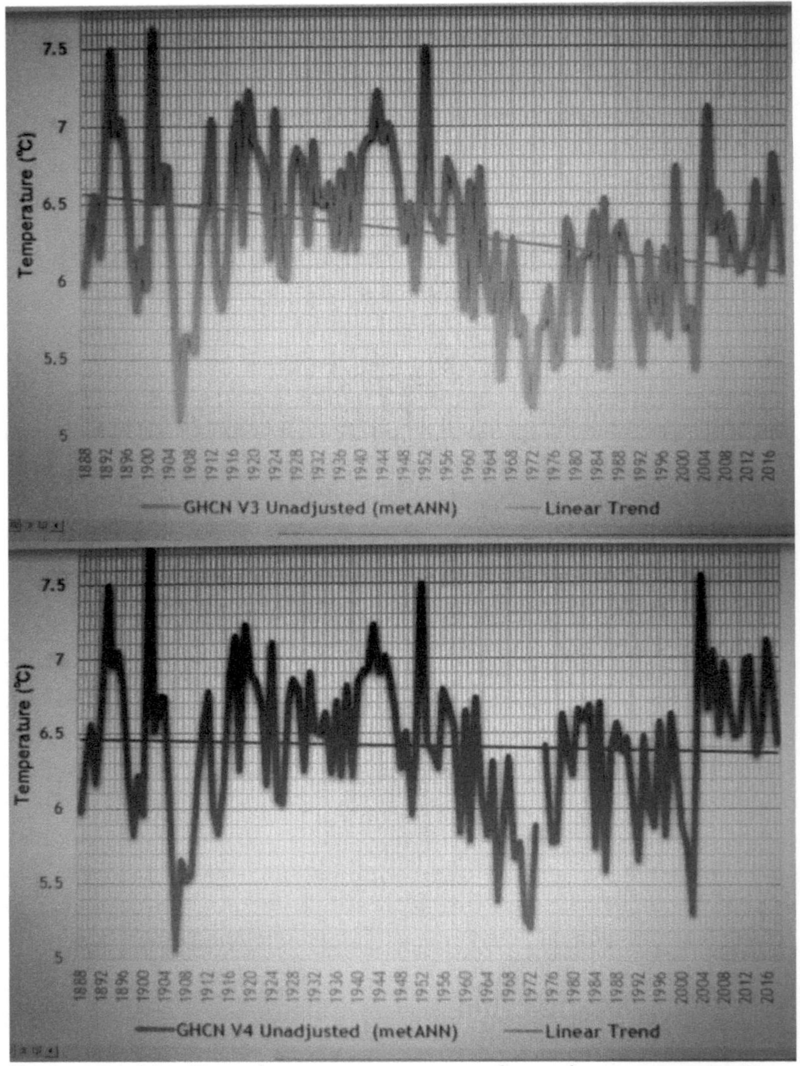

Document 10 : Température moyenne sur l'axe du temps pour Punta Arenas, Chili, de 1888 à 2018 ; image du haut: données originales (*"V3 Non ajusté"*); ici, une nette tendance à la baisse de la température moyenne était encore visible, mais elle a presque disparu dans les données *"V4 Non ajusté"* (image du bas).[154]

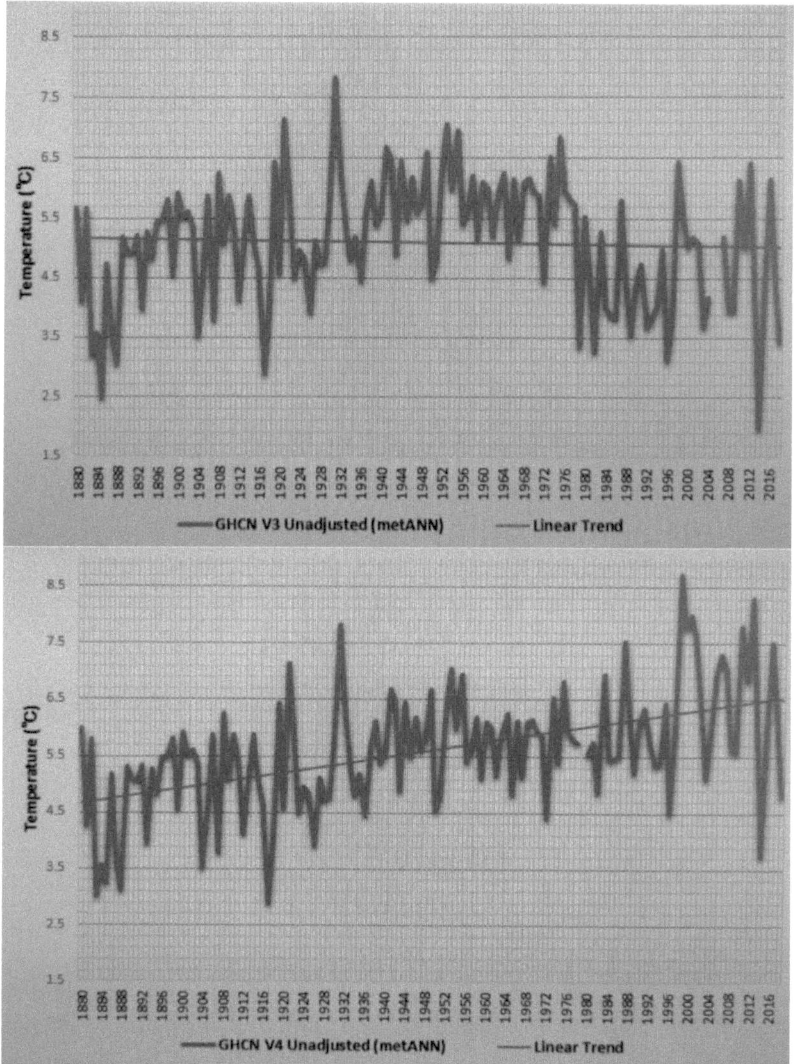

Document 11: Température moyenne sur l'axe du temps pour Marquette, État du Michigan, États-Unis, de 1880 à 2018; image du haut: données originales (*"V3 Non ajusté"*); image du bas : données de mesure modifiées (*"V4 Non ajusté"*). Ici, une légère baisse de la température moyenne s'est transformée en une hausse de la température.[155]

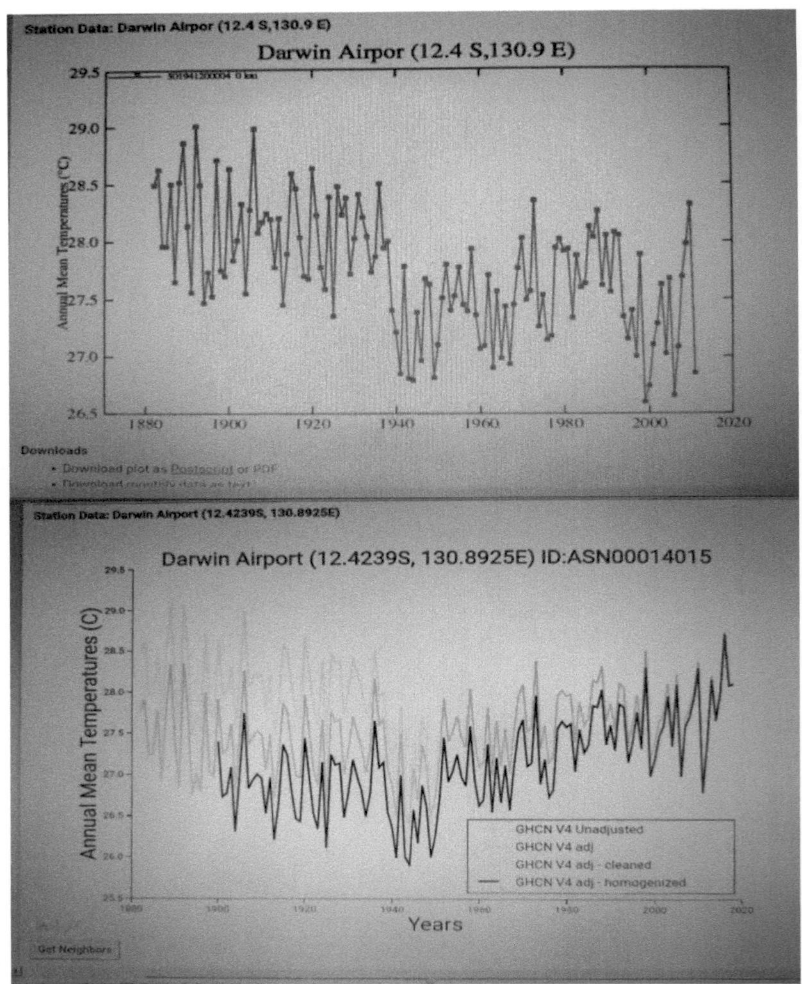

Document 12: Température moyenne sur l'axe du temps pour l'aéroport de Darwin de 1880 à 2011; image du haut: données originales (*"V3 Non ajusté"*)[156] avec une nette tendance à la baisse; image du bas: données de mesure modifiées (*"V4 Non ajusté"*)[157] avec une nette tendance à la hausse.

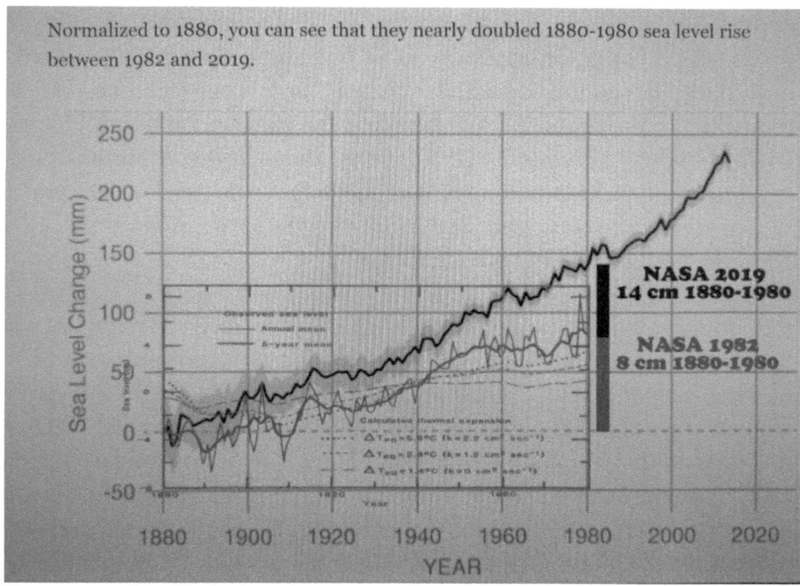

Document 13: Variation du niveau de la mer en fonction du temps: la courbe inférieure continue est tirée d'une publication de 1982, la courbe supérieure de 2019, toutes deux publiées par la NASA.[158] L'élévation du niveau de la mer qui en résulte est très différente pour la période de 1880 à 1980: 8 cm contre 14 cm.

Un autre type de manipulation se produit lorsque, au fil du temps, les données de température mesurées dans les zones chaudes (villes, agglomérations) sont de plus en plus pondérées par rapport aux zones rurales. Comme il fait généralement 2 à 4 degrés de plus dans les villes et les agglomérations, parce que les bâtiments chauffent plus pendant la journée et stockent cette chaleur plus longtemps la nuit, ce type de manipulation simule une augmentation de la température au fil du temps. Et c'est exactement ce qui s'est passé avec les données de température en Allemagne. Si nous superposons les cartes de l'Allemagne avec les stations de mesure de température officielles enregistrées des années 1989 et 2018 et que nous examinons les changements dans l'enregistrement des valeurs mesurées, nous pouvons constater qu'au cours des 30 dernières années, de nombreuses stations de mesure ont disparu des endroits frais ou ont été déplacées vers les zones plus chaudes, à proximité des agglomérations où il fait naturellement plus chaud que dans la nature intacte.[159] Ainsi, une augmentation de la température moyenne en Allemagne a été générée ou manipulée au fil du temps. *"Néanmoins, il fait plus chaud dans de nombreuses régions, mais seulement parce que nos rues et nos villes ont grandi et que nous couvrons tout de béton. L'asphalte iradille en été... La chaleur vient des villes, pas du CO_2."*[160]

Les manipulations peuvent également se trouver à hauteurs du niveau de la mer au-dessus de l'axe du temps. Le graphique 13[161] montre les variations du niveau de la mer de 1880 à 2019 (courbe supérieure) telles que publiées par la NASA, une fois en 1982 et une fois en 2019. La comparaison montre que la courbe publiée en 1982 (courbe inférieure continue) montre une élévation du niveau de la mer de seulement 8 cm, alors que la courbe supérieure publiée en 2019 montre une élévation du niveau de la mer de 14 cm pour la même période, de 1880 à 1980. Les deux courbes sont normalisées à la même valeur initiale du niveau de la mer en 1880.

Chris Frey, de l'Institut EIKE, commente:[162] *"A la NASA, il semble que le soleil, les océans, la vapeur d'eau, etc. ne jouent pas de rôle dans les tendances de la température mondiale. Le facteur numéro un du "réchauffement" de la NASA ne semble même pas être le CO_2, mais plutôt la falsification orwellienne des données. Si les données de la NASA ne correspondent pas aux modèles (inventés), il suffit de les modifier jusqu'à ce qu'elles y correspondent. Faites enfin éclater la verité à la NASA !"*

Le "CUI BONO"? Qui en profite"? est, à mon avis, la question cruciale qui doit être posée pour contester l'affirmation selon laquelle il y a un changement climatique et qu'il est causé par l'homme.

La convention ENMOD a été créée en 1976/77 suite au rejet mondial de l'utilisation de l'agent orange de Monsanto et d'autres interventions techniques environnementales pendant la guerre du Vietnam dans les années 1960. À l'époque, on craignait que, compte tenu du développement technique rapide des armes environnementales, celles-ci puissent être délibérément utilisées comme des armes dans un conflit. L'utilisation abusive de l'environnement comme arme de guerre est interdite depuis lors.[163] Dans un accord d'interprétation joint à la convention ("Understandings Regarding The Convention"), les phénomènes suivants sont énumérés et peuvent être produits par des techniques de modification de l'environnement : *"Les tremblements de terre, les tsunamis ; une perturbation de l'équilibre écologique d'une région, des changements dans la météo (y compris la formation de nuages, les cyclones, les tornades), des changements dans le climat, des changements dans les courants océaniques, des changements dans la couche d'ozone et des changements dans l'état de l'ionosphère. "*[‡‡‡‡‡‡‡]

Cette seule compréhension du terme, qui date de 1976 (!), devrait vraiment nous faire prendre conscience.[164] Cela signifie, entre autres, que les possibilités techniques de générer artificiellement des tremblements de terre, des tsunamis, une perturbation de l'équilibre écologique d'une région, des changements météorologiques (y compris la formation de nuages, les cyclones, les tornades), des changements de climat, avaient déjà été reconnus à l'époque comme une menace réaliste par l'homme.

Comment contourner l'interdiction de la manipulation des changements climatiques ? C'est très simple. En créant une hypothétique menace mondiale à laquelle il faut s'attaquer pour l'éviter. Et cette menace est représentée par l'expression provocante de "changement climatique provoqué par l'homme". Et vous devez faire quelque chose pour y remédier. Ce terme est la "légitimation" de la géo-ingénierie. Le terme de combat "changement climatique" alimente également la peur afin de forcer la population à accepter le projet.

[‡‡‡‡‡‡‡] *„earthquakes, tsunamis; an upset in the ecological balance of a region; changes in weather patterns (clouds, precipitation, cyclones of various types and tornadic storms); changes in climate patterns; changes in ocean currents; changes in the state of the ozone layer; and changes in the state of the ionosphere."*

Sur la base des faux faits mentionnés ci-dessus, les politiciens ont créé une sorte de "religion du climat", combinée à un commerce d'indulgence, appelé certificats de CO_2, sur la base duquel des revenus supplémentaires de l'État sont créés. J'aime comparer ce commerce d'indulgence avec celui de Johann Tetzel au Moyen Âge. *"La fraternité du climat ne se considère pas comme une rivale du Saint-Siège, mais plutôt comme une institution supplémentaire unique pour la culture d'une **théologie de l'écrémage'** modernisée, qui débarque avec des histoires encore plus terribles que la Bible, par exemple. "*

En dépit de ces manipulations et falsifications avérées, le projet climatique continuera à progresser. La question du climat est trop importante pour être négligée.[§§§§§§§] Et il y aura toujours des spécialistes prêts à "prouver" que les critiques ont "tort".

La croisade des enfants 2019

„*Je veux que vous paniquiez*"
(Greta Thunberg)

„*Parce que si vous paniquez, vous ne pouvez pas réfléchir. Et c'est précisément l'état des choses que veulent voir nos principales éxecutants sociaux, comme les Verts et tant d'autres*"
(Gerhard Wisnewsky[165])

L'implication de nos enfants dans la diffusion de la vision d'horreur d'une catastrophe climatique imminente, qui trouve son expression dans les démonstrations "Grève mondial pour le climat » des écoliers, montre des traits "religieusement similaires" et des parallèles avec la croisade des enfants de 1212 (peregrinatio puerorum), où des milliers de personnes, pour la plupart des enfants et des jeunes d'Allemagne et de France, se sont lancées

---

[§§§§§§§] Le problème du climat est trop important pour être résolu.

dans une croisade non armée vers la Terre Sainte sous la direction de garçons visionnaires, soutenant ainsi la croisade des adultes appelée à l'origine par le pape Urbain II en 1095.******** De la même manière, les écoliers d'aujourd'hui sont instrumentalisés. On leur apprend à l'école que la catastrophe climatique qui s'annonce est un fait et ils croient généralement que c'est vrai. Et les enfants sont également heureux de participer aux manifestations d'enfants ("Grève mondiale pour le climat des écoliers"), d'autant plus que celles-ci sont soutenues par certains politiciens, qui leur permettent de sécher les cours légalement. Les manifestations des enfants Grève mondiale pour le climat sont axées sur le charbon et la fermeture des centrales électriques au charbon le plus tôt possible. Tout comme dans la croisade des enfants de 1212, des enfants visionnaires seront promus et commercialisés en tant que figures de proue, comme la Suédoise Greta Thunberg et *"son homologue allemande, l'étudiante en géographie Luisa-Marie Neubauer, âgée de six ans, qui co-organise les démonstrations du vendredi ("Nous sommes dans la plus grande crise de l'humanité !"). Cependant, elle a été prise en flagrant d'elit par le fait que malgré son jeune âge, elle a déjà voyagé sur presque tous les continents - ses destinations comprenaient le Canada, la Chine / Hong Kong, la Namibie, la moitié de l'Europe et le Maroc"*,[166] ce qui, si l'on en croit les représentants de la religion du climat, devrait accélérer la "catastrophe climatique" causée par les vols fréquents associés aux voyages dans le monde.

Le 6ieme point de la liste des objectifs (voir le chapitre "Le changement climatique - la nouvelle religion mondiale") que l'élite poursuit dans l'invention du "changement climatique provoqué par l'homme" est le plus important et en même temps le plus dangereux. *"C'est une évolution très, très dangereuse : si la jeune génération est maintenant montée contre la vieille et que le vieux*

******** *„L'idée d'une Croisade des enfants est peut-être basée sur un malentendu linguistique. Le mot latin "puer" peut-être traduit non seulement par "enfant" ou "garçon", mais aussi par "serviteur". Il était utilisé pour décrire surtout les plus jeunes enfants des familles paysannes, qui trouvaient souvent tout au plus un emploi de bergers ou de journaliers, formant ainsi une sous-classe rurale pauvre"(Wikipedia)*

monde est détruit, ou que tout ce qui vient des anciens était mauvais, est mis sous un mauvais jour, alors nous sommes dans une situation très dangereuse en ce qui concerne le contrat intergénérationnel, en ce qui concerne la question des pensions plus tard, etc, si les jeunes sont maintenant opposés aux vieux.
Soyons encore une fois très, très prudents quant à ce qui va se passer à cet égard dans les prochains mois, dans les deux ou trois prochaines années, et ne le permettons pas ; c'est déjà assez grave qu'ils séparent la droite et la gauche, qu'ils nous divisent horizontalement dans la société. S'ils parviennent maintenant à diviser et à inciter les enfants à se dresser contre leurs parents, alors ce sera très, très dangereux..."[167]

Le projet maoïste

„La masse est éduquée pour devenir des moutons servile"[168]

Les manifestations de la "Grève mondiale pour le climat" ont beaucoup en commun avec les débuts de la révolution culturelle sous le régime communiste en Chine (révolution culturelle, 1966 - 78). *"Pendant la révolution culturelle de Mao, des millions de jeunes ont été montés contre les adultes. Ils ont persécuté des enseignants, des scientifiques et des responsables du parti. En échange, ils étaient autorisés à ne pas aller à l'école. A la fin, des millions de personnes sont mortes."*[169,170,171,172] D'une certaine manière, on se souvient aussi du Cambodge à la fin des années 1970, lorsque les Khmers rouges ont établi leur régime de la terreur entre 1975 et 1979: *"L'argent a été aboli, les livres ont été brûlés, les enseignants, les commerçants et presque toute l'élite intellectuelle du pays ont été assassinés, ...".* (Wikipédia).

L'analogie entre le mouvement actuel de la "Grève mondiale pour le climat"et la révolution culturelle de Mao est évidente. Aujourd'hui encore, avec le soutien du gouvernement et des écoles, les cours du vendredi sont remplacés par des manifestations d'étudiants, au niveau national et européen, voire mondial, menées par une icône très stylisée, Greta Thunberg. Le danger de cette incitation des jeunes contre les personnes âgées est que ce processus se déroule progressivement et que les jeunes reçoivent une idée qui les unit, dans ce cas le "climat", et que les liens sociaux entre les jeunes et les parents sont détruits et que ce processus puisse à un moment donné se développer dans une direction similaire à celle observée précédemment en Chine ou au Cambodge. Le fait que cette agitation en rapport avec le changement climatique tombe sur un terrain fertile a été démontré par les victoires écrasantes du parti des Verts aux élections régionales de 2018 en Bavière (17,6 %), en Hesse (18,8 %) ainsi qu'aux élections du parlement européen (20,5 %) le 26 mai 2019.

Et les plus jeunes sont déjà incités et endoctrinés en ce sens, "jeunes contre vieux", dans les écoles et les jardins d'enfants. L'exemple le plus récent est la chanson au titre "Meine Oma ist ne alte Umweltsau !" [173] (Ma grand-mère est une vieille truie de l'environnement !), qui est diffusée à la télévision d'État. Durant les dernières secondes après avoir chanté la chanson diatribe à cinq strophes, les petits chanteurs menacent la caméra avec une phrase mémorisée en anglais: *"Nous ne vous laisserons pas vous en tirer comme ça!"* [††††††††]

Lors de la révolution culturelle, Mao avait imposé des mesures absolument folles à la Chine, *"où en fait, toutes les couches éducatives chinoise avaient été éliminées, de sorte qu'au mieux, elles avaient été renvoyès de leur travail et au pire, tuées. Et c'est de cela qu'il s'agit. Vous pouvez déjà voir le conflit et la colère envers les vieux hommes blancs. Ce n'est pas différent; les vieux hommes blancs sont les porteurs de la culture et de l'éducation dans ce pays, oui, et on veut les évincés. Et le ton de voix de personnes comme Greta, mais aussi des ANTIFA ou même de certains Verts est clairement maoïste, et les actions sont également maoïstes, le concept est maoïste. Donc, en bref, nous avons simplement la même opération devant nous, le même modèle d'action, le même schéma directeur que dans la révolution*

[††††††††] *„Wir werden Euch damit nicht davon kommen lassen!"*

culturelle chinoise. Et c'est là cela que ca va évoluer.'[174] Gerhard Wisnewski cite la demande de l'influenceur Rezo dans sa légendaire vidéo YouTube: *"Il ne s'agit pas d'opinions politiques différentes; il n'y a qu'une seule attitude légitime"* et ajoute : *"Et si nous arrivons dans un état où il n'y a qu'une seule attitude légitime, nous sommes en danger extrême.*[175]

Il convient de noter qu'ici aussi, les médias avec leurs scénarios d'horreur évoqués sont pionniers dans l'installation d'une prise de conscience dans la population que le changement climatique est dû à l'homme et que ses émissions de CO_2 sont un facteur décisif dans la catastrophe mondiale. Le document 8 illustre un tel scénario d'horreur. Ce titre du BILD (journal quotidien allemand) peut certainement être considéré comme le début de l'hystérie climatique. Les médias exercent ainsi une influence dévastatrice sur les craintes de la population, qui finit par l'emporter sur la pensée logique. Orwell vous envoie ses salutations. Pourquoi les médias sont-ils à nouveau au premier plan ? C'est simple : vous pouvez gagner beaucoup plus d'argent avec les informations sur des catastrophes et augmenter la diffusion. Aucun investissement supplémentaire n'est nécessaire pour obtenir une telle augmentation du chiffre d'affaires. [176] Mais ce n'est qu'une raison superficielle. Parce que les médias agissent dans le sens et au nom de l'élite.[177]

4. La géoingénierie

L'influence de l'homme sur la météo

„La seule chose qui empêche encore de nombreuses personnes de croire que la météo est volontairement manipulée est l'ignorance du fait que cela est possible. La plupart des gens pensent que ce n'est pas possible. "[178]

Elle existe vraiment - l'influence de l'homme sur la météo : la manipulation du temps par la "géo-ingénierie". Dans un article[179], l'auteur écrit: *"Les États-Unis et probablement d'autres États sont maintenant en mesure d'influencer de manière significative le temps grâce à des mesures de géo-ingénierie (ondes électromagnétiques/HAARP, chemtrails)."* Cette constatation qu'il est possible aujourd'hui d'influencer artificiellement notre climat et que cela peut être utilisé comme une arme de guerre avait déjà été reconnue dans les années 70 du siècle dernier, ce qui a conduit au traité des Nations unies "CONVENTION SUR L'INTERDICTION DE L'UTILISATION MILITAIRE OU DE TOUT AUTRE USAGE HOMOLOGUÉ DE TECHNIQUES DE MODIFICATION DE L'ENVIRONNEMENT (traité des Nations unies sur les armes météorologiques de 1976), en bref la convention ENMOD."[180]

On sait depuis longtemps qu'il est possible de générer artificiellement de la pluie en "inoculant aux nuages" de l'iodure d'argent par pulvérisation à partir des avions. Mais ce qui est moins connu, c'est la possibilité technique de créer de la sécheresse et de l'aridité en empêchant la condensation de la vapeur d'eau dans l'atmosphère, c'est-à-dire la formation de nuages, par exemple grâce aux activités de HAARP.[181,182] (voir la section "HAARP - le coupeur de ciel"). Le document 14 montre deux images radar au-dessus de l'Allemagne le 2.8.2018, l'une avant 1 h 30 (image de droite), l'autre après 1 h 30 (image de gauche).######## Cette zone circulaire située au nord-ouest de l'Allemagne est le résultat des activités du HAARP. Il éloigne l'air humide de l'océan Atlantique de l'Allemagne, et le problème du CO_2 peut nous être mieux vendu! Une sécheresse artificielle! Dans la vidéo Youtube[183], cela est décrit comme suit : *"Vous envoyez de l'énergie dans les zones où la pluie est normalement créée et vous poussez ainsi la formation de nuages vers le haut et vers l'extérieur, où elle ne se produit pas correctement lorsqu'elle est chauffée par l'énergie et, surtout, n'est plus capable de produire de la pluie. Seuls ces modèles de nuages circulaires sont alors visibles sur les radars de pluie ... Et cela nous amène bien sûr à nous demander comment des vagues de chaleur et de sécheresse aussi diverses dans le monde peuvent-elles être expliqués? On pourrait également se demander si les structures météorologiques dans le monde sont vraiment réparties équitablement. Et si vous pouvez provoquer des sécheresses, vous pouvez bien sûr aussi provoquer des flux migratoires. "*

En été 2018, nous avons eu une vague de chaleur en Allemagne, ce qui a entraîné de gros problèmes dans l'agriculture. Et cette vague de chaleur a très probablement eu son origine dans le HAARP, comme l'indiquent les images radar du nord-ouest de l'Allemagne depuis mai 2018. Mais quel sens y a-t-il à créer une vague de chaleur durable sur la riche Allemagne? Il ne peut pas s'agir de la génération de flux de réfugiés qui quittent l'Allemagne! Ce n'est peut-être qu'une démonstration pour nous dire Regardez, le réchauffement climatique est réel. Ne croyez pas les "théoriciens de la conspiration" qui nient le réchauffement climatique causé par l'homme.

L'image 15 montre comment, dans une zone étroitement définie du Mecklembourg,[184] il y a eu une chaleur extrême, alors que dans les zones voisines, les températures étaient nettement plus basses. Ce contraste de température pourrait avoir été créé artificiellement par le HAARP au centre de cette zone chauffée : près de Rostock se trouve l'une des plus grandes installations de HAARP au monde.

######## D'autres images radar similaires peuvent être trouvées en grand nombre sur Internet.

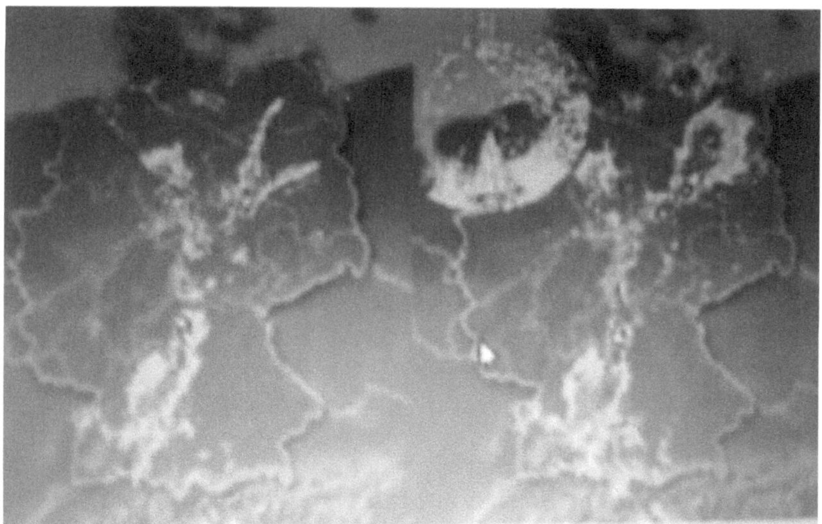

Document 14: Images radar au-dessus de l'Allemagne le 2.8.2018, une image avant 1h30 (image de droite), l'autre après 1h30 (image de gauche).[185]

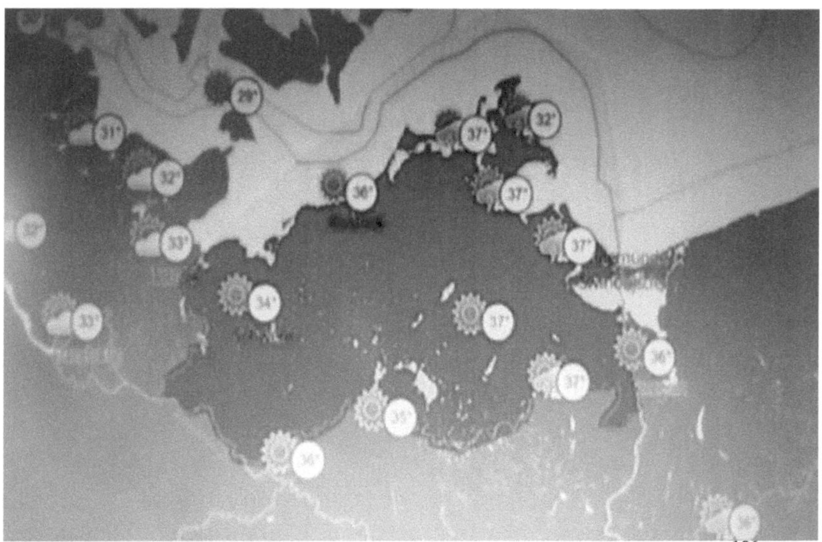

Document 15: Chaleur extrême sur le Mecklembourg le 8 mai 2018.[186]

Un autre aspect supplémentaire : avec cette vague de chaleur, il est très facile de justifier le recours à la géo-ingénierie en disant: oui, nous avons besoin de la géo-ingénierie pour contrer le changement climatique dévastateur.

Une audition devant la "sous-commission du Sénat américain sur le terrorisme, "La guerre de la météo + NWO le 15 juin 1995":[187] Robert Fletch, fondateur de la milice du Montana: *"Il existe des techniques pour contrôler le temps. Nous avons un dossier complet de preuves... Nous connaissons tous les brevets de cette technique. Et puis nous avons les déclarations et les rapports du sénateur Claiborne Pell, selon lesquels non seulement elle existe, mais elle a été utilisée dans la guerre du Vietnam..."*
Le président: *"Êtes-vous vraiment en train de dire que le gouvernement a construit une arme météorologique pour que - je cite - "le nouvel ordre mondial" affame des millions de personnes dans le monde ? Et pour soumettre le ce qu'il en reste..."* Robert Fletcher : *"Oui, monsieur, c'est vrai. Nous (avons) des documents probants. Pensez-vous vraiment que 85 ouragans au milieu de notre zone à culture de blé, c'est normal ? Non, ce n'est malheureusement pas le cas. Cette technique existe et est utilisé au niveau international. Aussi bizarre que cela puisse paraître, nous pouvons tout prouver. Aussi bizarre que cela puisse paraître, ces guerres climatiques existent. Je cite le sénateur Claiborne Pell: "C'est la plus grande arme que le monde ait jamais vue."*
Telle était la situation en 1995 et l'évolution dans ce domaine a certainement encore progressé.

Le "concept opérationnel" de **la manipulation du temps** est le suivant : *"Une partie du système de manipulation du temps est la sélection des techniques qui sont utilisées pour changer ce dernier. À quelques exceptions près, il est nécessaire d'alimenter le processus météorologique en énergie ou en PRODUITS CHIMIQUES de la bonne manière, au bon endroit et au bon moment.* (Extrait de: "Le temps comme amplificateur de force: posséder la météo en 2025, Applications militaires de la modification du temps", *http://www.chemtrails-info.de)* [188]

Concernant la génération des ouragans et l'influence de leur direction et de leur force, voir également la vidéo Youtube.[189]

Les chemtrails - *"La soupe chimique"* dans le ciel

Ce chapitre couvre la période allant jusqu'à la fin de 2019. En 2020, je n'ai plus observé de traînées chimiques. C'est peut-être parce que Trump a réduit le financement du projet de géo-ingénierie.

Sur le thème des CHEMTRAILS, nous sommes confrontés à une campagne massive de désinformation et de manipulation, unique en son genre par sa perfection et son "succès". Malgré une abondance de preuves évidentes (voir ci-dessous), les médias[§§§§§§§§] réussissent à informer la population en passant à côté de la vérité. Ils sont particulièrement actifs et imaginatifs sur le sujet des CHEMTRAILS. La raison en est qu'admettre que des tonnes de matières toxiques sont effectivement pulvérisées au-dessus de nos têtes contrecarrerait la lutte officielle contre la pollution et, pire encore, les gouvernements pourraient être poursuivis et tenus légalement responsables d'une pollution délibérée. C'est pourquoi la question des chemtrails est un secret d'État qui ne doit en aucun cas être confirmé.[190] *"...C'est un secret d'État; personne ne doit le connaître car il est illégal. C'est absolument illégal, c'est une violation des lois pénales à bien des égards ... Tous les critères pour une accusation de crimes environnementaux sont remplis. C'est une pollution atmosphérique, si vous contaminez l'air avec des particules de nanoparticules sans autorisation, c'est-à-dire, comme je l'ai dit, sans autorisation administrative. Et si, en violation des*

[§§§§§§§§] ... Les plates-formes principales et les vérificateurs de faits comme CORRECTIV, MIMIKAMA, ..., prétendent découvrir et réfuter la désinformation, les fausses nouvelles et les théories de conspiration.

règlements administratifs, des substances susceptibles de nuire à la vie, à la santé, à l'organisme, etc. ou à des choses d'une valeur importante sont rejetées dans l'air, il s'agit alors de pollution atmosphérique. Bien sûr, nous avons aussi la pollution du sol, car les nanoparticules s'y déposent aussi. Nous avons une pollution de l'eau parce que l'eau est contaminée à long terme, ce qui signifie que les trois infractions environnementales principales sont comises, et dans un cas de figure particulièrement grave, car cela se produit dans tout le pays."

De nombreuses discussions avec des amis et des collègues sur la question "est-ce que les chemtrails existent-ils vraiment ?" m'ont montré que la plupart d'entre eux n'ont jamais entendu parler des chemtrails et écoutent avec incrédulité mes arguments pour prouver leur existence, ou bien ils continuent à m'interrompre bruyamment lors de la discussion et m'empêchent de présenter ces arguments. Ils exigent des preuves, mais en même temps m'empêchent de les présenter en m'interrompant constamment. Cela m'a montré que les gens ne peuvent même pas s'imaginer, ni ne sont prêts à croire, qu'il puisse y avoir des personnes et des institutions qui veulent délibérément détruire nos moyens de subsistance et nous empoisonner. Et comme il existe une grande "culture" du déni sur ce sujet, ce chapitre sur les chemtrails est écrit de manière plus spécifique.

"Les "chemtrails" sont des expériences mondiales, civiles et militaires de changement météorologique avec notre atmosphère, c'est-à-dire, en langage clair, des masses de substances toxiques qui ont été intentionnellement rejetées dans la basse atmosphère depuis 2003. Il s'agit de la plus grande experience météorologique jamais réalisée au niveau mondial. La géo-ingénierie est la manipulation artificielle du climat mondial, le changement intentionnel de la météo quotidienne, la résolution et la modification intentionnelle de modèles météorologiques entiers et la création d'un climat artificiel. Chaque année, plusieurs millions de tonnes d'aérosols hautement toxiques sont pulvérisés intentionnellement dans notre atmosphère par le trafic aérien militaire et commercial. C'est un mélange d'oxydes métalliques

toxiques, de soufre et d'acides sulfuriques, des fibres/polymères artificiels et de nanoparticules très toxiques pour l'homme/les animaux, combiné à des ondes électromagnétiques pulsées, auxquelles nous et la nature sommes exposés quotidiennement. Non seulement cela nous rend malades, mais à long terme, cela détruit toute la biosphère de la terre. Ce mélange contamine le sol, les eaux et l'air que nous respirons. Certaines de ces substances détruisent notre couche d'ozone, qui est vitale pour nous". [191]
Est-ce vrai? Serait-ce possible? Essayent-ils de nous détruire?

Quant à la "culture" du déni mentionnée ci-dessus, il convient de noter qu'il existe de nombreuses vidéos sur YouTube et de nombreux articles dans les médias sur le sujet des chemtrails, qui prétendent que les programmes de géo-ingénierie ciblant la pulvérisation de produits chimiques à partir des avions comme une théorie de conspiration. [192,193,194,195,196,197,198] Il existe également des "sites de désinformation" [199] sur le net, qui diffusent de fausses informations, également au sujet des chemtrails, qui appellent cela une théorie de conspiration sans contenu réel, afin d'empêcher le public d'être informé. Sur Wikipédia, vous pouvez lire que les chemtrails sont des traînées de condensation normales, composées des produits de combustion CO_2 et eau, qui sont créées en raison des températures très basses qui règnent en haute altitude. De même, le forum MIMIKAMA, qui prétend dénoncer les impostures et les fausses déclarations d'un point de vue indépendant, nie l'existence des traînées chimiques. Il montre par exemple comment des réservoirs ont été installés dans les avions, [200] qui ont été interprétés par les "les adeptes du chemtrail" comme des conteneurs de transport pour les substances toxiques à pulvériser, mais qui servent en réalité à absorber l'eau. À la fin de l'article, MIMIKAMA conclut: *"Depuis plus de 20 ans, la théorie de la conspiration des chemtrails circule. - ...et à ce jour, il n'y a pas une seule preuve credible."*

En mars 2017 déjà, TAG24.de a publié un article dans lequel on pouvait lire: *"Dès que des traces bizarres apparaissent dans le ciel, la moitié du monde crie "Attention, traces de produits chimiques! En fait, il s'agit de traînées de condensation normales produites par les avions. Mais les théoriciens de la conspiration prétendent que ces traînées de condensation sont des produits chimiques toxiques qui sont pulvérisés sur ordre des services secrets pour contrôler ou exterminer l'humanité ... Les conspirateurs vont maintenant avoir une surprise encore plus grande : l'Organisation météorologique mondiale (OMM) a officiellement enregistré les bandes de ciel comme "forme de nuage dans l'atlas des nuages" ... Parce que les prétendues traînées chimiques sont maintenant officiellement un type de nuage. C'est ce qu'on appelle l' 'homomutatus' (lat. : fait par l'homme)."* Les documents 16 à 18 montrent certaines de ces "formes de nuages", appelées "mammatus".

Document 16: Nouveaux types de nuages: "nuages Mammatus"[201]

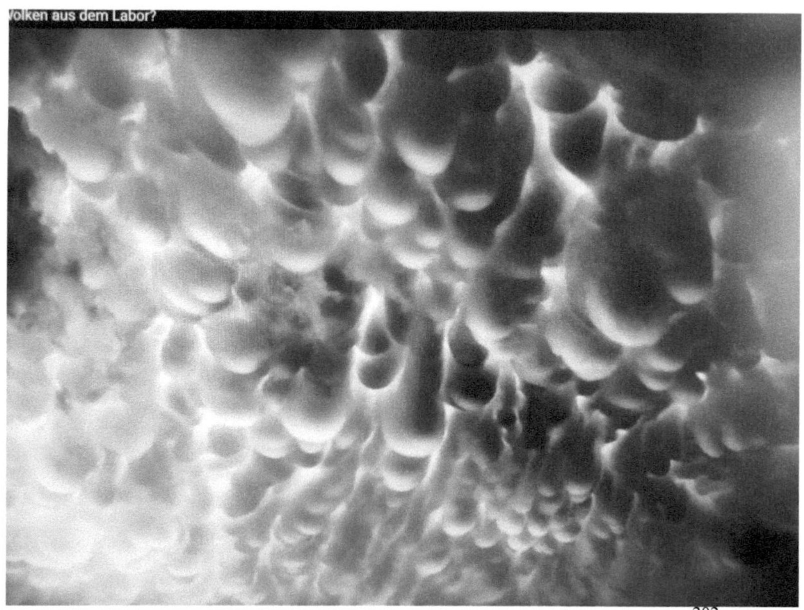

Document 17: Nouveaux types de nuages: "Nuages Mammatus"[202]

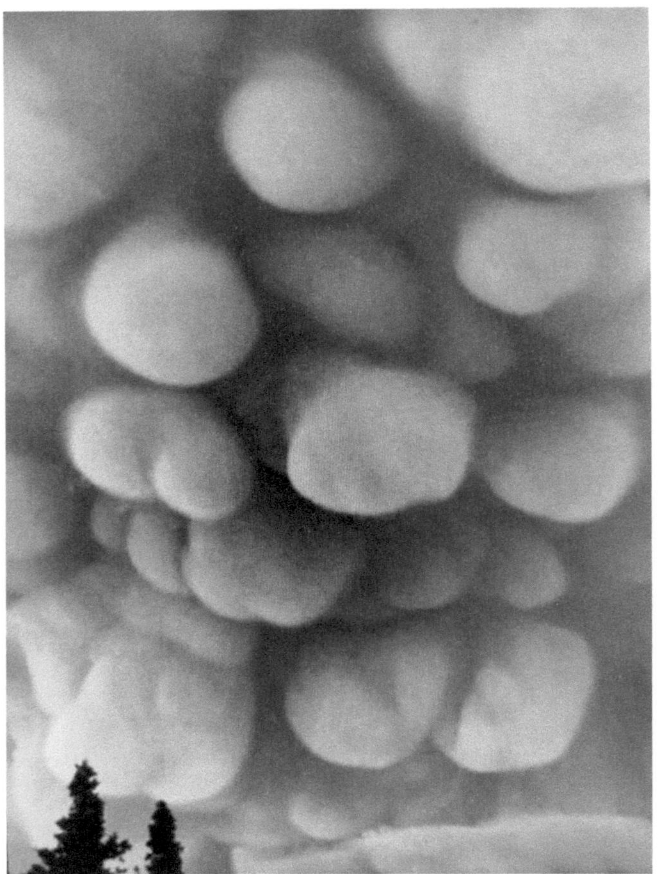

Document 18: Nouveaux types de nuages: "Nuages Mammatus"[203] ********.

******** L'apparition de ces nuages pourrait avoir été créée artificiellement par une poudre spéciale qui a été pulvérisée par les avions et qui a la propriété de lier l'eau qui aurait du tomber sous forme de précipitation (pluie). "La poudre est extrêmement absorbante; elle peut absorber 2000 fois son poids en eau et la lier sous forme de gel non toxique. Lorsque le liquide devient solide, sa température augmente de 10 à 15 degrés. Ces deux facteurs réunis font que l'énergie est retirée à la tempête". (https://www.youtube.com/watch?v=HitwJhUJrT4 "Mammatus clouds from the laboratory?", publié le 04.01.2018). Ce gel peut donc être utilisé pour dissoudre les fronts de mauvais temps, ce qui est quelque chose de positif; mais il peut aussi empêcher les précipitations et, dans le pire des cas, déclencher des sécheresses. Sur WIKIPEDIA, vous pouvez trouver d'autres photos de ce type de nuage sous le nom de"Mammatus".

Des célébrités de la télévision ont également rejoint la "campagne de déni" contre les partisans des chemtrails,[204,205] notamment l'éminent météorologue Kachelmann, qui déclare dans une vidéo[206] que les *"chemtrails n'existent pas – ils sont fou, les théoriciens de la conspiration"*, mais dans une autre vidéo, il relativise ses critiques sévères en disant: [207] "Si vous êtes employé par la télévision, vous ne devez pas pronocer le mot " chemtrails". Dans ce contexte, il est clair que la majorité de la population croit que les chemtrails sont une invention des soi-disant théoriciens du complot. *"Dès que des 'personnes connues' s'expriment publiquement sur les faits réels, ces personnes sont discréditées ou menacées et victimes de chantage."*[208]

Cette campagne de déni a son origine aux États-Unis.[††††††††††,209] *"Au printemps 1999, le site web www.carnicom.com a été créé pour attirer l'attention sur les événements inhabituels ... qui entourent l'activité aérienne dans le ciel désertique du sud-ouest des États-Unis. ... En quelques jours, il était évident que ce site a immédiatement attiré l'attention d'une myriade d'agences gouvernementales et militaires de haut niveau, d'entrepreneurs de la défense, d'organismes de recherche, de sociétés chimiques et pharmaceutiques et d'organismes de soins de santé. Cet intérêt a été documenté sur une période de quelques mois pour ce même site. Au cours de cette période, un système de surveillance clair de la part des chercheurs environants est apparu. Au cours des années suivantes, une contradiction évidente est apparue. D'une part, il y avait désormais un niveau élevé de contrôle de la documentation, des méthodes d'échantillonnage, des efforts de recherche, d'analyse et de détection, et d'autre part, une campagne de dévalorisation continue de l'importance de cette question. Et le refus d'enquêter a été perpétré par les mêmes visiteurs de ce site ... le Pentagone, plusieurs bases de l'armée de l'air, le Sénat américain, des fabricants d'avions, des sociétés pharmaceutiques et de médicaments, des agences de sécurité nationale, des agences*

[††††††††††] Les activités de pulvérisation aux États-Unis ont commencé bien plus tôt qu'en Allemagne. En Allemagne, la pulvérisation n'a lieu que depuis 2003 environ.

de renseignement et d'urgence, des entrepreneurs en armement et des sociétés de systèmes de défense, des organismes de recherche et la Marine. "[210]

Il ne s'agit donc que d'une théorie de la conspiration sans aucune vérité? Loin de là. Dans la vidéo[211], des pilotes, des médecins et des scientifiques font un reportage sur les chemtrails. Lors d'une audition publique dans le comté de Shasta (Californie), ces spécialistes se sont opposés à la campagne de déni en déclarant au sujet des chemtrails et de la géoingénierie que les chemtrails sont réels et font partie d'un projet militaire financé par des fonds noirs. Et ils ont souligné les conséquences possibles pour l'environnement, la santé et la nature.

Entre-temps, il a été officiellement confirmé que les chemtrails sont réels, c'est-à-dire que la **théorie** du complot des chemtrails, qui a été officiellement dissimulée pendant longtemps, a été contrebalancée par une véritable **pratique** du complot: *"Une information du ministère fédéral de l'éducation et de la recherche montre que l'utilisation de mesures de modification du temps pour la protection présumée du climat a été pratiquée illégalement au-dessus de nos têtes pendant des années, a quitté le domaine de la théorie du complot et a maintenant été élevée au niveau d'une discussion politico-scientifique legitime.*"[212] Si vous recherchez sur Google la page[213] montrée dans cette vidéo, la seule entrée que vous trouverez est: *"Ils montrent le bout de l'oreille - la géo-ingénierie, y compris les substances toxiques ... Il manque : Infografik_climate_engineering* "

Que nous dit cette recherche ? Apparemment, le ministère fédéral de l'éducation et de la recherche (BMBF) a retiré le document correspondant. Une raison possible à cela pourrait être la nature explosive de la déclaration *"les chemtrails existent"*, selon laquelle tous les "experts" qui ont jusqu'à présent affirmé que le phénomène des *chemtrails* n'existe pas, passeraient maintenant pour des menteurs, ou pire, pour des propagandistes (achetés ?) des groupes d'intérêts qui sont derrière les activités de pulvérisation. En outre, il y a bien sûr le risque de poursuites judiciaires en raison de la pollution de l'environnement, qui ont probablement plus de chances de passer si l'existence de chemtrails est officiellement admise.

Mais il y a aussi des contributions de la télévision (un média grand public, dont on ne peut certainement pas supposer qu'il veuille promouvoir les chemtrails), dans lesquelles l'existence des chemtrails a été confirmée. Le présentateur d'une vidéo[214] de 2016 commence par les mots suivants : *"Aimeriez-vous manger du plastique maintenant ou bien peut-être au petit déjeuner ce matin ? Nos collègues du NDR de la rédaction de "Markt" ont quand même retrouvé ces particules de plastique. Eles sont présentes dans le miel, le lait et l'eau potable, probablement aussi dans d'autres aliments Elles sont à peine visibles à l'œil nu. Elles pénètrent probablement la nourriture par le biais de l'air ou l'eau. - Nous avons pris des échantillons de l'eau de pluie. L'eau de pluie contient de grandes quantités de ce matériau. ... La* **soupe chimique** *des* **chemtrails** *contient de la poudre d'aluminium et des sels de baryum, qui sont censés réfléchir une partie de la lumière du soleil vers l'espace. Sous nos latitudes, pratiquement tous les gens aujourd'hui présentent déjà un niveau d'empoisonnement par l'aluminium et le baryum remarquablement élevé. La façon dont le baryum, extrêmement rare, pénètre dans notre corps ne peut être expliquée sans que les traînées* **chemtrails** *en soient la cause"*. (Les termes sont mis en gras par l'auteur). Et le modérateur météo Gunther Thiersch a déclaré dans le bulletin météo du 14.01.2009 (dans lequel il a pointé quelques bandes blanches, d'environ 500 km de long et d'environ 10 km de large, sur la carte météo pour l'Allemagne): *"Et puis nous avons ici quelque chose que nous ne pouvons pas identifier comme de la neige ou de la pluie. Ici, à l'ouest, ces serpentins ont été probablement crées par quelques avions, des avions militaires, sortis l'après-midi au-dessus de la mer du Nord à environ 5 à 6 km de hauteur, mais elles n'ont rien avoir avec la météo..."* [215] Une autre vidéo fait référence à ces traces crées par les avions militaires : *"Pour les énormes nuages un peu effrayants et provenant de la côte néerlandaise, des tonnes de cette substance doivent descendre au-dessus de la République fédérale encore et encore.* Le métérologue Karsten Brandt commente :"[216] *"Ils mettent en place des zones à faible taux d'émission et apparemment cette zone à faible taux ne s'applique pas à une altitude de 4 à 5 km au-dessus de la mer du Nord et au-dessus de l'Allemagne ; peu importe ce qui s'y trouve. Tous les 20 à 30 jours environ, selon une estimation prudente, il y a ces formations météorologiques, où ces particules apparaissent en provenance de la mer du Nord, ... donc tous les 20 à 30 jours il y a une telle formation avec un flux important de particules.* "[217] C'était déjà le cas en 2008. Et on déclare dans la vidéo : "Aujourd'hui, nous les voyons plusieurs fois par semaine dans tout le pays". Même si ces nuages militaires ne proviennent pas des forces armées fédérales allemandes - le fait que personne ne se sente responsable des substances qui descendent régulièrement au-dessus de l'Allemagne et qui sont en fait interdites, les météorologues considèrent simplement que c'est absurde.[218] " *'Absurde' est une belle façon de dire que la population est trompée."*

Et un commentaire du médecin environnemental Dr Klinghardt:[219] *"Sauver le climat en polluant l'environnement, c'est une idée qu'il faut d'abord trouver ! Pour les militants des chemtrails, cependant, ce n'est plus une idée, mais déjà une réalité."*

Dans une émission, diffusée par les chaînes publiques ARD et ZDF, reprise dans une autre vidéo[220], l'existence des traînées chimiques est clairement confirmée et leur but est expliqué. Dans cette vidéo, l'orateur, Joachim Bublath, est fortement recouvert par le bruit de fond, de sorte que l'on ne peut que difficilement suivre ses explications.

Sur le site *Legitim.ch*, on peut lire : *"Alors que les médias grand public et nos élus nient toujours le sujet des chemtrails et de la géo-ingénierie, l'agence spatiale américaine (NASA) a depuis longtemps admis que le lithium, le baryum et d'autres produits chimiques sont pulvérisés dans l'atmosphère à des fins "scientifiques". ... Une partie importante de l'enquête est l'appel téléphonique suivant dans lequel Douglas Rowland (employé de la NASA) admet que l'agence spatiale pulvérise du lithium et d'autres produits chimiques dans l'atmosphère depuis 1970. Bien sûr, Rowland nous assure également que ces activités sont inoffensives pour la nature et l'homme"*[221] Cependant, le lithium n'est pas inoffensif: *" Mais le lithium est loin d'être inoffensif: "Le lithium ... est utilisé en psychiatrie pour les troubles maniaques et bipolaires comme psychotrope et entraîne d'innombrables effets secondaires tels que des troubles du sommeil, des maux de tête et des pensées suicidaires".* [222]

Les chemtrails existent depuis bien plus longtemps qu'en 2003, et en 1978, du baryum toxique avait déjà été pulvérisé dans l'atmosphère, non pas par un avion, mais par une fusée. Ainsi, "DIE WELT" rapporte :[223] *"Quatre nuages de baryum bleu-blanc brillants de plus de mille kilomètres de long ont été pulvérisés dans la haute atmosphère par une fusée de recherche américaine dans la nuit du lundi.*

*"Le NWO l'utilise pour tester la dispersion de particules d'aérosols finement réparties dans l'atmosphère. ... Ils utilisent de l'oxyde d'aluminium de taille nanométrique, qui se comporte comme de la fumée fine ou des nuages, et d'autres substances particulièrement visibles pour les radars météorologiques des satellites. Tous les politiciens et même ceux qui participent au programme pensent qu'ils l'utilisent pour effectuer des tests secrets **pour pouvoir "assombrir" l'atmosphère en cas d'urgence**, lorsque le climat mondial est hors de contrôle, afin de limiter le rayonnement solaire à la surface de la terre. Mais ce n'est qu'un mensonge, et peut-être que **toute l'hystérie climatique a été créée pour cette raison aussi, pour mener des opérations secrètes comme les chemtrails. Mais la vérité est qu'ils ne se soucient pas vraiment du climat mondial.** La véritable raison des chemtrails est qu'elles prévoient, comme je l'ai déjà écrit, de réduire/éradiquer la population mondiale avec des nanoparticules si fines que, une fois libérées, elles restent longtemps dans l'atmosphère et sont réparties sur toute la planète. D'où les pré-tests avec les chemtrails. Les nanoparticules seront comme de la poussière et ne seront pas visibles, vous ne saurez donc pas du tout que vous les respirez."*[224] (Les termes sont mis en gras par l'auteur)

Les programmes de pulvérisation se situent principalement en Amérique du Nord, en Europe du Nord et dans l'hémisphère sud, en Australie ... Une machine militaire à quatre moteurs laisse une traînée de poudre massive qui ne se dissoudra pas comme d'habitude. Ce phénomène, dont l'ampleur ne cesse de croître, a été observé dans plus de trente pays du monde depuis le milieu des années 1990. Le gros-porteur n'a pas de marquage de visibilité, comme l'exigent les réglementations internationales. Les théories du complot parlent d'une pulvérisation de produits chimiques et de nanoparticules au-dessus de nos têtes, non ratifiée par le droit international, dans le but de contrôler la météo militaire et d'attaquer de manière ciblée la santé humaine."[225]

Une autre indication étayant la thèse selon laquelle le baryum et l'aluminium sont pulvérisés au-dessus de nos têtes est la concentration de ces éléments dans l'environnement mesurée par le "Bayerisches Landesamt für Umwelt" (Office d'État bavarois pour l'environnement), qui a eu tendance à augmenter au cours de la période 2004-2015, alors que, par exemple, les concentrations mesurées d'arsenic, une autre toxine environnementale, n'ont pas augmenté.[226] (L'arsenic n'est apparemment pas pulvérisé).

Si de nombreux scientifiques soulignent que les produits chimiques sont pulvérisés par les avions, ce qui rend les gens malades,[227] ce n'est pas le cas des organisations de protection de l'environnement. Pourquoi Greenpeace, le WWF, la Croix-Rouge et les organisations environnementales restent-ils silencieux sur ces crimes environnementaux mondiaux? Un commentaire à ce sujet:[228] *"Parce que des organisations environnementales telles que Greenpeace et le WWF, l'Agence fédérale de l'environnement (UBA) et le Centre aérospatial allemand (DLR) sont eux-mêmes impliqués dans cette recherche. Mais en public, ils nient que cette recherche soit appliquée. Quelle coïncidence que ces mêmes organisations soient impliquées."*

Comment est-il possible que ces organisations mentionnées soient impliquées? Tout simplement: *"Toute organisation environnementale qui dévoile des vérités gênantes au public est privée de son "utilité générale" en tant que moyen de pression de la part des gouvernements occidentaux, avec des inconvénients dévastateurs pour l'État. Pour cette seule raison, ils ne prendront pas ce risque. C'est un bon moyen de contrôler ces groupes environnementaux."*[229]

Les écologistes de BUND ne font pas exception. Lorsque Greenpeace[230] a été contacté sur la question des aérosols, c'est-à-dire la pulvérisation de substances chimiques et biologiques, Greenpeace a annoncé en septembre 2000 qu'il n'était "pas en mesure de se prononcer" et qu'il n'avait *"pas de position officielle"* sur la question.[231]

En janvier 2000, une lettre certifiée contenant un échantillon physique de matériau contenant des fibres de l'air[‡‡‡‡‡‡‡‡‡] très inhabituelles a été envoyée à la responsable de l'Agence américaine pour la protection de l'environnement, l'EPA, Carol M. Browner, avec une demande d'identification du matériau dans l'intérêt du public, de l'environnement et de la santé. L'EPA a répondu en février 2000 par deux lettres *"Nous n'avons pas connaissance"* de programmes d'avions qui rejettent des matériaux dans l'atmosphère. L'EPA ne confirme pas la réception ou l'existence de matériaux physiques dans sa correspondance. Un an et demi plus tard seulement, en juin 2001, l'EPA a confirmé la réception de ces fibres inhabituelles. Cette confirmation était fondée sur la loi sur la liberté d'information, à laquelle un citoyen a fait appel. Cependant, l'EPA a refusé d'identifier cet échantillon, déclarant que *"ce n'est pas la politique de ce bureau de l'EPA de tester ou d'analyser des échantillons ou des objets matériels non sollicités et non désirés.*"[232]

Le parti des Verts, que beaucoup de gens croient encore aujourd'hui engagé dans la protection de l'environnement, demande la fermeture des centrales électriques au charbon pour garantir un environnement propre. L'absurdité de cette demande est que les

---

[‡‡‡‡‡‡‡‡‡] Le sujet de ces fibres fait l'objet de la section " Armes biologiques de haute technologie - atrium de l'enfer ".

centrales à charbon modernes d'aujourd'hui sont équipées de systèmes de filtrage très efficaces, qui ont réduit la pollution atmosphérique au minimum. D'autre part, dans le cadre de la géo-ingénierie, des tonnes de cendres volantes de charbon provenant des centrales à charbon sont pulvérisées au-dessus de nos têtes par des avions pour réduire le rayonnement solaire.[233]

La vidéo[234] aborde également le phénomène psychologique qui explique pourquoi tant de personnes ne voient pas ou ne peuvent pas voir l'inhabituel dans le ciel, et pourquoi elles ne sont pas capables d'établir des liens : *"L'absence totale de conscience et de souvenirs propres de l'apparition d'une image naturelle du ciel, telle qu'elle a été observée il y a seulement 10 ans, a rendu impossible un examen critique. Ils n'ont pas vu l'inhabituel qui était manifestement visible dans le ciel, mais seulement ce qu'ils voulaient ou pouvaient voir, à savoir rien. Le plus grand crime contre l'humanité est l'exposition de notre planète à plus de 10 millions de tonnes de composés métalliques toxiques d'ici 2025 ; (ce) n'est pas une conspiration secrète ; elle se produit presque quotidiennement sous nos yeux, au-dessus de nos têtes d'une manière qui ne peut être ignorée. Tout ce que nous avons à faire, c'est de regarder, d'observer et d'examiner d'un œil critique les médias officiels."[235]* Cet oubli, *"l'absence totale... de ses propres souvenirs"*, joue également un rôle majeur dans le roman d'Orwell "1984". Les personnes âgées de l'état de surveillance d'Orwell qui avaient déjà vécu avant la "révolution" ne pouvaient pas se souvenir du temps qui précédait la "révolution" *"parce que les quelques survivants dispersés de l'ancien monde se sont révélés incapables de comparer une époque avec une autre. ... Ils se sont souvenus d'un million de choses inutiles. - ...mais tous les faits essentiels étaient hors de leur vue"*.[236]

Les documents 19 à 27 montrent des images de traces de chemtrails, qui soutiennent de façon impressionnante la thèse selon laquelle des matériaux sont pulvérisés au-dessus de nos têtes, donnant au ciel un aspect non naturel.

"Aujourd'hui encore, une énorme quantité de poison a été pulvérisée sur la région de Stuttgart. ... En une heure, un beau ciel bleu clair s'est transformé en un mur gris. Au moins 10 avions sont en route. Ces choses pénètrent directement dans notre cerveau. Cela vous rend stupide. Il tue. ... C'est incroyable, mais regardez la liste des DEAGEL[§§§§§§§§§]. *La population doit être réduite de façon drastique. ... "Quand diable allez-vous vous réveiller???"* Ainsi le post d'un ami Facebook le 23.9.2018,[237] et un commentaire à ce sujet : *"Ils ont aussi été diligents à Ulm!"*[238] Et j'ajoute : le 29.09.2018 et le 17.10.2018, le ciel de Dortmund était à nouveau couvert de traces de chemtrails d'un blanc laiteux, déjà fortement élargies (document 23 et 24), dont l'apparition n'a sûrement rien à voir avec des formations nuageuses naturelles, ainsi que le montre le ciel du 05.08.2019 au-dessus de Dresde (document 27).

Cependant, au cours des dernières semaines de l'année 2019, je n'ai plus vu de chemtrails. Il est possible qu'une pause de la pulvérisation ait été imposée après que de plus en plus de photos et d'informations sur les activités de pulvérisation aient été diffusées sur Internet.

La question fondamentale qui se pose à nouveau automatiquement est la suivante : comment l'élite se protège-t-elle de ses propres armes, en particulier des particules d'aérosol qui se répandent finement dans l'atmosphère ? *"Ils ont certainement quelque chose comme des retraites souterraines, qu'ils ne quittent que lorsque tout est terminé à la surface de la terre"*, est le commentaire de l'article cité ci-dessus.[239] Un autre commentaire était: *"Au moment où ces tests sont effectués, les soi-disant élites ne se trouvent pas dans ces zones. Les "élites", qui appartiennent à l'Ordre de la Toison d'Or par le biais d'innombrables sociétés différentes, ont leurs propres systèmes de communication. ... Pourquoi les membres des élites ne meurent-ils pas dans des catastrophes comme le 11 septembre ? Une coïncidence ? ... parce qu'ils savent*

[§§§§§§§§§] Outre les informations de nature militaire qu'elle obtient directement de la CIA, du FBI, de la NSA, de l'armée américaine, de la Mossat, de l'OTAN et de l'UE, la société "Deagel" diffuse des prévisions démographiques dans les différents pays (voir section "Réduction de la population mondiale").

qu'est-ce qui se passe et à quel moment cela se passe sur cette planète ... "[240]

Et malgré les nombreuses preuves de la présence de chemtrails, y compris les trois vidéos de la télévision publique citées au début de cet article, les médias continuent à essayer de les nier. Et dans diverses contributions vidéo, les *chemtrails* et le *HAARP* sont constamment rejetés comme des théories de conspiration et placés dans le domaine de la fantaisie, ce que croient également de larges pans de la population. *„On invente des mots aussi dénués de sens comme 'négateurs du climat ', 'adeptes des chemtrails' et d'autres appelations ridicules pour discréditer les personnes qui veulent attirer l'attention sur les manipulations de ce monde - et on continue comme avant".*[241]

Document 19: Comparaison d'un ciel d'été ordinaire de 1999 avec celui de 2019: "L'absence totale de conscience et de souvenirs propres sur l'apparition d'une image naturelle du ciel, telle qu'elle a été observée il y a 10 ans, a rendu impossible un examen critique. Ils n'ont pas vu l'inhabituel qui était évidemment visible dans le ciel, mais seulement ce qu'ils voulaient ou pouvaient voir, à savoir rien."[242]

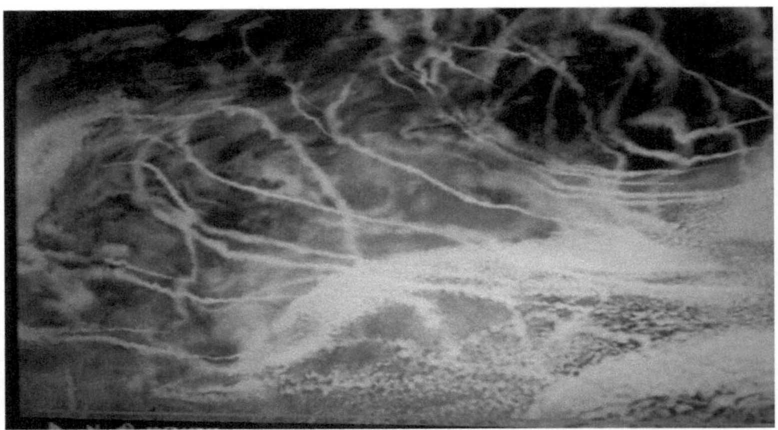

Document 20: les chemtrails : résultat après une action de pulvérisation dans le ciel.[243]

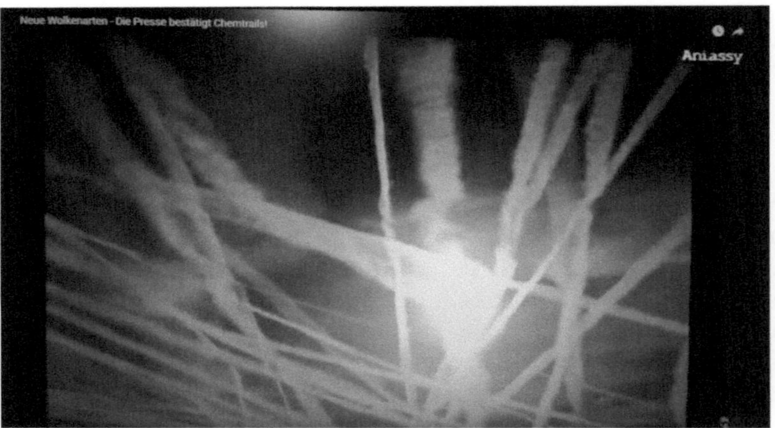

Document 21: Le ciel, couvert d'innombrables traces chemtrails, qui s'élargissent avec le temps.[244]

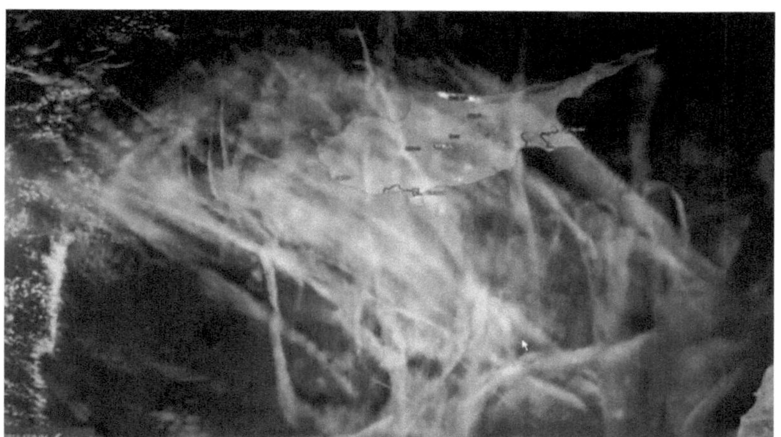

Document 22: Les chemtrails photographiés depuis un avion.[245]

Document 23: "Le nouveau type de nuages" au-dessus du lac Phoenix à Dortmund, le 17.10.18.

Document 24: "Le nouveau type de nuages" au-dessus de Dortmund le 17.10.18.

ocument 25: Ici, les chemtrails ne sortent pas des turbines (preuve supplémentaire qu'il ne s'agit pas de traînées de condensation).[246]

Document 26: **"Le nouveau type de nuages"** au-dessus de Berlin. Dr. Klinghardt: "Mes patients des services secrets américains m'ont dit qu'il n'aurait pas été possible de mettre le téléphone d'Angela Merkel sur écoute sans cela" (il a pointé du doigt cette photo).[247]

Document 27: Les chemtrails au-dessus de Dresde le 5 août 2019, à 8h40.

Maintenant, on peut bien sûr se demander: si les chemtrails ont même été confirmées dans des émissions individuelles à la télévision publique et dans les médias grand public, pourquoi les gens essaient-ils de nier les chemtrails dans d'autres èmissions ? Pourquoi les grandes plates-formes et les grands médias nient-ils avec autant de véhémence l'existence des traînées chimiques, la pulvérisation de toxines dans l'atmosphère, malgré les preuves accablantes ? En raison des conséquences juridiques menaçantes, comme nous l'avons déjà souligné au début de cette section.[248]

Une autre réponse est donnée par le rapport du GIEC de 2001 : ce rapport commente la pulvérisation de matériaux dans l'atmosphère pour limiter le réchauffement climatique. *"Le rapport indique qu'il est possible de réduire le réchauffement croissant de la planète en pulvérisant diverses particules. Le rapport mentionne d'ailleurs la décolorisation du ciel*[**********]*, mentionné comme un **risque de détection prématurée des expériences de pulvérisation par le public.**"*[249] (caractères en gras de l'auteur) Le contexte de ce secret est très probablement un aspect juridique. Dans le cas d'accusations de pollution de l'environnement, l'agent responsable de la pollution doit être prouvé sans aucun doute, ce qui est d'autant plus difficile que les processus de pulvérisation sont peu détectés.

Après la confirmation de l'existence des chemtrails dans les trois vidéos de la télévision publique citées au début de cet article, nous pouvons maintenant passer à une discussion sur le contenu de ce phénomène. Que sont exactement les chemtrails ? En quoi diffèrent-elles des traînées de condensation ordinaires ? Les traînées de vapeur se dissolvent après environ 1 minute, mais les traînées de produits chimiques restent dans le ciel, s'élargissant progressivement et se confondant en une couverture d'un blanc laiteux qui réduit la lumière du soleil incidente. Les traînées de condensation sont continues, elles ne peuvent pas être activées ou désactivées. Cependant, une vidéo montre comment cela se passe

---

[**********] La "décoloration du ciel", c'est-à-dire la formation d'une couverture d'un blanc laiteux dans le ciel qui réduit la lumière solaire incidente, se produit après une pulvérisation prolongée.

exactement, c'est-à-dire que dans ce cas, il ne peut absolument pas s'agir de traînées de condensation.[250] A partir de la minute 12:46 ("AWACS Stop + Go Caught in Northern Germany"), vous pouvez voir comment deux avions volent relativement proche l'un de l'autre, pour l'un, la trainée est activée et désactivée, pour l'autre elle reste continue, c'est-à-dire que la mise en marche et l'arrêt ne peuvent pas être expliqués par les différentes couches d'air que l'avion traverse, ou par les températures différentes où la condensation serait activée et désactivée.

Même si nous avons montré dans ce chapitre que les chemtrails sont réelles, la dissimulation se poursuivra, et continuera jusqu'à ce que la géo-ingénierie soit légalisée par le GIEC, en raison du fait, que sans la géo-ingénierie, la terre est menacée d'effondrement climatique. Avant cela, on continuera à tout dissimuler afin de ne pas courir le risque que les responsables soient poursuivis pour crimes écologiques.

"La manipulation mondiale délibérée du climat et du temps par des injections d'aérosols stratosphériques est le plus grand crime environnemental jamais commis dans toute l'histoire de l'humanité. Elle est toujours illégale et n'est pas légitimée par les parlements respectifs. Le GIEC travaille sans cesse à la légalisation de ces programmes illégaux."[251] En ce sens, les médias préparent également le terrain pour que la population accepte les mesures de géo-ingénierie. Le 28.09.2019, un article[252] intitulé "Geoengineering : The only thing that helps now is to plumbing the climate" a été publié sur zeit.de. Dans le bref résumé, il est dit: *"Émettre moins de gaz à effet de serre? C'est bien, mais ce n'est pas suffisant. Pour arrêter la surchauffe de la terre, une intervention sur le climat est nécessaire - mais jusqu'à présent peu praticable. Et le texte se lit comme suit: "Le dilemme est évident: pour maintenir le réchauffement de la planète en dessous de deux degrés, l'humanité devrait ne rejeter que 700 milliards de tonnes de gaz à effet de serre dans l'air d'ici 2100. Même si les émissions devaient diminuer rapidement, cette limite aurait déjà été atteinte dans les années 1930 de ce millénaire. Après cela, pas un gramme de gaz à effet de serre ne devrait être libéré. Comme cela est totalement irréaliste, le Groupe d'experts intergouvernemental sur*

*l'évolution du climat (GIEC) a longtemps supposé que l'humanité devait intervenir. Le rapport spécial publié mercredi (25.09.2019) sur l'état de l'eau et de la glace sur Terre a une fois de plus montré clairement que les choses ne peuvent pas continuer comme elles l'ont fait jusqu'à présent. Deux approches sont fondamentalement envisageables ici. La première consiste à extraire artificiellement le carbone de l'atmosphère et à le stocker à long terme dans le sous-sol. C'est ce qu'on appelle généralement le captage et le stockage du carbone, ou CSC en abrégé. Mais même s'il existe quelques projets réussis, il n'est pas certain que le CSC puisse être utilisé à une échelle suffisamment grande sur le plan technique et ce que cela coûterait. C'est pourquoi il existe une deuxième approche: les chercheurs veulent refroidir artificiellement la terre en permettant à la planète de réfléchir directement la lumière solaire incidente. Augmentez donc l'albédo. Les experts parlent de la **gestion des rayonnements**, d'influencer le bilan radiatif. Différentes techniques sont en cours de discussion par rapport à cela aussi, mais presque aucune d'entre elles n'a été testée dans la pratique."*

Tant que ces injections d'aérosols stratosphériques (chemtrails) ne seront pas légalisées, ces pulvérisations seront tenues secrètes et leurs existences niées. Mais comment se fait-il que cette pulvérisation de toxines au-dessus de nos têtes puisse être gardée secrète ? Au moins certains des pilotes de ces avions devraient à un moment donné avoir des scrupules et vider leur sac. La réponse est : ils existent vraiment, ces pilotes, qui vident leur sac. Dans la vidéo[253], un ancien employé civil de l'EADS qui a travaillé sur la conversion d'un avion en avion pulvérisateur se manifeste. Il a été licencié après avoir donné des détails à un député du Parti Vert et présenté des photos de ce qui s'est passé. Cet ancien employé a déclaré : *"Et puis les militaires sont venus et nous ont ordonné de porter des combinaisons de protection complètes et des masques respiratoires, parce que les réservoirs doivent être remplis, et les substances qui y sont versés, l'aluminium, les sulfures, l'oxyde de baryum ... sont parsemés de composés polymères de la taille de nanoparticules ; ils sont très toxiques pour vous ; vous devez donc porter des combinaisons de protection impérativement. ... Donc, je voulais juste dire que nous allons vers une catastrophe écologique. Et pour ceux d'entre vous qui ne comprennent pas, je peux vous montrer les preuves, et je suis à la disposition de toute commission d'enquête ...* " Il y a d'autres pilotes[254] qui ont "parlés". D'autre part, les pilotes d'avions de lignes normaux, par exemple, ne savent souvent pas ce qu'ils pulvérisent ou qu'ils pulvérisent des substances toxiques. Une grande partie de ces toxines est émise par les avions militaires, et il faut supposer que ces pilotes sont tenus au secret et ne font qu'obéir aux ordres. En outre, ils ne connaissent généralement qu'une part spécifique de leur mission, mais pas ce qu'ils pulvérisent.

Afin d'expliquer pourquoi je n'ai plus vu de chemtrails dans le ciel depuis 2020, j'ai écrit au début de ce chapitre que Trump avait réduit les fonds pour le projet de géoingénierie. Mais une autre raison pourrait également jouer un rôle, à savoir qu'au cours des dernières années, les preuves de la pollution de l'environnement par des substances toxiques illégales sont devenues de plus en plus denses, ce qui augmente le risque que les poursuites judiciaires contre les responsables aient de plus en plus de chances d'aboutir. Et cela entraînerait une publicité considérable, ce qui n'est pas intentionnel. Cependant, au cours de la première semaine de mai 2020, des chemtrails ont de nouveau été observées dans plusieurs villes allemandes.

Quels sont les objectifs poursuivies avec les chemtrails?

Comme il a été prouvé sans aucun doute dans le chapitre précédent que les traînées chimiques sont réelles, nous allons poursuivre la question dans la partie suivante : Pourquoi vaporiser ? Pour autant que je sache, les chemtrails servent différents propos:

1) La pulvérisation de **toxines**,
2) La pulvérisation des composants d'une **arme biologique**,
3) La création d'une couche "métallique" au-dessus de la surface de la terre,
4) La pulvérisation de ce que l'on appelle les **nanorobots** (la smartdust, en anglais, la poussière intelligente), qui s'installent dans le cerveau humain,
5) **La protection contre le rayonnement solaire**.

Le premier aspect comprend les nanoparticules toxiques, le baryum, le strontium, l'aluminium, le titane, le lithium, le cadmium, le plomb, le mercure, les fibres polymères, les dioxines et de nombreuses autres substances pathogènes. C'est le résultat de recherches et d'analyses indépendantes dans diverses régions du monde où des chemtrails ont été pulvérisées.[255,256] Le deuxième aspect fait l'objet du chapitre "Les armes biologiques de haute technologie – l'atrium de l'enfer".[257] Le troisième aspect comprend, entre autres, l'extension de la portée des radars, la surveillance de l'espace aérien, le bouclier antimissile, etc. Ce troisième aspect est une condition préalable pour que les installations HAARP puissent fonctionner dans le monde entier, car les ondes électromagnétiques émises sont réfléchies dans le ciel métallisé par des étangs métalliques de taille nanométrique et frappent la surface de la terre à des endroits éloignés, voir le document 29.[258] Le quatrième aspect sert l'objectif d'asservissement mondial des humains au moyen de ce que l'on appelle les nano-robots ; après avoir été absorbés de manière inaperçus des humains par les voies respiratoires, ces-derniers sont reliés à un nuage et peuvent être contrôlés à distance depuis un centre de contrôle. Ce complexe activé est destiné à influencer à la fois la pensée et les actions des gens.[259] (pour plus de détails, voir le chapitre "5G" et le trans-humanisme (le calendrier transhumain)")

Mais le 5ème aspect me semble plutôt remplir une fonction d'alibi, de légitimation des chemtrails, afin qu'elles soient tolérées par la population comme nécessaires pour limiter le réchauffement de la planète par le rayonnement solaire. Comme dans le chapitre "contre-thèses", le danger existe qu'un tel "parasol" chauffe encore plus la terre au lieu de la refroidir.

Les effets des chemtrails sur notre santé

„Il n'y a personne d'aussi sourd que celui qui ne veut pas entendre, et personne d'aussi aveugle que celui qui refuse de voir."[260]

En ce qui concerne les effets des toxines libérées par les traînées chimiques sur notre santé, les maladies respiratoires et les symptômes de type grippal sont évidemment au premier plan. En raison de leur taille minuscule, les nanoparticules pulvérisées sur les pistes chimiques peuvent facilement traverser la barrière hémato-encéphalique, s'accumuler dans le cerveau et les voies respiratoires des humains et altérer leurs fonctions. Elles peuvent également modifier les processus métaboliques en raison de leur grande toxicité.

"En 2000, il y a eu une vague de grippe aux États-Unis, qui, selon le Centre de contrôle des maladies, a été causée par un "agent pathogène inconnu."[261] Les tests de grippe ont été négatifs chez 99% des personnes malades.

En 2005 déjà, les auteurs du livre ",,Chemtrails – Wettermanipulation am Himmel?"[262] ont cité une liste d'effets directs de la pulvérisation sur la santé sur le site web *"chemtrail.de"*: *"Maux de tête et fatigue chronique, ... difficultés respiratoires, troubles de l'équilibre et perte de mémoire à court terme, vagues de grippe, conjonctivite et crises d'asthme."*

"Il est frappant de constater que de nombreux effets sur la santé causés par les chemtrails (par exemple, fatigue, léthargie, maux de tête, etc.) sont similaires à ceux causés par les rayonnements des téléphones portable. Comme pour l'irradiation par micro-ondes, les gens réagissent différemment lorsqu'ils sont confrontés à des retombées de chemtrails. En fonction de la "fenêtre biologique" de chaque individu (son état de santé en général), il y a des personnes dont le système immunitaire peut supporter sans problème la chimie, tandis que d'autres s'effondrent au premier contact. [263]

Les nanoparticules (aluminium, bari-um, strontium, ...) et les nanofibres[264,265] sont particulièrement dangereuses en raison de leur petite taille. *"Par les voies respiratoires, les substances toxiques entrent directement dans la circulation sanguine, atteignant notamment le cerveau."*[266] Les substances qui sont si nocives pour l'homme s'abaissent après un certain temps (cela dépend des conditions météorologiques), et atteignent les poumons par la respiration, où elles s'accumulent dans le tissu pulmonaire et peuvent provoquer des changements pathologiques. Le temps de séjour des nanoparticules et des nanofibres dans l'atmosphère peut aller jusqu'à un an, mais il peut parfois être très court, comme le décrit le Dr Klinghardt à partir de sa propre expérience dans une vidéo YouTube.[267]

En raison de la contamination par ces toxines, les maladies respiratoires telles que l'essoufflement, l'asthme, la pneumonie ainsi que les troubles de l'équilibre, les vertiges et les troubles neurophysiologiques sont de plus en plus souvent associés au nombre croissant de maladies d'Alzheimer et de démences précoces. Les nanoparticules et les nanofibres[268] sont si dangereuses pour l'homme car, en raison de leur taille minuscule, elles ne peuvent pas être filtrées par les cils des organes respiratoires et peuvent aussi facilement traverser la barrière hémato-encéphalique. Leur taille est de l'ordre de 0,01 à 1 µm, c'est-à-dire dans un ordre de grandeur qui n'est pas du tout couverte par les mesures habituelles effectuées par l'Agence fédérale de l'environnement dans les grandes villes. En effet, les particules de 5 µm[269] et plus peuvent être filtrées par le corps humain de l'air que nous respirons. Par contre, cela n'est plus possible si les particules sont nettement plus petites. Les écologistes ont donc également pris des mesures dans les zones en dessous du PM = 10 µm et ont constaté que la densité des particules augmente rapidement dans la zone dangereuse en dessous de 10 µm, surtout en dessous de 2,5 µm, et que celles-ci ne proviennent évidemment pas des voitures diesel.[270]

Il est même vrai que les voitures diesel sont extrêmement propres en termes de particules. *"En fait, l'air qui sort des pots d'échappement des véhicules diesel équipés d'un système moderne de purification des gaz d'échappement est beaucoup moins pollué que l'air que le moteur aspirait auparavant. Le diesel est une "machine à purifier l'air", ... Rolf Bulander, chef de la division automobile, a expliqué que les gaz d'échappement ne contiennent qu'un dixième des fines particules de poussière de l'air ambiant.* [271] Les environnementalistes ont tendance à attribuer cette augmentation rapide de la densité des particules aux avions, qui pulvérisent des nanoparticules en grande quantité au-dessus de nos têtes. *"... à 2,5µm, cela devient criminel, et encore en dessous, cela devient de plus en plus criminel, car ces particules restent dans le corps et forment des centres d'inflammations. Et s'il s'agit de substances qui sont mélangées chimiquement et sont catalytiques d'une manière ou d'une autre, alors j'ai un catalyseur dans mes poumons. Cela n'est pas bien. Et c'est pourquoi les maladies pulmonaires augmentent rapidement."* [272] Cette affirmation est confirmée par des sources indépendantes. Les maladies respiratoires sont aujourd'hui la troisième cause de mortalité aux États-Unis.[273] Et ce, malgré le fait que le tabagisme ne peut plus être considéré comme la cause principale, car la campagne mondiale contre le tabagisme, combinée à l'interdiction de fumer dans les lieux publics, aurait dû entraîner une réduction des maladies respiratoires. En 2011, la chaine NTV a publié un rapport sur une nouvelle maladie répandue et inconnue appelée bronchopneumopathie chronique obstructive (*MPOC*):[274] *"Selon une nouvelle étude, un adulte sur quatre souffre de cette dangereuse maladie respiratoire qu'est la MPOC à un moment donné de sa vie. Cela signifie que le risque de maladie pulmonaire obstructive chronique (MPOC) est plus grand que le risque de crise cardiaque ou de cancer, soulignent les scientifiques dirigés par Andrea Gershon de l'Institut d'évaluation clinique de Toronto, au Canada, dans la revue médicale britannique 'The Lancet'."*

"Les médias grand public rapportent que les salles d'urgence des hôpitaux sont pleines de patients souffrant d'infections bizarres des voies respiratoires supérieures. Cependant, il ne semble pas s'agir d'un virus. Ils signalent qu'il s'agit d'une grippe "mystérieuse" et qu'aucun vaccin antigrippal n'est efficace. ... "Tout cela ne sont que des mensonges, des absurdités mensongères", dit le Dr Leonard Horowitz. C'est un fait que nous avons ce genre d'épidémie depuis fin 1998/début 1999. ... L'Institut de recherche en pathologie des forces armées américaines a déposé un brevet pour un mycoplasme pathogène qui est à l'origine de l'épidémie. Vous pouvez consulter le rapport sur les brevets dans le livre "Codes de guérison pour l'apocalypse biologique". Le mycoplasme n'est pas vraiment un champignon, ce n'est pas vraiment une bactérie, ce n'est pas vraiment un virus. Il n'a pas de paroi cellulaire. Il pénètre profondément dans le noyau, ce qui rend la réponse du système immunitaire très difficile. Il s'agit d'une arme biologique fabriquée par l'homme. Le rapport sur le brevet explique comment il provoque une infection chronique des voies respiratoires supérieures, ce qui est pratiquement identique à ce qui se passe tout le temps".[275] (Pour plus de détails, voir la section "Les armes biologiques de haute technologie – l'atrium de l'enfer").

Laissons la parole au médecin et spécialiste de l'empoisonnement du corps humain, le Dr Dietrich Klinghardt, qui dirige une clinique aux États-Unis pour traiter les personnes présentant des symptômes d'empoisonnement. Il dit: *"Les personnes atteintes de maladies chroniques viennent nous voir du monde entier. Nous avons constaté que les retombées des chemtrails sont la cause la plus importante d'empoisonnement chez l'homme aujourd'hui et qu'elles conduisent donc à toute une série de maladies chroniques. Il s'agit notamment de l'autisme chez les enfants, ... les troubles chez l'adulte, toutes les maladies du système nerveux, la sclérose en plaques, la sclérose latérale amyotrophique, la maladie de Parkinson, les neuropathies et toutes les maladies dégénératives du cerveau. Le fait que la teneur en aluminium de notre système nerveux ait augmenté de manière exponentielle ces dernières années ne peut plus être effacé par les déodorants ou les casseroles en aluminium, mais ne peut s'expliquer que par les chemtrails."* Avec la dernière phrase, le Dr Klinghardt fait référence aux annonces des ècologistes, qui citent les déodorants et autres produits de soins ainsi que la vaisselle en aluminium comme causes pathogènes afin d'expliquer l'augmentation cette concentrations dans le corps humain. Le Dr Klinghardt a effectué des tests sur 200 patients, avec le résultat que la teneur en aluminium dans leur sang est en moyenne 140 fois supérieure (120 μg/l) à celle du plomb (0.9 μg/l).. Et il déclare:[276] *"Les laboratoires américians, qui effectuent des tests d'aluminium reçoivent une lettre du gouvernement: "Si vous n'arrêtez pas cela immédiatement, nous allons fermer votre laboratoire. Je ne sais pas comment cela se passe en Allemagne. Mais je suis sûr que c'est similaire là-bas. Les Américains n'ont jamais signé de traité de paix avec l'Allemagne. Et chaque loi, et chaque action en Allemagne, peut faire l'objet d'un veto du gouvernement américain. La plupart d'entre vous ne le savent pas. Les Américains en sont très fiers - je l'ai appris par mes amis américains. L'important, c'est que l'espace aérien au-dessus de l'Allemagne appartienne au territoire américain."*

Outre l'augmentation de ces maladies du système nerveux, un autre processus se produit dans les pays occidentaux, le déclin progressif du QI dans la population. Dans un article[277] de FOCUS, vous pouvez lire: *"L'humanité est de plus en plus stupide - c'est ce que les tests scientifiques ont montré. Alors que le quotient intellectuel diminue en moyenne, les troubles du comportement et l'autisme augmentent. Les chercheurs supposent que les hormones dites environnementales sont responsables de cette situation."* On ne peut certainement pas exclure que l'utilisation massive d'hormones dans l'agriculture industrielle, mais aussi l'utilisation d'hormones dans les soins de santé, puisse avoir un impact négatif sur la santé. Toutefois, au vu de ce qui précède, il semble probable que les toxines environnementales libérées par les chemtrails soient également une cause majeure de l'augmentation des maladies neurologiques.

Les fibres nanoplastiques contenues dans les chemtrails sont également très dangereuses pour le corps humain. Les minuscules particules de plastique qui ont maintenant été détectées dans le corps humain ont également fait l'objet d'un article sur la station de radio WDR4, diffusé le 19.6.2018, où les auditeurs ont appris comment ces déchets plastiques entrent dans le corps humain, notamment via la chaîne alimentaire. Jusque là, tout va bien. Cependant, on arguait que les fibres plastiques répandues ne soient pas liés aux chemtrails, mais aux vêtements, qui contiennent des fibres plastiques, qui pourraient se dissoudre partiellement pendant le processus de lavage et atteindre la nappe phréatique via les eaux usées des machines à laver et de là dans l'eau potable. La cause évidente, les chemtrails, telle qu'elle est attribuée dans la vidéo[278] déjà citée ci-dessus, n'a pas été abordée. Au lieu de cela, le consommateur ignorant s'est vu présenter un autre "ennemi" contre lequel sa colère peut être dirigée. Les chemtrails, la source de déchets plastiques dans les tissus humains n'ont pas été mentionnées dans ce rapport du WDR.

Lors des opérations de pulvérisation sur la région de Stuttgart enregistrées dans la vidéo[279], il a également été montré que celles-ci se limitaient essentiellement à la zone urbaine, alors que dans la zone rurale autour de Stuttgart, aucune trace de substances chimiques n'était visible. On soupçonne donc que ces pulvérisations ne servent pas seulement à manipuler la météo, mais que l'intention criminelle est d'exposer le plus grand nombre de personnes possible à ce cocktail toxique. Dans ce contexte, il convient également de se demander pourquoi des matériaux aussi hautement toxiques que l'aluminium, le baryum et le strontium sont utilisés uniquement pour réduire le rayonnement solaire. Il existe également des métaux beaucoup moins toxiques qui pourraient servir à réfléchir la lumière du soleil. La réponse à cette question logique est donnée dans le chapitre „Les armes biologiques de haute technologie – l'atrium de l'enfer".

La vidéo[280] dit: *"Comme la substance est dans l'air, nous la respirons. Elle se propage dans les voies respiratoires, les sinus, les sinus frontaux et le cerveau. L'aluminium (dans le cerveau) est la cause de nombreuses maladies, comme la maladie d'Alzheimer. Au cours des cinq dernières années, le nombre de patients atteints d'Alzheimer, de Parkinson et d'autres maladies neurodégénératives a énormément augmenté, il a presque quadruplé. À Hawaï, la maladie d'Alzheimer est désormais très répandue. Ils pulvérisent des nanoparticules d'aluminium, et ces nanoparticules déclenchent la mort cellulaire dans le cerveau. C'est ça, la maladie d'Alzheimer. Tout a commencé dans les années 1970, quand l'autisme n'était mentionné nulle part, un enfant sur 100 000 était atteint de cette maladie. Aujourd'hui, une personne sur 48 souffre d'un trouble de l'attention/de l'hyperactivité à cause de l'aluminium. Lorsque les métaux lourds ont été retirés, le cerveau se restabilisait. L'ensemble de l'écosystème risque de s'effondrer à cause des nombreux métaux lourds, en particulier l'aluminium. C'est bien plus qu'un peu de pollution. Monsanto a développé des plantes résistantes à l'aluminium. Je me demande pourquoi..."*

"La pulvérisation (de Al, Ba, Sr) aurait des conséquences drastiques et inattendues sur la santé des plantes, des animaux et des personnes. Selon les rapports, la pulvérisation se fait en Allemagne depuis 2003, mais aux États-Unis, elle est pratiquée depuis les années 1990. Selon les experts, on y fait déjà fâce, aux conséquences de cet empoisonnement de l'environnement, de sols et de lacs complètement contaminés.. Les semences ordinaires ne peuvent plus y pousser. C'est ce que je qualifie de vraiment grossier. Me croiriez-vous si je vous disais que les entreprises chimiques ont développé des semences résistantes à l'aluminium et

gagnent des sommes énormes en les vendant. Je suis désolé, mais c'est vrai.[††††††††††] *Si nous, les jeunes, au lieu de toujours regarder la télévision, l'iPhone et l'iPad, nous unissions nos forces et regardions toutes ces informations, alors bientôt les avions ne pourraient plus pulvériser ce qu'ils veulent.*[281,282]

HAARP - le cutter universel du ciel

„Si la mégalomanie humaine, la folie du pouvoir, la pensée pervertie et la manie de la faisabilité s'expriment quelque part sur le plan politique, économique, militaire et technique, c'est dans le cadre du projet HAARP. "[283]

Officiellement, le HAARP *"est un programme de recherche civil et militaire américain utilisant des ondes électromagnétiques à haute fréquence. "* [284] Les installations HAARP sont utilisées pour étudier la haute atmosphère et la propagation des ondes radio, la communication et la navigation. Toutefois, le fonctionnement de ces systèmes offre également d'énormes possibilités de manipulation globale, comme le montrent les brevets exposés, comme par exemple la manipulation de la météo.[285] La vidéo[286] YouTube montre que le temps aujourd'hui est massivement influencé par la manipulation humaine et que les ouragans sont déclenchés et intensifiés.

[††††††††††] Il existe un brevet américain portant le numéro US 7.582.809 B2, délivré le 1er septembre 2009.

Document 28: les chemtrails (image de gauche), 17 minutes plus tard recouverts d'une fine couche nuageuse structurée (image de droite), dans laquelle des traces plus ou moins régulières se sont formées, très probablement sous l'influence des rayons HAARP.[287]

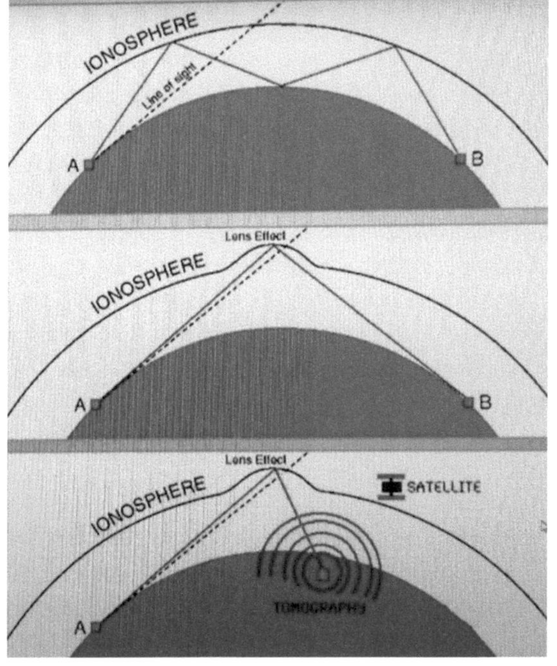

Document 29: Les installations HAARP peuvent fonctionner dans le monde entier en réfléchissant le rayonnement émis dans le ciel métallisé et en frappant la surface de la terre à des endroits éloignés.[288]

Document 30: la surface de la mer Baltique, qui est mise en oscillations naturelle par résonance aux ondes radar correspondantes générées dans la succursale de HAARP près de Rostock. (Au centre de l'image, un bol rempli d'eau est placé sur un haut-parleur, qui oscille à une fréquence comprise entre 2 et 220 Hz). (Photo prise de[289])

"L'installation HAARP est un système de chauffage ionosphérique... Tout comme un chalumeau de soudage géant, le HAARP peut d'abord chauffer puis découper des parties de l'ionosphère pour pouvoir les soulever. Il coupe une partie du ciel, une partie de l'atmosphère. Il coupe la partie qui protège la terre en tant que filtre extérieur et qui est aussi la porte de l'espace. Le lien entre la terre et l'espace est coupé en morceaux - de grands trous y sont brûlés. La surface chauffée et découpée peut non seulement être soulevée, mais elle peut aussi être inclinée, comme un énorme bouclier surdimensionné."[290] Si c'est le cas, on soupçonne que c'est aussi de cette manière que le trou d'ozone au-dessus de l'Antarctique a été créé. Pour en savoir plus, consultez le chapitre "Le trou d'ozone - causé par l'homme ?

Le HAARP est basé sur un brevet américain de l'inventeur Bernad J. Eastlund daté du 10 janvier 1985, numéro 4686605, qui décrit également le principe actif (transmission d'énergie sur de longues distances au moyen d'un rayonnement micro-ondes utilisant l'ionosphère).[291] Ce brevet est basé sur un autre brevet américain[292], numéro 1119732, de Nikola Tesla, pour la transmission d'énergie sans fil. Le brevet Eastlund a été acheté par le groupe d'armement américain REYTHEON. *"Non seulement elle pouvait être utilisée pour envoyer de l'énergie dans des endroits où il n'y avait pas de générateurs électriques, mais elle pouvait aussi servir à contrôler le temps. On pouvait changer les courants-jet et provoquer de la pluie.*[293]

L'une des plus grandes usines du HAARP au monde est située près de Rostock. La mer Baltique et le ciel (auparavant métallisés par les chemtrails) sont utilisés comme miroirs, de sorte que les ondes radar peuvent atteindre pratiquement tous les points de la terre,[294] même des endroits situés au-delà de l'horizon visible. C'est aussi le principe de la propagation des ondes courtes par la couche de Heavyiside. La particularité est que le HAARP peut être utilisé pour déformer l'ionosphère de manière ciblée (voir la partie centrale et inférieure de l'image sur le document 29), de sorte qu'il agit comme un miroir de focalisation, permettant de regrouper les rayons réfléchis en frappant le point cible à la surface de la terre avec une très forte densité d'énergie, condition préalable à un potentiel de destruction élevé. Le document 30 montre la surface de la mer Baltique, qui est mise en oscillations naturelles par résonance aux ondes radar générées dans l'installation HAARP près de Rostock. À titre de comparaison, un bol rempli d'eau est superposé au centre de l'image sur un haut-parleur dont les oscillations ont généré des motifs à la surface de l'eau de facon similaire.

Dans l'article susmentionné, qui a été diffusé par l'ARD et la ZDF,[295] l'existence des systèmes HAARP est confirmée et leur objectif est expliqué. Comme pour les "chemtrails", une campagne de dénégation a également lieu au sujet du "HAARP", mais elle est moins axée sur l'existence même du HAARP que sur son application pratique aux changements climatiques. On dit souvent que le HAARP est une recherche purement scientifique. En ce qui concerne la station d'émission de Rostock, le "Ostseezeitung" (OSTSEEZEI-TUNG.DE) a écrit le 27 mars 2018[296] qu'il s'agit de la *"station radio maritime de Marlow"*, *...où la marine maintient le contact avec ses navires dans le monde entier - au moyen de douze antennes réparties dans la zone forestière clôturée"*.

Déjà dans le chapitre "Les chemtrails – *la soupe chimique venue du ciel*", nous avions dit que le MIMIKAMA fait tout son possible pour placer ceux qui essaient de sensibiliser les gens aux développements dangereux dans le "coin des théoriciens du complot ». C'est la même chose avec le HAARP. Car il existe aujourd'hui d'innombrables preuves de manipulations par le HAARP et les chemtrails, qui sont tout simplement ignorées par le MIMIKAMA. La plateforme MIMIKAMA profite du fait que seule une très petite partie de la population est concernée par ces phénomènes, qui sont si incroyables qu'ils échappent au bon sens et qu'on ne veut pas croire que le gouvernement permettrait une telle chose. Sur d'autres pages Web, vous trouverez des articles qui banalisent la HAARP et ses activités, comme sur la page *https://futurezone.at,*[297] où, là encore, le mot-clé "théorie de la conspiration" est utilisé. Vous pouvez y lire:
"Les ouragans aux États-Unis ont ravivé une vieille théorie du complot: le HAARP est censé provoquer des catastrophes naturelles." Cette campagne de déni vise à maintenir la population dans l'ignorance afin qu'elle ne proteste pas contre ces activités qui nuisent à notre environnement. Mais déjà dans le "rapport du 14 janvier 1999 sur l'environnement, la sécurité et la politique étrangère",[298] autorisé par le parlement européen, on trouve une section sous-titrée "HAARP - Un système d'armes nuisibles au climat", dans laquelle on peut lire entre autres: *"Le HAARP, un programme de recherche sur les rayonnements à haute fréquence ..., est mené conjointement par l'US Air Force et l'Institut géophysique de l'Université d'Alaska, Fairbanks. Des études similaires sont également en cours en Norvège, en Antarctique et dans l'ex-Union soviétique. Le HAARP est un projet de recherche dans lequel des parties de l'ionosphère sont chauffées par de fortes ondes radioélectriques à l'aide d'un système de réseau d'antennes au sol, chacune équipée de son propre émetteur. L'énergie générée réchauffe certaines parties de l'ionosphère, ce qui peut également provoquer des trous dans l'ionosphère et des "miroirs" artificiels...*

Une autre conséquence grave du HAARP sont les trous dans l'ionosphère causés par les fortes ondes dirigées vers le haut. L'ionosphère nous protège des rayons cosmiques entrants. On espère que les trous se refermeront, mais d'après notre expérience avec le développement de la couche d'ozone, cela ne sera pas le cas. L'ionosphère protectrice a donc de gros trous..." Ce rapport de l'UE précise en outre: *"Le HAARP est lié à 50 ans d'exploration spatiale intensive à des fins clairement militaires, par exemple dans le cadre de la "guerre des étoiles" pour contrôler la haute atmosphère et les communications. Ces recherches sont considérées comme gravement préjudiciables à l'environnement et peuvent avoir un impact incalculable sur la vie humaine."*

A ce stade, deux autres commentaires sont ajoutés pour tenter d'attirer l'attention sur les dangers associés au programme HAARP: *"Le réchauffement climatique, les catastrophes naturelles et les phénomènes météorologiques extrêmes ne sont pas combattus par le programme de manipulation du temps, mais plutôt encouragés et induits artificiellement en premier lieu! ... Le contrôle total de la météo a des effets mortels sur l'environnement et la santé. Une guerre contre l'homme et la nature!!! La météo est devenue une arme..."*[299]

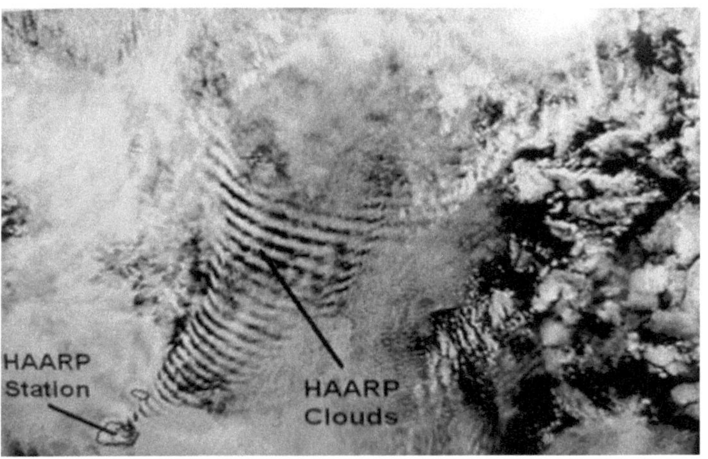

Document 31: Photo de la NASA : Vous pouvez clairement voir comment le modèle de nuage HAARP est formé par une station HAARP.

Document 32: La configuration des nuages au-dessus de Fukushima peu avant le déclenchement du tsunami en 2011 (image tirée de [300], détails, voir le chapitre "Tsu-namis - d'origine humaine ?)

Document 33: Des nuages „droit « générés par les grands systèmes radar (HAARP).[301]

Document 34: Exemple de nuage droit: image satellite de la péninsule ibérique. La flèche marque les vagues et oscillations, qui restent fermement en place, comme si elles avaient été capturées. On peut voir le même phénomène dans la zone à l'extrême droite.[302]

Document 35: Des nuages „droit « générés par les grands systèmes radar (HAARP).[303]

Document 36: De formations nuageuses étranges au-dessus de Dortmund le 7 mai 2019, 20 heures.

"Comme le HAARP utilise l'ionosphère comme un miroir, il peut en principe atteindre la terre entière. ... Depuis une dizaine d'années, les catastrophes météorologiques se succèdent, à commencer par le phénomène du El Niño, d'une violence inhabituelle, en 1989. Depuis lors, les conditions météorologiques mondiales sont chaotiques, El Niño frappe de manière plus fréquente et plus violente que la normale. Ce qui est frappant, c'est qu'à cette époque précise, en Alaska, la grande usine HAARP a été construite et mise en service pour un premier essai, tout comme de telles usines ont été construites et testées à cette époque dans l'ex-Union soviétique ... Ces manipulations atmosphériques sont associées à des symptômes physiques caractéristiques - une forte angoisse prédominante, des troubles gastro-intestinaux, des maux d'yeux et de tête et une dépression, qui ont été observés comme typiques dans plusieurs de ces états manipulateurs de l'atmosphère.[304]

L'histoire de la technologie à l'origine de HAARP remonte aux années 1940 et à ses débuts en Allemagne pendant la Seconde Guerre mondiale. Cette technique a été adoptée et développée par les Russes après la fin de la guerre, puis par les Américains. Ce sont de grandes antennes avec lesquelles on peut générer des ondes dites ELF sur une grande surface. Les fréquences émises par ces systèmes HAARP sont particulièrement dangereuses lorsqu'elles sont en résonance avec la fréquence terrestre, qui était auparavant de 7,8 Hz, mais dont on dit maintenant qu'elle est plus élevée.[305] Si les ondes émises se situent dans la gamme de la fréquence terrestre, les tremblements de terre peuvent être déclenchés dans les zones menacées par les séismes, simplement par le fait que même des oscillations relativement faibles de la croûte terrestre suffisent à détruire l'équilibre instable. Plus la fréquence des ondes émise est proche de la fréquence de résonance, plus les amplitudes de vibration de la croûte terrestre dans la zone menacée par le tremblement de terre sont importantes.

Des nuages similaires à ceux des documents 33 à 35 devraient avoir été observés dans le ciel peu avant le tsunami de Fukushima en 2011 (document 32 ; plus d'informations à ce sujet dans le chapitre "Les tsunamis - d'origine humaine ?) *"De même, les ondes HAARP peuvent aussi continuer à augmenter et à amplifier les vibrations de la plaque terrestre."*[306]

Pour que le *"ciel métallisé"*[307] en tant que miroir réfléchissant, créé par les chemtrails, soit en permanence prêt à l'emploi, il doit toujours être pulvérisé à nouveau, ce qui se produit évidemment. Parce que les particules métalliques retombent progressivement sur la surface de la terre, le *"ciel métallisé"* se dissout, ce qui, en pratique, peut prendre jusqu'à un an, mais parfois beaucoup plus rapidement, selon le temps, le vent et l'endroit. Cette retombée sur la surface de la terre se produit bien évidemment plus vite si les particules métalliques sont grosses. C'est l'une des raisons pour laquelle les tailles de particules sont choisies dans la gamme du nanomètre. De plus, les particules de la taille du nanomètre peuvent pénétrer sans entrave dans les cellules humaines.

Document 37 De formations nuageuses étranges au-dessus de Dresde le 5 août 2019, à 8h35

Pendant la guerre froide, il y a eu non seulement une course aux armements dans le domaine des armes nucléaires, mais aussi une course aux armements dans le domaine des armes à rayons D'énormes antennes ont été construites, capables d'émettre d'énormes quantités d'énergie. *"Les Russes très tôt, avec ces énormes antennes... ont essayé de créer des tremblements de terre à Los Angeles et dans la région avoisinante . Cela fonctionne de la manière suivante : vous pouvez "chatouiller" les mottes de terre qui se rencontrent si longtemps avec des vibrations, avec des vibrations à très basse fréquence, que vous pouvez provoquer une chose pareille* (tremblement de terre).*"*[308] Les Russes ont commencé leurs essais aux rayons avec des systèmes de radar ordinaires, mais ont ensuite prévu un énorme système d'antènnes dans la région de Tchernobyl, qui devait comprendre 10 gigantesques antènnes micro-ondes de 150 m de haut et 600 m de long dans un rayon de 35 km de diamètre.[309] La construction de 16 centrales nucléaires était prévue pour fournir les gigantesques quantités d'énergie nécessaires.[310] *"Un terrible accident est arrivé aux Russes ... et lorsque cette énorme impulsion qu'ils ont émise les a frappés, une décharge de déchets nucléaires a explosé et de vastes zones de la Russie ont été contaminées."*[311] Sur *www.chemtrail.de*, un article intitulé : *"The true cause of the Chernobyl catastrophe"* de Werner Altnickel a été publié le 25.6.2012. Il a traité en détail de cette tragédie et fait la lumière sur le contexte. Cet article, étayé par des preuves, décrit le point de vue susmentionné sur l'accident de Tchernobyl du 26 avril 1986. Si cela est vrai, alors les médias nous ont également menti à ce sujet au fil des ans. Parce que la cause officielle de l'accident de Tchernobyl est considérée comme une "fusion du cœur du réacteur", qui a été déclenchée dans le cadre d'un essai effectué par un ingénieur certes responsable, mais au mépris des règles de sécurité. Cette version officielle avait été donnée par les responsables du KGB de l'époque.

Tsunamis - causés par l'homme?

"La destruction de la terre par des séismes artificiels, des tornades, des inondations, des typhons... une machine de dépeuplement du "Nouvel ordre mondial" qui éliminera le plus grand nombre de personnes possible, comme indiqué sur le Georgia Guidestone ."[312, ‡‡‡‡‡‡‡‡‡‡]

"Maintenant que nous pouvons faire les choses suivantes : ouvrir des volcans, provoquer des tsunamis, ouvrir des trous d'ozone, diriger des tempêtes, nous devons nous assurer que ces techniques

---

‡‡‡‡‡‡‡‡‡‡ *„BE NOT A CANCER ON THE EARTH – LEAVE ROOM FOR NATURE – MAINTAIN HUMANITY UNDER 500.000.000 IN PERPETUAL BALANCE WITH NATURE"* (Inscription sur la Georgia Guide Stones)

ne sont pas utilisées."[313] Nous pouvons provoquer des tsunamis? Est-ce bien cela ? Oui, c'est possible ; car s'il est possible de déclencher des tremblements de terre artificiellement (voir la section "HAARP - le coupeur universel dans le ciel"), par exemple en bombardant les zones sujettes aux tremblements de terre avec des ondes ELF sélectionnées en résonance avec la fréquence terrestre, alors cela est certainement aussi possible en ce qui concerne les zones sujettes aux tremblements de terre sur le fond des mers. *"Les ondes ELF peuvent être utilisées pour déclencher des tremblements de terre. Les ondes ELF oscillent dans le sol et le font vibrer. A la bonne fréquence, ils peuvent avoir des effets dévastateurs"*[314], c'est-à-dire lorsque ces fréquences sont sélectionnées en résonance avec la fréquence terrestre. Ensuite, les amplitudes d'oscillation dans les régions menacées par les tremblements de terre peuvent augmenter massivement jusqu'à ce qu'il y ait une réduction soudaine des tensions internes entre les plaques tectoniques adjacentes, qui se manifeste alors par un tremblement de terre. Si une telle décharge de tension est provoquée quelque part au fond de la mer, une énorme vague peut être déclenchée de cette manière, qui est enregistrée comme un tsunami sur les côtes adjacentes de la mer.

Si l'on considère le manque de scrupules des forces à l'origine des monstruosités décrites dans ce chapitre, il est logique de supposer que le seuil d'inhibition ne devrait pas être trop élevé pour tester ou utiliser ces possibilités techniques dans des expériences pratiques.

Dans la vidéo[315] Youtube citée au début, on suppose que le tsunami qui a provoqué la catastrophe nucléaire de Fukushima a été provoqué par l'homme et déclenché par les activités du HAARP. Et l'enregistrement du ciel au-dessus de Fukushima juste avant le tsunami ressemble à une couverture nuageuse altérée par les activités de HAARP, voir document 32. Le motif qui étaye la thèse selon laquelle le tsunami aurait pu être déclenché par les activités de HAARP est également fourni: [316] *"Le ministre japonais des finances a annoncé dans une interview que le Japon a supprimé toutes les limites pour les fonds spéculatifs, c'est-à-dire le monde financier complet, parce que les centrales nucléaires japonaises ont fait l'objet d'un chantage à l'arme sismique. Ces déclarations sont plus anciennes que les derniers tremblements de terre au*

Japon et prouvent, pour ainsi dire, que c'est la vérité."[317]   Brigitta Zuber a mentionné aussi dans la vidéo[318]: "*...puis il* (le ministre des finances japonais) *a dit, "parce que le Japon était menacé par un singe de tremblement de terre". J'ai donné la conférence le 1er septembre 2009, et je me souviens avoir dit „ Quand vous entendez parler de tremblements de terre et de choses comme ça, souvenez-vous de ce qui a été dit ici dans cette conférence et écoutez-la avec d'autres oreilles - ou voyez-la plutôt – d'un oeil différents. Peu de temps après est arrivé Haïti, et puis ça a commencé ; de plus en plus de nouvelles horribles sont arrivées. Et dans le cas d'Haïti, Chávez a également rendu public le fait qu'il pense que cela n'est pas venu naturellement. Et quand vous voyez où se trouvait le tremblement de terre, il s'est arrêté aux frontières d'Haïti. Nous avons aussi des images où le ciel est chargé électromagnétiquement, dans toute l'Angleterre, et il s'arrête aux frontières de l'Angleterre ; c'est comme s'il avait été coupé, il a été redressé. Donc, nous avons tout cela, et ils le font. Ce n'est pas seulement circonstanciel, ils le font*".

À l'appui de la thèse selon laquelle le tsunami de Fukushima en 2011 a été provoqué par l'homme, la vidéo[319] présente un homme qui "*explique que l'université d'Alaska possédait un serveur et collectait des données provenant des activités du HAARP et que vous pouvez clairement voir qu'avant Fukushima, c'est-à-dire juste avant, il y avait des pulsations à certains intervalles et sur certaines fréquences, ce qui n'était jamais vraiment le cas avant, et qu'après, il n'y avait plus rien, en tout cas pas dans de cette manière là. . Et après Fukushima, ils ont juste aplati ce serveur, et maintenant les données ne sont plus là. Mais il l'a enregistré à l'époque, alors vérifiez.*"[320] Les données sont disponibles à partir d'une boussole Fluxgate exploité depuis une station à Gakona, en Alaska. Avec ce boussole Fluxgate, l'intensité du champ magnétique est enregistrée. Le document 32b montre le champ magnétique enregistré à proximité temporelle du tremblement de terre qui a déclenché le tsunami: des déviations extrêmes "*immédiatement avant et pendant le séisme du 11 mars 2011 à 05:46 UTC.*" [321]   En outre, un réchauffement spectaculaire de l'atmosphère au-dessus du Japon dans la période précédant le tremblement de terre a été enregistré, mesuré dans le rayonnement infrarouge au-dessus de l'épicentre du tremblement de terre dans les jours précédents, trois heures avant le tremblement de terre tout au plus, voir le document 32c.

Un commentaire à ce sujet: [322] *"La question se pose: le tremblement de terre qui a déclenché les conséquences dévastatrices, dont une catastrophe nucléaire, au Japon le 11 mars 2011, est-il d'origine naturelle ou était-il artificiel ? Si elle est causée artificiellement, la question se pose de savoir qui est responsable de ce crime, qui l'a ordonné et qui l'a exécuté. Il est fort probable que seules quelques personnes seront nécessaires. Dans cette perspective, la question se pose de savoir si le moment a été choisi consciemment par rapport à d'autres événements mondiaux (la Tunisie, l'Egypte, la Libye, la Syrie...). "*

Cette source[323] suggère également qu'il est maintenant techniquement possible de déclencher des tremblements de terre par la main de l'homme. Et nous savons aussi que les élites n'ont aucun scrupule à mettre en danger la vie d'un grand nombre de personnes lors de leurs "expériences", du moins depuis les révélations du dénonciateur américain, du-Deborah Tavares.[324]

Alors, là encore, la question nous aide: "Qui en profite ? Dans ce cas particulier, elle profite aux élites financières, qui l'ont utilisée pour créer une toile de fond menaçante et forcer la levée des mesures prises à leur encontre pour contrôler leurs transactions financières au Japon, comme l'exprime la citation du ministre des finances japonais ci-dessus.

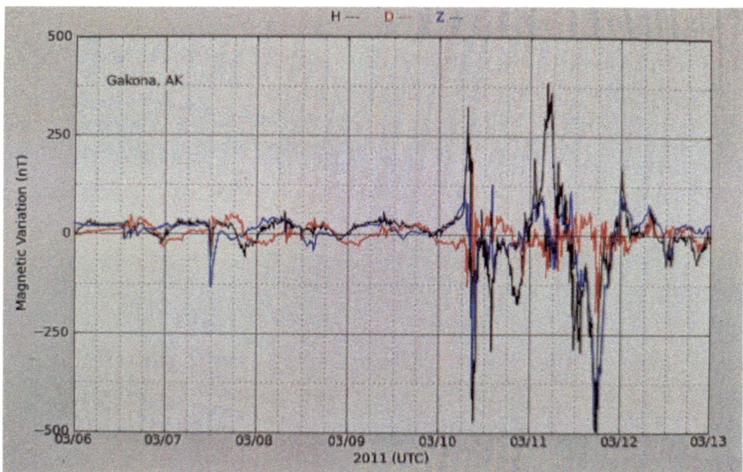

Document 32b: Mesure de la boussole Fluxgate du HAARP à Gakona, Alaska. Déviations extrêmes *"immédiatement avant et pendant le séisme du 11.3.2011"*.[325]

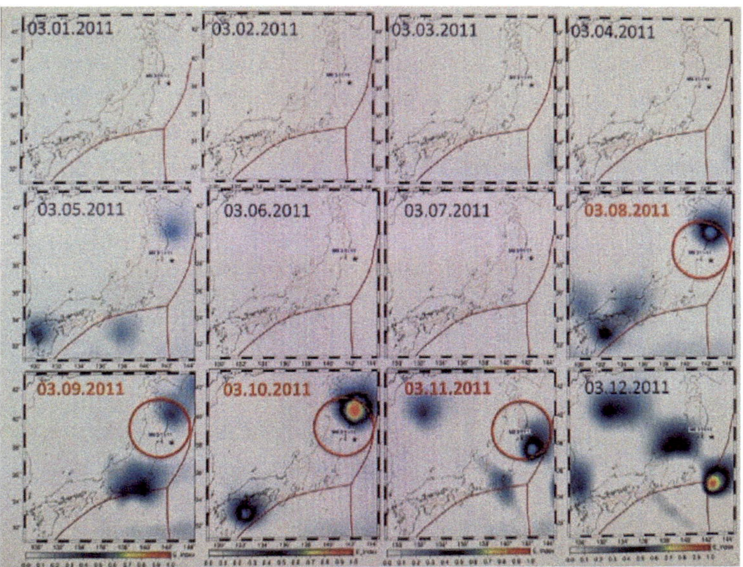

Document 32c: Mesure du rayonnement sortant en ondes longues ... 03.01.2011: *"Du 1er au 12 mars 2011, dans la période précédant le séisme du 11.3.2011, des anomalies inhabituelles ont été observées sur son épicentre (lignes rouges : limites entre les plaques tectoniques ...)"*[326]

Et quel est le secret du tsunami dévastateur qui a frappé l'océan Indien le 26 décembre 2004 et qui a fait environ 230 000 victimes ? Vous pouvez lire à ce sujet dans l'India Daily du 29.12.04: *"Ce tsunami a-t-il été provoqué par l'homme? S'agissait-il d'une expérience génératrice de tremblements de terre qui a échappé à tout contrôle? Une grande puissance étrangère a-t-elle voulu nous montrer de quoi elle est capable? Notre marine est appelée à clarifier ce qui s'est réellement passé là-bas."*[327]

Et le général italien Fabio Mini a écrit dans un article :[328] *"Contrôler la météo. La guerre environnementale mondiale a déjà commencé"*: *"Personne ne croit plus qu'un tremblement de terre, un tsunami ou un ouragan sont des phénomènes purement naturels. Grâce à la technologie nucléaire moderne, à la production de mini ogives nucléaires ou à l'abondance de mines nucléaires, on est capable de déclencher des explosions souterraines et sous-marines, qui peuvent à leur tour provoquer des tremblements de terre et des tsunamis dans des conditions particulières! ... Et déjà en 1977, la convention internationale ENMOD a été adoptée à Genève pour interdire la génération artificielle de tsunamis, l'ouverture ciblée de trous d'ozone, le contrôle des tempêtes et l'altération électrique de l'ionosphère ... - ...mais pourquoi interdire quelque chose qui n'existe pas?"*

Si l'on considère que les puissances qui n'ont eu aucun scrupule à provoquer la guerre en Irak avec ses quelque 0,5 à 1 million de morts, il faut supposer que ces puissances n'ont pas non plus hésité à déclencher un tel "tsunami provoqué par l'homme". Selon d'autres estimations, la guerre en Irak a fait environ 2,4 millions de morts.[329]

Les ouragans - créés par l'homme?

Après la section "L'influence de l'homme sur le climat", nous posons maintenant la question suivante : est-il techniquement possible aujourd'hui de générer, contrôler et amplifier artificiellement les ouragans? Dans un article[330], l'auteur écrit: *"Les États-Unis et probablement d'autres pays sont maintenant capables d'influencer de manière significative le temps grâce à des mesures de géo-ingénierie (ondes électromagnétiques/HAARP, chemtrails). Cela s'applique également aux ouragans; on peut même contrôler la direction qu'ils prennent dans certaines limites et, si nécessaire, les renforcer. Vous pouvez probablement même les créer..."*

Les ouragans qui ont frappé les États-Unis au cours des dix ou vingt dernières années ont largement dépassé la force et la destruction des ouragans précédents bien connus. L'armée a-t-elle apporté un coup de pouce à cet égard? Par exemple, Mary W Maxwell, PhD, LLB, dans son article "Manmade Hurricane Harvey: The Military Can Steer a Hurricane,"[§§§§§§§§§§,331]. Cela peut-il être vrai? Oui, c'est ainsi qu'un autre auteur, Dane Wigington, par exemple, le voit sur geoengineeringwatch.org, qui a déclaré ce qui suit à propos de l'ouragan "Katrina", qui a commencé le 29 août 2005 et a duré 11 jours, dans un article de 2010. En 2005, la NASA a mené une expérience dans le golfe du Mexique appelée Projet GRIP (Genesis and Rapid Intensification Processes), où la NASA a utilisé le HAARP pour transformer une tempête tropicale (qu'elle a appelée EARL) en ouragan de catégorie 4, un ouragan aux proportions gigantesques, qu'elle a ensuite contrôlé avec succès pendant 11 jours dans le Golfe du Mexique, puis dirigé directement vers la Nouvelle-Orléans. La ville a été détruite au cours de ce processus. Cette catastrophe a été si dévastatrice car les barrages qui protégeaient la ville de la mer ont également éclaté et la ville a

---

[§§§§§§§§§§] „ L'ouragan Harvey : l'armée peut contrôler un ouragan"

été inondée par des masses d'eau et des dizaines de milliers de personnes ont dû être évacuées. Comme l'ont rapporté des témoins, ils avaient déjà entendu des explosions avant, après quoi les barrages ont éclatés.[332]

Beaucoup de choses laissent à penser que cette catastrophe était un "travail de l'intérieur" car un spéculateur, un certain Judah Hertz (Hertz Investment Group), avait auparavant acheté des terres et des propriétés à la Nouvelle-Orléans à bas prix, en particulier dans les zones où vivait la population la plus pauvre, et qui avaient été complètement évacuées après la catastrophe. On peut donc soupçonner que ce spéculateur avait peut-être déjà eu connaissance de la catastrophe imminente, comme on le sait également dans le cas du 11 septembre:[***********] *"Tout comme Silverstein avait loué les deux tours du World Trade Center à New York six semaines avant leur chute, Hertz a acheté beaucoup de biens immobiliers dans le Big Easy lorsque les prix étaient bas juste avant Katrina."*[333]

Eva-Maria Griese écrit dans un article[334]: *"Les extrêmes météorologiques utilisès comme arme: le climat mondial comme laboratoire d'essai - Harvey et Irma ont-ils été créés artificiellement ? Les ouragans "Harvey" et "Irma" seraient le résultat de la géo-ingénierie. Cette accusation est de plus en plus souvent portée". Elle poursuit en écrivant: "Ces systèmes de tempêtes massifs, peut-être amplifiés artificiellement, qui sont censés prouver de façon spectaculaire les dangers du changement climatique mondial, sont évidemment directement adressés à POTUS (Président des États-Unis). Mais le changement climatique prétendument causé par l'homme est plus susceptible d'être un modèle commercial sous la forme d'un commerce d'indulgence. Les droits en matière de pollution sont utilisés pour faire des affaires douteuses, ils peuvent être achetés et vendus et même échangés en bourse. La dénonciation du changement climatique*

[***********] Le 24 juillet 2001, Silverstein avait signé un bail de 99 ans pour les tours jumelles WTC1 et WTC2 et pour le WTC7, toutes trois détruites lors de la catastrophe du 11 septembre, pour laquelle il a perçu une somme d'assurance de 4,6 milliards de dollars. (Wikipédia)

par Trump menace aujourd'hui ces entreprises lucratives, dont les sociétés en particulier ont bénéficié par le biais du commerce et les gouvernements par le biais des taxes sur le CO_2."

Le trou dans la couche d'ozone - causé par l'homme?

Le trou d'ozone au-dessus de l'Antarctique, qui a été mesuré pour la première fois dans les années 1970, a été officiellement attribué en autres aux effets des chlorofluorocarbures.[335] Mais se pourrait-il que la pollution de la stratosphère par les traînées chemtrails[††††††††††††] ait également joué un rôle ici ? Par exemple, on peut lire sur la page *http://www.sauberer-himmel.de/untersuchungen/*: *"Nous savons donc maintenant au moins que les traînées chimiques ont une influence sensible sur la formation de l'ozone et que cela pourrait être la raison pour laquelle le soleil a actuellement un rayonnement aussi dur. Et qui sait, peut-être que les technocrates ont détruit la couche d'ozone par leurs nombreux essais précédents sur le terrain, de sorte qu'ils doivent maintenant vaporiser comme des fous pour que la couche de plasma artificielle éloigne le rayonnement dur du soleil."*

Rosalie Bertell le décrit encore plus concrètement dans son livre "War Weapon Earth"[336]: *"Le 25 juillet 1990, l'armée américaine a lancé un satellite contenant 16 grandes et 8 petites boîtes de produits chimiques - principalement du baryum et du lithium (selon le registre des objets spatiaux des Nations unies). Leur contenu a été libéré dans l'atmosphère terrestre à des intervalles de 32 kilomètres de hauteur - juste au-dessus de la couche d'ozone. Ces activités ont été répétées à plus grande échelle et à une altitude différente en janvier 1991 ..."*

[††††††††††††] Même si les pulvérisations massives (chemtrails) aux États-Unis n'ont commencé que dans les années 90, et en Allemagne seulement depuis 2003, les premières expériences de ce genre ont déjà été réalisées en 1978 (voir la section "Chemtrails - "La soupe chimique" dans le ciel").

"Sur une période de plus de 50 ans, des expériences de contrôle de la météo ont été menées, au cours desquelles des produits chimiques ont été libérés dans l'atmosphère et ont ainsi déclenchés des réactions, ... Les produits chimiques rejetés dans l'atmosphère terrestre comprennent l'azoture de baryum, le chlorate de baryum, le nitrate de baryum, le perchlorate de baryum et le peroxyde de baryum. Tous sont inflammables et la plupart sont destructeurs pour la couche d'ozone. Rien qu'en 1980, environ 2000 kilogrammes de produits chimiques ont été rejetés dans l'atmosphère". ("BertellWreckingDeutsch.pdf", voir aussi *https://www.weather-modification-journal.de/dr-rosalie-bertell-2010-wie-unserer-planet-langsam-zum-wrack-gemacht-wird/*)

Les auteurs de la vidéo[337] *"Der OZON-SCHWINDEL - ..."* en arrivent à une vision quelque peu différente du problème du trou d'ozone: Le "trou dans la couche d'ozone" au-dessus de l'Antarctique n'est pas nouveau. Parfois, il se creuse, parfois, il augmente, selon la période de l'année. C'est une conséquence de la redistribution de l'ozone dans la stratosphère. La quantité totale d'ozone reste pratiquement inchangée. Cela signifie que le "trou d'ozone" n'est pas principalement causé par les CFC, comme cela a été officiellement établi (Protocole de Montreal), mais est dû à une redistribution naturelle de l'ozone dans la stratosphère. Si ce résultat, qui a été découvert par des chercheurs de la NASA et un groupe de géophysiens russes sur la base de données satellitaires, est correct, alors l'interdiction mondiale des CFC prévue par le protocole de Montréal de 1987 a été une grosse erreur. Cette interdiction a entraîné l'échange de réfrigérateurs dans le monde entier et a conduit à une énorme augmentation des profits de l'industrie. Il convient de mentionner ici que, même avant la signature du protocole de Montréal, on disposait de données satellitaires qui correspondaient aux constatations ci-dessus, mais qui n'ont pas été prises en compte. L'industrie de la protection solaire a également bénéficié du protocole de Montréal. *"Pendant des années, nous avons cru que le soleil était l'une des principales causes de cancer de la peau, alors qu'en réalité, ce sont ces crèmes qui peuvent en être la cause, car elles contiennent des substances malsaines aux nombreux effets secondaires. Certains d'entre eux contribuent au développement du cancer. Et pas seulement cela. Ils peuvent également avoir un impact sérieux sur l'ADN. Il n'y a pas si longtemps, la NASA a annoncé que la couche d'ozone commençait lentement à se reconstituer. Est-il possible que la NASA ait fait cela parce que de nombreux scientifiques ont commencé à exposer le grand mensonge du trou d'ozone? Mais le pire, c'est que la peur des bains de soleil due à la disparition supposée de la couche d'ozone est restée dans nos esprits. Il est à espérer qu'un jour nous reconnaîtrons à nouveau les grands bienfaits du soleil, que les gens ont toujours essayé de nous cacher.* "[338] En ce qui concerne les dommages à la santé mentionnés dans cette citation, qui sont causés par de telles crèmes, nous nous référons au livre éducatif de M. Schimmelpfennig[339]. Sans oublier la réduction de la lumière du soleil sur terre, causée par la vaporisation généralisée de produits chimiques sur nos têtes, ainsi que la réduction de l'exposition au soleil sur notre peau par les crèmes solaires, réduit l'influence positive de la lumière du soleil sur notre santé et notre bien-être, tant psychiquement que physiquement. Psychologiquement, parce que la luminosité et la lumière du soleil sont les meilleurs remèdes contre la dépression, physiquement, parce que la lumière du soleil est le moyen naturel essentiel pour produire la vitamine D vitale. *"Le soleil fait également des merveilles dans la prévention de l'ostéoporose, de l'amollissement des os, du diabète, de l'hypertension artérielle, de la démence, de la sclérose en plaques, de la susceptibilité aux infections ou des troubles immunitaires. Avec l'aide du soleil, de nombreuses personnes soi-disant en phase terminale peuvent se rétablir"*.[340]

Les feux de forêt - d'origine humaine

En Californie et à Athènes:

Document 38: La destruction de Santa Rosa, octobre 2017: On peut clairement voir trois bâtiments détruits jusqu'aux murs de fondation, tandis que le quatrième, adjacent, semble encore complètement intact. Et les arbres environnants sont complètement intacts.[341]

Sous le titre "Expériences sur la population - Un deuxième 11 septembre", j'avais parlé dans mon livre précédent, "„2025 – Der vorletzte Akt ...“. (pages 204 et suivantes) des"feux de forêt" qui ont fait rage en Californie en octobre 2017 et novembre 2018 et à Athènes le 26.7.2018. Les documents 23 à 26 du livre montrent les résultats de ces feux de forêt à titre d'exemple. Ces trois catastrophes, qui ont été décrites dans les médias comme des incendies de forêt, ont très probablement été causées par des armes lancées du haut des airs par des avions spéciaux. Dans ces "feux de forêt", la forêt n'avait pas vraiment brûlé, au lieu de cela, les murs et les bâtiments ont été réduits en poussière et les voitures ont fondu, tandis que d'autres bâtiments à proximité immédiate ne présentaient aucun dommage. On avait créé de véritables couloirs de destruction, tout à fait atypiques pour les feux de forêt. Le document 38 montre quatre bâtiments, dont trois ont été détruits jusqu'à leurs murs de fondation, mais le quatrième est encore complètement intact.

La vidéo[342] cite le service de renseignement militaire qui dit avoir testé des armes à rayons laser et à particules, appelées DEW, qui ont été montées sur des avions.

Le document 39 montre un canon laser monté sur le nez d'un Boeing qui pointe en direction du vol et dans toutes les directions vers le haut, le bas et les côtés de l'avion, le document 40 un canon laser monté **sous** un Boeing. Les canons laser peuvent également être montés sur des drones.

L'Amérique du Sud:

La situation était différente avec les incendies de forêt en Amérique du Sud et en Afrique centrale à la fin du mois d'août 2019, qui n'ont certainement pas été causés par des armes à rayonnement. Il est plus probable que les pratiques de brûlis de ces dernières années se poursuivront simplement, d'une part pour gagner plus de terres pour les agrocarburants[343], et d'autre part pour faire de la place aux plantations de palmiers à huile.[344] En outre, les agriculteurs pratiquent la culture sur brûlis pour gagner des terres arables pour la prochaine saison des semailles et des allument des feux pour brûler les déchets.

Document 39: Un canon laser monté sur le nez d'un Boeing.[345] Le canon laser peut être tourné à 360° autour de l'axe longitudinal de l'avion et d'au moins 180° autour de l'axe perpendiculaire à la direction du vol,[346] de sorte qu'il puisse tirer sur des cibles dans la direction du vol ainsi que vers le haut, le bas et les côtés de l'avion.

Document 40: Un canon laser, monté sous l'avion,[347] pour des cibles fixes et mobiles au sol. La particularité : le canon laser est activé sans aucune émission de lumière ou de son, de sorte qu'il n'est pas détecté pendant le fonctionnement.

Ce qui est évident, cependant, c'est que les feux de forêt en Amérique du Sud sont utilisés par les médias pour souligner le "changement climatique provoqué par l'homme" et pour maintenir et accroître la peur dans l'esprit des gens. Ces incendies ont été le principal sujet de l'actualité publique, et les commentaires ont à plusieurs reprises suggérés un lien avec le changement climatique provoqué par l'homme, avec des images satellites impressionnantes de l'étendue de ces feux de forêt diffusées dans les salons des gens. Les zones dans lesquelles les incendies se sont produits ont été mises en évidence par des couleurs rouge foncé. Le message: nous devons faire quelque chose et nous devons agir rapidement. Parce que les énormes quantités de CO_2 produites par ces incendies vont anéantir tous nos efforts pour sauver le climat et nous empêcher d'atteindre notre objectif climatique de limiter l'augmentation de la température mondiale à un maximum de 1,5 degré. Ainsi, la peur de la population face à la crise climatique imminente sera maintenue en ébullition et renforcée. Sur focus.de, on peut lire le 24.08.2019 : "Le Brésil enregistre cette année plus de feux de forêt que jamais auparavant. Mais ce n'est évidemment pas vrai. En effet, entre 2002 et 2010, le nombre d'incendies recensés annuellement au Brésil était à peu près comparable (2002 et 2006), voire beaucoup plus élevé (2003, 2004, 2005, 2007 et 2010).[348] Cette source citée indique également que les images satellites fournies par la NASA ont été traitées de telle sorte que les zones visiblement brûlées sont amplifiées optiquement de manière surproportionnée et marquées en rouge, de sorte qu'elles donnent l'impression d'immenses feux de forêt qui ont touché de grandes parties du Brésil et des pays voisins. Par exemple, les images satellites disponibles sur Internet semblent montrer toute la partie sud de l'État voisin du Paraguay[349] en train de brûler, voir le document 41. Cependant, les images en direct du Paraguay contredisent un tel scénario d'horreur. Au centre de cette zone au-dessus du Paraguay, qui est marquée en rouge dans un rayon d'environ 200 km, on ne voit aucun incendie majeur, au mieux seulement quelques petites colonnes de fumée, où les habitants brûlent leurs déchets.

Document 41: La carte de l'Amérique du Sud,[350] dans laquelle les incendies enregistrés par satellite ont été marqués par des points rouges. La zone entourée d'une ligne blanche est le Paraguay, où tout semble brûler dans la moitié sud.

Un autre aspect est également intéressant. Ces feux de forêt sont utilisés pour créer une atmosphère contre le président du Brésil, Jair Bolsonaro, qui est en fonction depuis 2019. "*Comme Trump, Jair Bolsonaro est également opposé à la dictature corporative mondialiste. Tous deux rejettent l'accord commercial néolibéral "Mercosur". Ils ont également rejeté le pacte sur les migrations et l'accord de Paris sur le climat. Avec cette politique, ils s'opposent à l'establishment et se font de puissants ennemis. Le fait que le réseau d'ONG sorossiennes, les médias et les célébrités du climat aient immédiatement choisi Bolsonaro comme grand bouc émissaire est un coup d'état pour l'éliminer politiquement.*"[351] Il faut savoir que les ONG sont les pionniers de la guerre, de la violence et de la terreur.[352]

L'Australie:

En Australie aussi, les feux de forêt font rage en permanence. La plupart de ces incendies sont causés par des incendies criminels, et la sécheresse qui y règne chaque été favorise en outre les incendies. Le reportage de ZDFheute blâme les sécheresses qui ravagent de nombreuses régions d'Australie depuis des années et présente cela comme une conséquence du **changement climatique**.[353] Mais est-ce vraiment le cas? L'Australie est connue pour le fait que chaque année, pendant la saison chaude, il y a d'énormes feux de brousse. Mais en 2019/2020, les feux de brousse sont d'une qualité nouvelle. Mais qu'en est-il du changement climatique? Un NON retentissant. *"La raison officielle qui est implantée aux gens, est que,* (la pire sécheresse) *serait dû au changement climatique et au réchauffement de la planète. C'est ce que le gouvernement a fait passer dans les médias, mais ce n'est pas vrai, les amis. En réalité, cette situation a été délibérément fabriquée par le gouvernement."*[354]

Ces feux de brousse sont en grande partie provoqués par l'homme, notamment par des incendies criminels. En 2019/2020, ils ont **éclaté simultanément dans de nombreux endroits non reliés**, ce qui suggère fortement un déclenchement planifié,[355] délibéré et concerté de ces incendies. De diverses sources, on a appris que 100 ou près de 200[356] incendiaires ont été arrêtés. On peut dire qu'ils existaient dèjà au cours des années précédentes. Mais cette année, le motif est de montrer aux gens que le réchauffement climatique est réel et qu'il faut l'approfondir en attisant la peur dans le cerveau des gens. Mais ce n'est pas tout, la question "à qui cela profite-t-il?" aide clairement. Il y a aussi des intérêts économiques difficiles derrière tout cela. Par exemple, une grande partie de l'est de l'Australie souffre d'une sécheresse majeure, avec des rivières largement asséchées, causée par la construction de nombreux barrages par des investisseurs/groupes privés, mais largement payée par le contribuable.[357] Cela a entraîné l'assèchement de nombreuses rivières qui alimentaient autrefois l'Australie orientale en eau. L'ampleur de la pénurie d'eau dans ces régions d'Australie est illustrée par cette entrée sur le site web de MIMIKAMA:[358] *"Selon* *l'AFP, deux autres feux ont actuellement fondu ensemble pour former un énorme incendie. Les pompiers australiens estiment que des orages secs et une forte tempête ne feront qu'alimenter le feu. La situation en Australie est déprimante. En ce moment, cela va tellement loin que 10 000 chameaux doivent être abattus par des tireurs d'élite, qui rivalisent avec les habitants des zones sèches pour le peu d'eau.*

Les barrages cités ci-dessus sont principalement utilisés pour fournir de l'eau à l'industrie de la fracturation hydraulique,[359] qui a connu un essor important en Australie ces dernières années. Autre point, la plupart de ces incendies se sont produits principalement dans des zones où une ligne de chemin de fer à grande vitesse doit être construite. Les personnes qui y vivaient auparavant vont être déplacées par les incendies. Il existe un désir de reloger ces personnes touchées par les incendies dans d'autres régions et de les empêcher de retourner chez elles pour reconstruire. Sur Zeit.de, on pouvait lire: *"240 000 personnes ont appelé à l'évacuation - Ceux qui le peuvent, doivent quitter leur maison - les autorités australiennes appellent à l'évacuation. La fin de la crise des incendies n'est pas en vue, selon le Premier ministre Morrison."*[360] Un autre motif pour les incendies délibérément déclenchés pourrait être la ligne à grande vitesse prévue dans le sud-ouest de l'Australie.[361]

Ce plan de réinstallation est rejeté comme une théorie de conspiration, comme on peut le lire sur la page MIMIKAMA citée ci-dessus, la page de vérification des faits : *"Les incendies de 2018 en Californie ainsi que les incendies actuels en Australie, n'ont rien à voir avec les tracés de trains à grande vitesse respectives. Le ou les partages publiés comme preuves présumées (document 42) sont bien trop petits et comprimés pour qu'on puisse en faire une analyse sérieuse ici."*[362] Le document 43 montre une carte où les zones de feu et la ligne ferroviaire à grande vitesse prévue ont été placées directement l'une au-dessus de l'autre. Selon cette comparaison de cartes, le MIMIKAMA déclare *"qu'il n'y a pratiquement pas de chevauchement entre les deux zones.*"[363] Formez votre propre opinion, cher lecteur, sur ce qui pourrait être vrai, l'affirmation que les feux ont été allumés intentionnellement ou si vous pensez que cette affirmation est fausse.

J'ai tendance à être plus d'accord avec l'affirmation initiale selon laquelle les incendies ont quelque chose à voir avec la création de faits, la création de conditions, non seulement pour la ligne ferroviaire à grande vitesse prévue, mais aussi pour un projet beaucoup plus important derrière tout cela, à savoir le programme 2021 et le programme 2030, c'est-à-dire déplacer les gens hors du pays et les rapprocher des villes afin de mieux les contrôler. (Voir la première partie de cette trilogie, châpitre "Rapprocher tout le monde des villes"[364]). *"Ils utilisent l'armée pour occuper des zones et empêcher les gens de rentrer chez eux. Et si vous faites du grabuge, la police fédérale australienne vous expulsera tout simplement parce que vous vous trouvez dans un endroit dangereux pour votre santé à cause du* **changement climatique**. *Les militaires occuperont la zone et empêcheront les gens de rentrer chez eux. C'est ce qu'ils ont prévu, les gars. Et ils montrent au monde entier comment faire. Et c'est ce à quoi vous pouvez vous attendre dans la plupart des pays. Les gouvernements locaux en Australie reçoivent toujours leurs ordres de l'association communautaire, qui reçoit ses instructions directement des Nations Unies. Voici le programme 21, voici ce qui se passe ici, les gens, et ce qui est prévu."*[365]

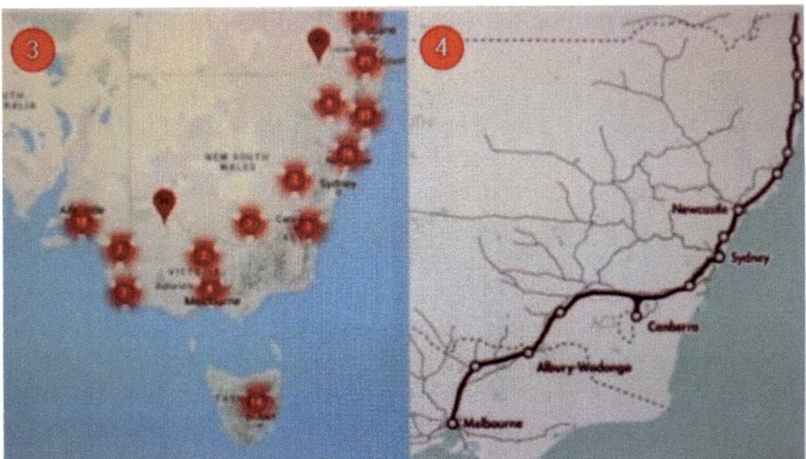

Document 42 : La comparaison des plus grands feux de brousse (image de gauche) avec le projet de ligne ferroviaire à grande vitesse (image de droite).

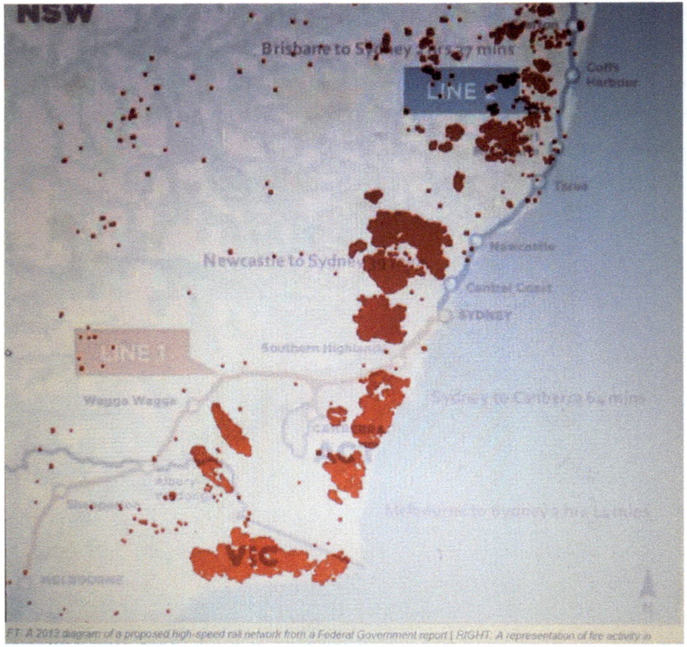

Document 43 : La ligne ferroviaire à grande vitesse prévue et les feux de brousse enregistrés (colorés en rouge) et superposés.

5. Le contrôle des esprits et le transhumanisme

Il semble que vous (la cabale) ayez besoin de l'IA (Intelligence Artificielle) et du transhumanisme pour maintenir un cycle de vie, pour travailler avec des êtres draconiens et pour modifier génétiquement l'humanité afin d'en faire des esclaves de travail.[366]
(Laura Eisenhower, arrière-petite-fille du 34e président des États-Unis)

Déprimé par la communication

"Jamais auparavant les gens n'ont été informés sur un sujet de politique de santé et d'environnement avec un tel effort, grâce à la bonne coopération avec l'industrie, avec la politique et les médias du système, en passant à côté de la vérité, comme pour les ondes électromagnétiques. ... Et tous ceux qui prétendent que les limites, qui sont légitimées par la science apparente, protègent notre nature et notre santé, n'ont aucune expertise ou mentent. Il n'y a que ces deux possibilités. Et si quelques autres personnes ne se réveillent pas maintenant pour nous aider à renverser la donne, nous serons bientôt tous assis ensemble dans la cage à radiations mortelles d'une prison numérique, sans argent liquide bien sûr..."[367]

Anke Kern a prononcé ces mots dramatiques lors de sa conférence à la 16e Conférence sur la lutte contre la censure (AZK). Est-ce exagéré ? Allons au fond des choses. Les conditions techniques nécessaires à une communication illimitée ont été créées au cours des dernières décennies, visibles par tous par les mâts de rayonnement installés dans tout le pays. Ils nous ont apporté les bienfaits de la communication illimitée sous forme de la réception des téléphones portables et de l'utilisation de l'internet sans fil, mais en même temps – ce que nous expliquerons par la suite - la malédiction de la régression naissante de nos capacités mentales et psychologiques et la destruction de notre santé physique. Même en fonctionnement normal, sans manipulation supplémentaire, ils représentent un danger pour la santé. Ce que nous ignorons généralement, est que l'exposition aux rayons des téléphones portables est extrêmement élevée ; la densité de flux de électrique à l'oreille est en moyenne de 2000μW/m², dans certains cas même beaucoup plus élevée. Il représente donc un danger potentiel pour la santé si les téléphones portables sont utilisés fréquemment.

L'Association médicale allemande recommande une densité de flux de puissance maximale admissible de 1000 μW/m².[368] Ce que nous ignorons généralement, c'est qu'il existe un grand nombre de brevets qui permettraient de réduire sensiblement (!) le rayonnement des téléphones portables sans affecter la téléphonie. Ces brevets sont dans les tiroirs des opérateurs de téléphone mobile, et la question se pose de savoir *"si les mêmes investisseurs ne siègent pas aussi bien dans l'industrie du téléphone mobile que dans l'industrie pharmaceutique?* [369]

Il convient également de noter que les valeurs limités supérieures autorisées en Allemagne sont plusieurs fois supérieures à 10% de la valeur maximale recommandée par l'Association médicale allemande:[370]

Association médicale allemande : 1.000 μW/m²
UMTS :　　　　　 10 000 000 μW/m²
Réseau D :　　　　4 500 000 μW/m²
Réseau électrique : 9 000 000 μW/m²

Dans le cadre d'une étude scientifique menée de 2006 à 2016, le lien entre les dommages inhabituels causés aux arbres et le rayonnement des téléphones portables a été étudié dans deux villes allemandes (Bamberg et Hallstadt).[371] *"L'aspect le plus frappant est l'endommagement unilatéral des couronnes des arbres, qui ne peut s'expliquer par la sécheresse, le gel, les attaques bactériennes ou virales, les champignons, les polluants de l'air ou du sol, etc. Sur 60 arbres endommagés, une différence forte a été constatée entre les valeurs mesurées des rayons électromagnétiques sur le côté de la cime des arbres faisant face à l'émetteur et le côté de la cime des arbres opposé à l'émetteur. Dans la direction de l'émetteur, les valeurs mesurées étaient comprises entre 80 et 13 000 µW/m2 , sur le côté opposé à l'émetteur entre 8 et 720 µW/m2 . Du côté endommagé, il y a eu dans tous les cas un contact visuel direct avec un émetteurélectromagnétique.* Cela signifie que les niveaux d'exposition aux rayonnements de 80 et 13 000 µW/m2 ont déjà causé des dommages durables aux couronnes des arbres, des valeurs qui sont même inférieures de trois ordres de grandeur aux valeurs limites supérieures autorisées en Allemagne (voir ci-dessus). C'est "*une preuve supplémentaire que les limites légales protègent l'arbitraire de l'industrie et non la santé de la population et de la nature, et sont donc clairement trompeuses pour la popula-tion.*"[372]

Et maintenant les choses sont rendues vraiment moches ; car les équipements techniques à rayons peuvent être utilisés directement comme ce que l'on appelle des armes à faisceau, en modulant les créneaux de basse fréquence, par exemple des impulsions de 8,34 Hz et 2 Hz. Ces fréquences se situent dans la "gamme Schumann", "*c'est la fréquence de résonance de la terre, et aussi du cerveau humain. Il est maintenant possible de moduler certaines informations sur cette fréquence de Schuman; par exemple, si l'on utilise le schéma de fréquence cérébrale des dépressifs, le cerveau de la personne irradiée entrera en résonance avec elle et la personne affectée sera mise dans une humeur depressive.*"[373]

Différentes bandes d'ondes cérébrales dans la gamme dite ELF, qui s'étend de 1 à 100 Hz, sont caractéristiques du fonctionnement du cerveau humain:[374]
Ondes delta (1-3 Hz) : sommeil profond, coma
Ondes thêta (4-7 Hz) : hypnose, transe, rêve
Ondes alpha (8-12 Hz) : méditation, relaxation
Ondes bêta (13-40 Hz): état de veille jusqu'à la plus forte excitation.

Les radiations dans ces gammes de fréquences peuvent déclencher des changements psychologiques chez les gens. L'énergie pulsée, à savoir les impulsions qui se produisent à intervalles réguliers, en particulier dans la gamme de 1 Hz à 50 Hz, est dangereuse pour l'être humain. Pour le cœur humain, ce sont des impulsions de 1 Hz. Les impulsions de 1-3 Hz influencent le rythme du sommeil, les impulsions de 3-5 Hz provoquent la paranoïa et des hallucinations, les impulsions de 6-7 Hz provoquent la dépression, la confusion et des pensées suicidaires.[375]

La connaissance précise de ces relations permet d'accéder aux processus neurocognitifs complexes associés au moi, à la conscience et à la mémoire de l'homme. Lorsque le cerveau est exposé à ces fréquences correspondantes, au-delà d'une certaine intensité, les ondes cérébrales sont forcées de s'altérer et les fonctions cérébrales sont interrompues, ce qui peut entraîner des troubles graves. Cette manipulation de la fonction mentale perturbe les fonctions neurologiques et physiques. Les effets sur la santé peuvent être considérables, puisque le cerveau humain et divers autres organes fonctionnent avec des ondes électromagnétiques dans la gamme ELF.

Les armes à micro-ondes, dont la police est également censée être ou est déjà équipée, constituent un autre type d'armes à rayonnement. Ces armes à micro-ondes fonctionnent de la même manière que notre micro-ondes domestique, en chauffant la matière organique de l'intérieur, mais avec une énergie beaucoup plus élevée. La personne visée ressent une chaleur insupportable, qui semble venir de "rien"; elle est inodore, silencieuse et invisible, avec une portée de 1000 m.[376] Elle chauffe les molécules de la peau humaine jusqu'à 55°C. On dit même que cette arme peut causer le cancer.[377] Causer le cancer ? Comment cela fonctionne-t-il ? La mélatonine fait partie de la "police du cancer". Et grâce à l'effet des radiations électromagnétiques générées techniquement, la production de mélatonine dans le corps humain peut être réduite.[378] La mélatonine est également le précurseur de la sérotonine, l'hormone du bonheur. La réduction de la mélatonine par les CEM (champs électromagnétiques) peut donc également être la cause de l'apathie, du stress et de l'épuisement professionnel, qui sont très répandus à notre époque.[379] Un autre consèquence est l'ouverture de la barrière hémato-encéphalique par des CEM pulsés et générés artificiellement, ce qui limite sa fonction protectrice naturelle et permet ainsi à davantage de toxines environnementales de pénétrer dans le cerveau, entraînant à long terme des troubles neurologiques, la maladie d'Alzheimer et la démence.[380]

Ces armes à micro-ondes pénètrent même dans la maçonnerie, peuvent être utilisées contre les manifestants dans la rue s'ils apparaissent en trop grand nombre et ne peuvent plus être combattues par des moyens violents conventionnels.[381]

Il y a aussi un point plus clair: il existe un brevet américain (US-PATENT 6506148 B2) "POUR LA FABRICATION DU SYSTÈME Nerveux au moyen des champs électromagnétiques des moniteurs."[382] Cela signifie qu'un citoyen ordinaire, sans méfiance, est assis devant un téléviseur et reçoit une certaine dose de rayonnement dans une certaine gamme de fréquences via son écran, ce qui n'est pas bon pour vous.

"5G" et le transhumanisme
(Le programme transhumain)

„La bataille mondiale pour le cerveau humain a commencé... Plus nous sommes loin du dernier programme MK Ultra[‡‡‡‡‡‡‡‡‡‡‡], plus le prochain est proche. "[383]

La prochaine génération de téléphonie mobile, le réseau 5G, est en préparation et a déjà été installée dans certaines villes. Le réseau 5G implique une exposition aux rayonnements encore plus élevée pour l'homme que les générations précédentes de téléphones

---

[‡‡‡‡‡‡‡‡‡‡‡] MK Ultra - Le programme de lavage de cerveau de la CIA des années 50.

portables. Comme la population résiste et proteste contre l'installation de la 5G, les antennes 5G ont été partiellement camouflées et sont cachées dans des endroits où le citoyen ordinaire ne se doute pas qu'il s'agit d'antennes 5G, cachées dans des cheminées, des lampadaires, dans des poteaux de rue peu visibles. Les militants ont constaté que de telles antennes ont été placées près d'écoles, d'hôpitaux, de terrains de sport, de parkings devant de grands centres commerciaux et d'autres lieux centraux où de nombreuses personnes vivent chaque jour.

La 5G est l'"Internet des objets", basé sur le fait que tout peut être connecté au réseau, y compris les voitures automotrices qui utilisent un ordinateur télécommandé pour naviguer vers notre destination spécifique sans la nécessité ou la possibilité d'une intervention humaine ou d'un conducteur. *"Les appareils peuvent réagir presque instantanément aux instructions du réseau. Cela permet à une voiture de freiner suffisamment vite lorsqu'un véhicule qui la précède commence à déraper dans un virage - et transmet cette information au trafic qui se trouve derrière elle"*.[384] Mais dans le pire des cas pour le conducteur, la voiture pourrait aussi être coupée de l'extérieur, voire avoir un accident, si le conducteur est devenu une perturbation du système.

"La 5G est-elle un danger pour la santé?" Un tel titre sur *Spiegel.de.* [385] Déjà dans les phrases d'introduction, les dangers de la "5G" sont minimisés. On peut donc y lire : *"Pour certains, cependant, le passage à la 5G est une source d'inquiétude - aussi, des rapports douteux et hystériques circulent souvent sur le net."* Et dans les 10 commentaires de l'article, il y avait surtout ceux qui minimisaient les dangers de la 5G. Par exemple: *"Même l'eau est dangereuse si elle couvre toute la tête. et trop de chocolat aussi. Et le Wi-Fi. Et la télévision. Il n'y a AUCUNE connaissance sur le cancer dus aux rayons, mais beaucoup beaucoup de gens stupides qui rejettent tout simplement tout ce qui est nouveau. ou a trait aux ‘radiations."* Ici, les dangers de la '5G' sont mis en évidence, et il faut se demander si Spiegel.de a fait ses recherches pour un certain groupe de personnes aux mêmes interêts.

C'est différent dans un article de la Jungen *Welt* :[386] W. Kühling, de l'université Martin Luther de Halle-Wittenberg, est cité : *"Il appelle la '5G' une 'expérience sur un objet vivant'. Le géoscientifique considère qu'il est prouvé que les ondes cérébrales sont influencées par le rayonnement haute fréquence des téléphones portables et que l'information génétique est déstabilisée, que les spermatozoïdes sont endommagés. ... Le Centre international de recherche sur le cancer (CIRC) de l'Organisation mondiale de la santé (OMS) a classé les rayonnements électromagnétiques des téléphones portables comme "potentiellement cancérigènes" dès 2011. Et plusieurs chercheurs conseillent d'élever le niveau de danger à 'probablement cancérigène', comme dans le cas du glyphosate. "*

Le principal danger de la „5G" est qu'il intervient de manière particulière dans la biosphère de notre corps. L'ancien système "4G" le fait également, mais pas aussi spécifiquement pour l'être humain individuel. Avec la "4G", il était encore possible pour l'homme d'échapper à cette influence des radiations, par exemple en coupant le WIFI ou en se déplacant ; avec la "5G", cela n'est plus guère possible. Le danger est qu'avec ces ondes électromagnétiques, il est possible d'intervenir directement dans la communication des cellules humaines et de les influencer au niveau de l'ADN. Il s'agit d'un danger grave, mais qui n'est pas officiellement en discussion, car on dit que notre cerveau et notre système nerveux utilisent aussi de "minuscules impulsions électriques" et qu' un danger n'est pas prouvé : *"'Des études antérieures ont trouvé des effets légers, mais relativement persistants sur l'activité cérébrale lorsqu'elle est exposée aux champs électromagnétiques à haute fréquence, déclare l'experte Drießen. Toutefois, les effets sur la santé n'ont pas été suffisamment démontrés.*[387]

Cependant, un brevet datant de 2002[388] suggère que ce système 5G peut être utilisé pour créer chez une personne certains états de conscience prédéterminés de l'extérieur. Grâce à cette voie (avoir de l'influence à travers l'ADN), la pensée et les sentiments humains peuvent être manipulés et même des dépressions peuvent être déclenchées. Il est possible de provoquer des perturbations du rythme cardiaque avec des conséquences graves pour une personne spécifique et sélectionnée au niveau du rythme cardiaque. La "5G" constitue une étape technologique importante vers le **"programme transhumain",** qui devrait être achevé en 2045, selon les plans de l'élite.[389] L'objectif est de parvenir à un contrôle total des personnes et des pensées, de diriger la volonté du peuple et de dissoudre sa propre identité. Le fonctionnement de la manipulation mentale est expliqué de manière très impressionnante dans la vidéo[390] en référence à ce brevet. L'invention sur laquelle se fonde ce brevet concerne *"les dispositifs et méthodes de transmission d'informations sur de longues distances au moyen de rayons électromagnétiques sans qu'il soit nécessaire d'avoir recours à des aides électroniques de la part du récepteur ... Selon l'invention, des rayons électromagnétiques modulés en faisceau sont envoyés dans l'organisme du récepteur de telle sorte que des réactions sont déclenchées qui correspondent à une transmission de pensée prévue en amont.*

Dans ce brevet, il est dit à la page 3: *"... Contrairement aux ondes radio directionnelle classique, le faisceau électromagnétique (faisceau de pensée) est directement couplé à l'organisme du récepteur, par exemple à la tête, au cortex cérébral, à l'oreille interne, aux nerfs auditifs ou optiques. En fonction des signaux spécifiques émis par le faisceau électromagnétique (par exemple au moyen d'une modulation d'amplitude), ce couplage provoque un changement intentionnel des pensées du le récepteur. ... par exemple dans une version simple d'un dispositif de transmission de pensées, l'opérateur du dispositif (l'observateur) prononce la pensée à transmettre dans un microphone, le signal électrique du microphone est converti en une séquence d'impulsions (...), la séquence d'impulsions est appliquée sur le faisceau à micro-ondes qui est transmis au récepteur et a une intensité si faible que le récepteur n'a pas de perception consciente de la transmission, mais seulement un effet subliminal. ... par exemple, dans une version plus complexe d'un dispositif de transmission de pensées, l'opérateur (l'observateur) du dispositif tape la pensée à transmettre dans un ordinateur (...) qui, à l'aide de tableaux ou de réseaux de neurones, traduit la pensée à transmettre en une séquence de signaux qui est appliquée sur le faisceau à micro-ondes envoyé au récepteur. On parle donc toujours ici de faisceau à micro-ondes. "Le faisceau à micro-ondes est ce que nous avons maintenant et ce que nous pouvons attendre à l'avenir."*[391] A la page 10 de ce document, points 24 à 27, vous pouvez lire ce qui est possible avec ce "système de relais à ondes":

Point 24: *"... que les rayons électromagnétiques modulés et groupés agissent sur l'organisme du récepteur de telle manière qu'une modification intentionnelle des pensées ou des actions du récepteur est produite avec une probabilité de plus de 95 %."*

Point 25: *"... que l'influence émotionnelle basée sur l'effet de l'énergie à micro-ondes modulée est impliquée."*

Point 26: *"...que la transmission de la pensée à une personne cible se fait par l'intermédiaire d'objets en béton, en pierre, en plastique ou en bois."*

Point 27: *"...que les transmissions de pensées vers une cible se fassent sur une distance de plus de 10 km."*

Grâce à ce système à ondes directionnel, il est donc possible de prendre le contrôle total de la pensée, des sentiments et de la volonté de la personne cible depuis l'extérieur, même à grande distance et à travers de murs.

"Et ces cadances rigides de cette technologie à micro-ondes à très haute densité de flux de puissance ... entourent maintenant la terre entière, car nous avons déjà des milliers de satellites autour de la terre. Maintenant, avec la 5G, nous allons en avoir des dizaines de milliers d'autres. ... Et bien sûr tous les pylônes radio. Ils ont une force de rayonnement si forte qu'ils imposent à tous les organismes vivants une cadence rigide qui est un milliard de fois plus élevé que le rayonnement naturel de la Terre."[392]

Les *fortes intensités de rayonnement*, comme mentionné dans cette citation, ne sont pas le problème le plus grave de la 5G, mais la **bio-pertinence**. La cadence du rayonnement se situe au même niveau que la communication cellulaire, c'est-à-dire qu'avec la "5G", les fonctions biologiques des êtres vivants, y compris les humains, peuvent être massivement perturbées et la biocommunication peut être perturbée. Cette perturbation est particulièrement intensifiée par l'effet de polarisation, car dans la communication 5G, les ondes sont polarisées.[393] Les micro-ondes, même à très faible intensité, peuvent être utilisées pour contrôler les canaux ioniques des cellules humaines, ce qui a des effets directs sur notre système immunitaire. *"Les canaux ioniques sensibles à la tension agissent comme des sas: en fonction de la tension de la membrane, ils contrôlent le flux d'ions entre l'intérieur et l'extérieur de la cellule: lorsque le sas est ouvert, les ions s'écoulent d'eux-mêmes de l'endroit où la concentration est la plus élevée à celui où elle est la plus faible, c'est-à-dire sans autre apport d'énergie. Une ouverture ou une fermeture irrégulière de ces canaux, forcée par les effets des rayonnements extérieurs, déséquilibre cet l'équilibre électrochimique naturel entre l'intérieur de la cellule et son environnement et peut ainsi déclencher une multitude de réactions chimiques ultérieures à l'intérieur de la cellule, qui sont nuisibles à la cellule et peuvent même l'endommager. Le résultat prédominant est le stress cellulaire oxydatif.*"[394]

Le rayonnement électromagnétique polarisé est encore plus dangereux pour l'organisme humain: *"Les ondes électromagnétiques polarisées (!) (telles que la '5G') ... sont capables d'activer les canaux ioniques sensibles (protéines de canal) dans la membrane cellulaire de façon irrégulière sans nécessité biologique, même à faible intensité. Les ondes non polarisées - telles que la lumière du soleil et de nombreuses autres ondes électromagnétiques naturelles - ne peuvent pas le faire même à des intensités nettement plus élevées et des temps d'exposition comparables : Ils ne font que provoquer un réchauffement, qui n'est biologiquement dangereux qu'à des intensités ou des temps d'exposition beaucoup plus élevés.*"[395]

Un autre danger des radiations 5G est le suivant : dans une vidéo[396], il est affirmé que "la véritable raison de l'existence de la 5G est 1000 fois pire que les radiations". Plus précisément, l'idée est d'implanter des nanorobots dans le cerveau humain pour prendre le contrôle de l'activité neurale et la contrôler à distance grâce à un « cloud 5G". *"Les nanopuces et la poussière intelligente sont les nouveaux moyens technologiques pour **faire avancer le programme des micropuces humaines**. En raison de leur taille incroyablement petite, les nanopuces et la poussière intelligente peuvent pénétrer dans le corps humain, s'y intégrer et y créer un réseau synthétique, qui peut être contrôlé à distance à partir de l'extérieur."* Nous parlons de "particules de poussière intelligentes" ("smartdust"), qui sont intégrées dans le cerveau et forment une toute nouvelle forme d'interface entre le cerveau et la machine. C'est le quatrième aspect qui est exploité par les chemtrails (voir le chapitre "Les chemtrails – *'La soupe chimique'* dans le ciel"), à savoir la pulvérisation de ce que l'on appelle les nanorobots; après avoir été absorbés de façon inaperçue par l'homme à travers les voies respiratoires, ils sont reliés à un cloud et peuvent être contrôlés à distance depuis un centre de contrôle. Ce complexe est destiné à influencer la pensée des gens ainsi que leurs actions. La taille de ces micropuces est de l'ordre du quart de la taille d'un cheveu humain (à partir de 2016), c'est-à-dire pratiquement indétectable optiquement.[397] *"C'est l'esclavage ultime, auquel on ne pourra pas échapper, du moins pas par ses propre moyens."*[398] Cet asservissement ultime fait partie du programme EUGENIK des cabales, connu sous le nom **de programme transhumain**.[399] Le fait qu'il ne s'agit pas seulement d'une invention de leur imagination ou d'un fantôme a été démontré par l'expérience du scarabée télécommandé, qui a été élevé au rang des 10 premières technologies remarquables et réussis de l'année 2009.[400] *"A la minute 1:18 de la vidéo (fondu enchaîné), il est démontré comment un scarabée est télécommandé avec un smartphone, et le but de la recherche est de faire la même chose avec des humains!*[401]

*"**Conclusion**: (Ce qui se passe en ce moment est un cauchemar.) Ironiquement, la plupart des gens fixent sans méfiance leur smartphone alors que les radiations rongent allègrement leur ADN. Quiconque se demande pourquoi le gouvernement fait passer avec tant de négligence l'expansion du **cloud 5G** derrière des portes closes doit savoir que le risque sanitaire de la technologie 5G fait obstacle à un plan plus important. La télévision suisse a révélé le **programme transhumaniste** dans*

l'émission politique "Arena" du 8 mars intitulée "Qui a peur de la 5G", d'une manière quelque peu méprisante mais étonnamment honnête. Il s'agit de connecter tous les gens à un cloud mondial de 5G via des implants de micropuces, comme cela se fait déjà avec les smartphones aujourd'hui. Les micropuces implantées sont une évolution des smartphones que la plupart des gens portent déjà en permanence sur leur corps. Leur réinstallation dans le corps n'est qu'un petit pas et pour beaucoup, malheureusement, presque une évidence. Les pionniers du mouvement de la vérité, tels qu'Alex Jones ou David Icke, ont mis en garde contre cette évolution depuis des décennies. Ce qui était alors considéré comme choquant et inimaginable est maintenant perçu comme normal par de larges pans de la population parce que le programme a été avancé à **petits pas**.[402] (En gras l'auteur)

Le 12.04.2019, *t-online.de* rapportait:[403] *"Le gouvernement belge a arrêté le projet 5G à Bruxelles. Elle craint que les lignes directrices de la radioprotection ne soient pas respectées. ... "* Cela soulève immédiatement la question suivante : pourquoi Bruxelles ? Le Parlement européen et la Commission européenne sont basés à Bruxelles. Cette dernière est le bras droit des acteurs du NOM qui poussent en avant la mondialisation de toutes leurs forces ; ce sont les lobbyistes mondialistes, l'élite. S'agit-il seulement de les protéger eux contre les conséquences des radiations ? *"La Commission européenne avait demandé à chaque Etat membre d'équiper une ville en 5G. En Belgique, le choix s'est porté sur Bruxelles. Dans ce cas, trois fournisseurs avaient uni leurs forces et conclu un accord avec la ville pour assouplir les réglementations strictes en matière de rayonnement, explique Fierce Wireless. La ville a la réglementation la plus stricte au monde en matière de radiations.*[404]

Dans une zone de test en Angleterre, où la "5G" a été mise en service pour des tests, il a été signalé qu'il n'y a plus d'insectes et d'oiseaux dans les parcs[405] Et lors d'une experience avec la "5G" à La Haye, des centaines d'oiseaux seraient tombés morts des arbres. Là, *"de grandes volées d'oiseaux migrateurs s'étaient rassemblées et étaient assises dans les arbres tout autour pour se diriger en-*

semble vers le sud. Soudain, des centaines d'entre eux ont été retrouvés morts sur le sol. Les animaux sont tous morts d'une insuffisance cardiaque, bien qu'ils soient physiquement sains. Il n'y avait aucun signe de maladie, aucun virus, aucune infection bactérienne, du sang sain, aucune preuve d'empoisonnement, etc. La seule explication raisonnable qui reste est l'exposition aux micro-ondes. Car ces derniers sont connus pour avoir un effet sur le coeur des oiseaux! "[406]

Dans l'article précité du site *tagesschau.de*[407], cependant, cette mort d'oiseau a été attribuée à une autre cause, à savoir "l'empoisonnement par les ifs". Dans une autre source, la mort des oiseaux est attribuée au fait "... qu'ils sont morts à cause des composants toxiques de l'if". Qu'est-ce qui est vrai?

L'égalité des genres et le transhumanisme

"D'ici 30 ans, nous disposerons de la technologie nécessaire à l'intelligence surhumaine. Peu de temps après, l'ère de l'homme prendra fin".
(Vernor Vinge, transhumaniste et informaticien, 1993[408])

Nous, les personnes âgées, sommes la dernière génération qui n'a pas à aller jusqu'au bout. Le cauchemar attend nos enfants et leurs descendants.

Qu'est-ce que l'égalitè des genres ? *"Beaucoup de gens pensent que l'ègalité des genres n'est qu'un nouveau terme pour l'émancipation et l'égalité des droits des femmes. Une erreur fondamentale – tant voulue par les créateurs de ce terme ! Beaucoup de gens pensent que la question du genre, qu'il s'agisse d'un garçon ou d'une fille, d'un homme ou d'une femme, est clairement décidée par la nature, ainsi que par la question de savoir qui est la mère ou le père. Cela a certainement été vrai pendant les 5 000 dernières années, mais plus maintenant. Il y a des gens qui veulent activement changer cela. - et ils le font avec beaucoup de succès* "[409] Les partisans de cette idéologie prétendent que le genre biologique, masculin ou féminin, n'est qu'une construction sociologique. [410]

La base de ce projet est la documentation intitulée „*Kuscheln, Fühlen, Doktorspiele*"[411] sur le colloque „*Frühkindliche Sexualerziehung in der KiTa*".§§§§§§§§§§§ Sur cette base, les gouvernements des États ont déjà adopté le "plan pour l'égalité des sexes", selon lequel, en plus de l'éducation sexuelle existante, celle-ci sera complétée par l'introduction d'une idéologie de genre, dès la première année et même à l'âge préscolaire. Dans ses *"Normes pour l'éducation sexuelle en Europe", l'OMS propose en fait que les jeunes enfants âgés de 0 à 4 ans soient informés sur la masturbation et aient la possibilité d'explorer leur identité sexuelle. À l'âge de 4 à 6 ans, les enfants devraient recevoir un enseignement sur les relations homosexuelles et apprendre à respecter les différents aspects de à la sexualité.* "[412] L'ONU avec ses organisations spécialisées tel que l'UNICEF, la FIPF************ et la FNUAP†††††††††††† soutient d'un tel effort l'éducation à la sexualitè précoce de nos enfants. [413] Dans plusieurs Länder allemands, les enfants de maternelle sont déjà confrontés à des livres et à du matériel de jeu sur les différents modèles familiaux et la diversité des sexes (LGBT-TI‡‡‡‡‡‡‡‡‡‡‡‡).[414] Dès l'âge de trois ans, les enfants apprennent qu'il importe peu de savoir quel sexe ils choisissent pour eux-mêmes et comment se compose une famille.

Le projet "égalitè des genres" ne concerne donc pas seulement l'égalité des droits entre les hommes et les femmes ou les différents partenariats. En fait, l'intégration de la dimension de genre est une

---

§§§§§§§§§§§ *"Câlins, sensations, jeux de docteur"* au colloque*"L'éducation sexuelle des jeunes enfants dans les crêches pour enfants"*

************ International Planned Parenthood Federation / Fèderation international pour la planification familiale

†††††††††††† United Nations Population Fund/Fond des nations unis pour la population

‡‡‡‡‡‡‡‡‡‡‡‡ les personnes lesbiennes, gays, bisexuelles, transgenres, transsexuelles et intersexuelles

attaque contre la dichotomie sexuelle des êtres humains, contre le mariage des hommes et des femmes et contre la famille traditionnelle.[415] *"Le résultat, cependant, n'est pas l'être humain libre, mais l'être humain mentalement handicapé, qui a une faible confiance en lui, est incapable de créer des liens, ne peut fonder une famille, ne peut pratiquer la solidarité et est réduit aux instincts les plus bas - le sujet parfait".*[416]

Mais le projet "égalité des genres" va bien au-delà. Le but ultime est la dissolution **physique** des différences entre les hommes et les femmes. Mais une chose à la fois; à long terme, l'intégration de la dimension de genre a quatre objectifs:

1) de déplacer l'influence éducative de la famille ou des parents de plus en plus vers l'État,

2) la destruction de la famille,

3) la désintégration du genre et donc la création des conditions préalables pour remplacer à long terme le processus naturel de reproduction par la production de répliques de vie humaine.

4) L'élimination du processus naturel incontrôlable de "l'amour entre deux personnes de sexe opposé", car il affecte une sphère privée de la vie qui échappe au contrôle et à l'influence directe de l'élite.[417]

Le cauchemar

L'homme est privé de son humanité.
Le maître homme joue à Dieu.

L'intégration du genre, telle qu'elle est enseignée et pratiquée dans nos écoles aujourd'hui, telle qu'elle est propagée et promue par le ministère de l'éducation, les agences gouvernementales compétentes et les médias publics, n'est qu'une étape préliminaire inoffensive à ce que l'avenir peut apporter. L'intégration de la dimension de genre a été créée à l'origine comme une stratégie de promotion de l'égalité des sexes, selon la position officielle. Mais il y a beaucoup plus derrière. L'intégration de la dimension de genre ouvre la voie à une variante qui, si l'on considère l'objectif final, doit certainement être considérée comme faisant partie du transhumanisme. Le but ultime du projet d'égalité des sexes est la "dissolution du genre", c'est-à-dire la dissolution physique[418] de la différence entre l'homme et la femme et le remplacement de la naissance naturelle par la naissance en éprouvette lorsque l'élite arrive au pouvoir. La conception des générations futures, virale en éprouvette, sera alors la tâche des "scientifiques" qui mettront volontiers en œuvre les souhaits de l'élite. Il fait partie du "Programme transhumain" (section " '5G' et transhumanisme"). Bien entendu, cette mesure est uniquement destinée au peuple et non aux représentants de l'élite elle-même.

Il ne faut pas beaucoup de fantaisie pour imaginer comment le développement se poursuivra une fois que le NOM sera établi et que l'élite commencera à mettre en œuvre ses plans, pour lesquels elle a créé le projet à l'origine.

Voilà à quoi ressemblera l'avenir de l'humanité si on ne parvient pas à empêcher l'élite de prendre le pouvoir. Grâce aux possibilités techniques de naissance en cornue, les caractéristiques sexuelles des êtres humains créés dans cette cornue (les clones) seront progressivement et systématiquement développées en arrière par manipulation génétique et manipulation hormonale. Une fois que cela sera techniquement réalisé, seuls les clones ayant des caractéristiques sexuelles masculines seront autorisés à vivre, ou bien seuls ceux ayant des caractéristiques sexuelles féminines. En même temps, les relations sexuelles entre personnes nés de manière naturelle et les naissances naturelles en général seront interdites et des mesures drastiques seront prises pour les empêcher. Les humains clonés seront sélectionnés et on décidera qui des clones seront autorisés à vivre, mâles ou femelles. Le choix dépend du fait, qui – l'homme ou la femme - peut être maintenu comme esclave de travail de la manière la plus simple et la plus efficace. Ces futurs esclaves de travail auront beaucoup en commun avec le bétail d'aujourd'hui; ils sont le bétail de l'avenir. La sélection pourrait être similaire à celle des poussins dans les élevages de masses : les poussins mâles sont déchiquetés peu après la naissance, tout à fait légalement, car ils ont une valeur d'utilité inférieure à celle des poussins femelles. Il y aura également une intervention dans l'équilibre hormonal des individus dans le but de dissoudre davantage les relations homme-femme développées au cours de milliers d'années, la puberté et la ménopause. La progéniture des ces esclaves de travail sera alors exclusivement crée à partir de la "cornue", tout comme la reproduction des ovules et des spermatozoïdes en tant que matière première.

Mais comment contrôler la masse des esclaves, les tenir en échec, prévenir d'éventuelles révoltes ? Cela se fait, par exemple, via la 5G, en envoyant par-dessus des créneaux spéciaux à basse fréquence, qui influencent leur cerveau (voir section: "Déprimé par la communication").

La mort des esclaves sera également réglementée sous l'aspect de l'utilité. Tant que l'esclave est encore utile, il peut continuer à vivre, sinon, il sera trié. Ce tri ou la mort a alors lieu sur "pression d'un bouton", par exemple via la 5G, grâce à des fentes de signature liées à l'identité, qui peuvent déclencher l'autodestruction de l'individu (voir section : "Les armes biologiques de haute technologie – l'atrium de l'enfer").

La question de savoir si un esclave est encore utile et s'il peut continuer à vivre sera traitée au moyen de certificats numériques, qui seront créés pour tous les esclaves et pourront être attribués sans ambiguïté au moyen de puces, comme c'est le cas dans l'élevage aujourd'hui. Des préparatifs sont en cours depuis longtemps pour l'introduire également pour les humains. Suède est un pionnier: en Suède, de nombreuses personnes se sont déjà fait volontairement implanter une RFID sous la peau. Cela s'accompagne d'une publicité visant à faire implanter une telle puce RFID sous la peau: *"Après tout, plus de 4 000 Suédois ont déjà eu une puce de la taille d'un grain de riz (2 x 12 mm) implantée sous leur peau par le leader du marché Biohax. Il ne s'agit pas d'une intervention majeure et, comme nous l'entendons, pas très douloureuse non plus. Mais une fois que vous avez cette puce sous la peau, elle peut rendre votre vie beaucoup plus détendue."*[419] Cependant, le développement technique n'est pas resté figé; les puces sont de plus en plus petites (un quart des cheveux humains - statut 2016[420]) et peuvent également être administrées avec une seringue normale, par exemple en même temps que le sérum de vaccination. En raison de la panique "coronique", alimentée par les médias, un grand nombre de personnes aspirent à être vaccinées contre le virus de la grippe Covid 19. Le mondialiste Bill Gates dit très ouvertement ce qui est prévu: *"À un moment donné, nous aurons des certificats numériques qui indiqueront qui s'est rétabli, qui a été testé récemment ou lorsque nous aurons un vaccin, à qui il aura été administré."* (Une proposition de Bill Gates en rapport avec la vaccination contre le virus Covid 19[421]) Il s'agit d'un contrôle absolu sur les personnes. *"C'est l'asservissement ultime auquel il n'y aura pas d'échappatoire, du moins pas par votre propre pouvoir."*[422]

La jeune génération s'attend à un sort pire que la génération de la guerre de 1939-45, si nous ne ripostons pas. Le destin a un nom: Transhumanisme & 5G.

Cher lecteur, si vous pensez que c'est exagéré ou, en d'autres termes, que c'est une théorie de conspiration, alors donnez-moi une autre raison pour laquelle l'égalitè des genres a été introduite. Juste pour promouvoir une pensée et un comportement décadent? Pour affaiblir ou détruire la cohésion familiale? C'est également vrai. Mais à mon avis, le facteur décisif est l'objectif de rendre les gens dépendants et contrôlables à tout moment et de ne prendre aucun risque en manipulant les gens. Ce qui est techniquement, ou dans ce cas plus précisément, biotechnologiquement possible, est fait.

6. La guerre biologique

"Le battage publicitaire de Covid 19 est comme un rideau, on ne voit pas ce qui se passe derrière le rideau. Derrière le rideau, deux puissances s'affrontent : l'État profond mondial et les forces de la lumière. Pour l'État profond /Illuminati§§§§§§§§§§§§ *... c'est la dernière chance d'introduire le Nouvel Ordre Mondial ; d'où Corona, et en même temps la tentative d'implanter toute l'humanité par des vaccinations de masse, d'abolir l'argent liquide, d'éliminer l'atout, etc. "* [423]

Le développement d'armes biologiques

La Convention sur les armes biologiques,[424] qui a été signée par presque tous les États du monde en 1972, est entrée en vigueur le 26 mars 1975. L'article I stipule : *"Chaque État partie à la présente convention s'engage à ne jamais et en aucune circonstance mettre au point, fabriquer, stocker ou acquérir ou conserver de quelque manière que ce soit (ces armes biologiques)." "Qu'il s'agisse de virus, de bactéries ou d'insectes alliés, ils relèvent tous de la* **Convention sur les armes biologiques,** *qui a été signée en 1972 par presque tous les États du monde, y compris les Américains. "*[425]
Et pourtant aujourd'hui, des armes biologiques sont encore développées, testées et utilisées.

Les maladies infectieuses qui se sont répandues dans le monde entier au cours des dernières décennies, telles que le virus Ebola, le SIDA, le SARS, la maladie de Lyme, l'EHEC, la maladie de Morgellon, ont très probablement été développées en tant qu'armes biologiques dans des laboratoires militaires secrets. C'est le sujet de ce chapitre.

---

§§§§§§§§§§§§ Pour plus de détails, voir le chapitre " Épilogue – L'èlite et l'Ètats profond ".

Document 44: La Géorgie : La fièvre de Crimée-Congo s'est transformée en épidémie dans les zones sombres et bien délimitées ; le laboratoire d'armes biologiques de Lugar, inauguré en 2011, en serait la source.[426]

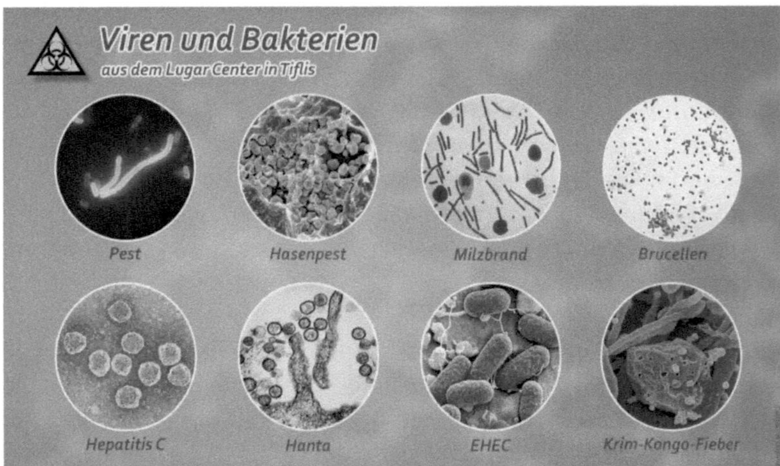

Document 45: les bactéries et les virus qui font l'objet de recherches au centre Lugar: la peste, la tularémie, l'anthrax, la brucellose, l'hépatite C, le virus Hataan, l'EHEC et la fièvre de Crimée-Congo. [427]

Document 46 : "les insectes alliés" ("Allied insects") avec lesquels des expériences sont menées au centre Lugar à Tbilissi : Les tiques (en haut à droite), les mouches des sables, les insectes des arbres et les moustiques tigres asiatiques (en bas de gauche à droite).[428]

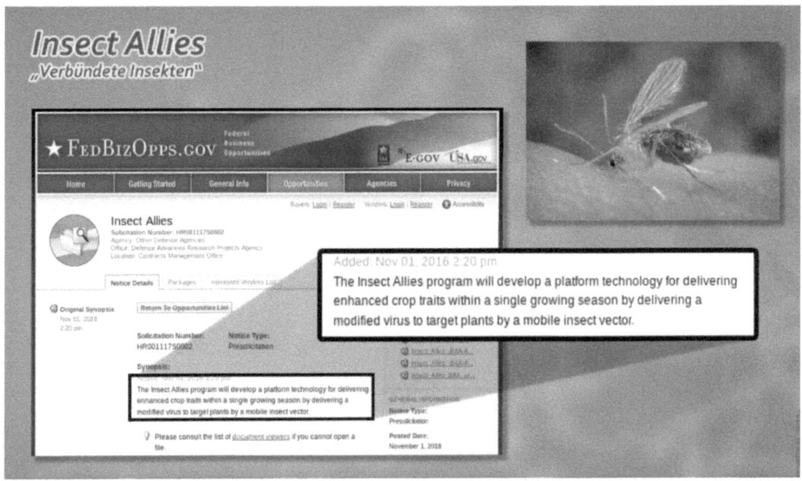

Document 47: Depuis novembre 2016, le Pentagone dispose d'un programme appelé "Insect Allies".[429](Insectes alliès)

Document 48: En Ukraine, des laboratoires de biotechnologie du Pentagone ont été créés dans tout le pays. Près des laboratoires du Pentagone oriental, une épidémie d'hépatite s'est déclarée ces dernières années avec des centaines de patients (marqué par les cercles noirs.[430]

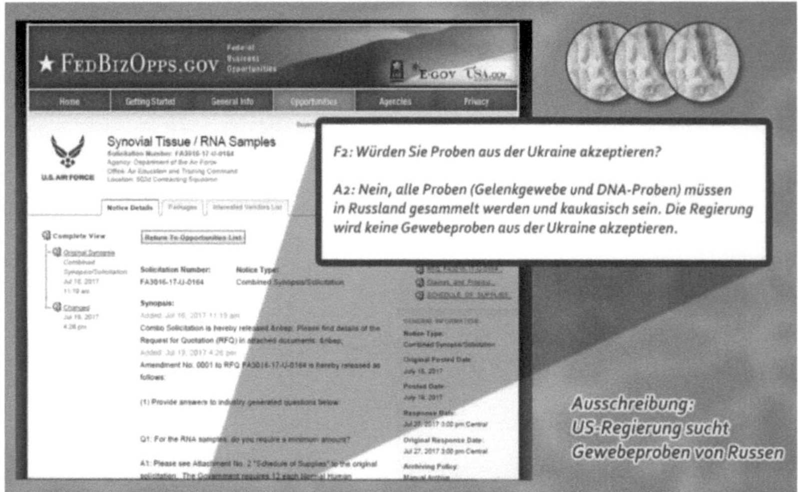

Document 49: l'Appel d'offres du gouvernement américain : recherche d'échantillons de tissus et d'ADN de personnes russes d'origine caucasienne.[431]

Sur la base d'un traité entre les États-Unis et la Géorgie, un laboratoire d'armes biologiques, le Centre Lugar, également connu sous le nom de "laboratoire de la mort", a été créé à Tbilissi, la capitale de la Géorgie, et a été inauguré en 2011. Grâce à la publication de documents (par le biais d'un "transfuge"), il est devenu de notoriété publique avec quoi le Centre Lugar expérimente. Il s'agit de bactéries et de virus qui se prêtent au développement d'armes biologiques: la peste, la tularémie, l'anthrax, la brucellose, l'hépatite C, le virus Hataan, l'EHEC et la fièvre de Crimée-Congo, voir document 45.[432]

"Ces dernières années, les épidémies ont augmenté ici en Géorgie , les personnes sont atteintes de maladies exotiques, l'agent pathogène est totalement inconnu, et l'on soupçonne que ces épidémies sont liées à ces laboratories."[433] Le document 44 montre dans quelles régions de la Géorgie, la fièvre de Crimée-Congo est apparue ces dernières années.

Au Centre Lugar, des expériences sont menées non seulement avec des bactéries et des virus mortels, mais aussi avec leurs porteurs potentiels, les "insectes alliés", dont le développement est expressément interdit par la Convention sur les armes biologiques. Mais au Centre Lugar, la recherche est menée précisément sur ces "insectes alliés" ("Insect Allies"): les tiques, les mouches des sables, les punaises des arbres et les moustiques tigres asiatiques (document 46). Et ce sont, à l'exception de la punaise des arbres, tous des suceurs de sang et donc des insectes qui peuvent infecter les humains et les mammifères avec des bactéries et des virus. Depuis novembre 2016, le Pentagone dispose d'un programme appelé "Insect Allies" (document 47). *"Et apparemment, ces suceurs de sang ont déjà été libérés en Géorgie afin de les tester. Par exemple, depuis novembre 2017, les habitants de Tbilissi signalent que les mouches des sables provenant des égouts viennent dans leur salle de bain et les mordent, alors qu'ils se tiennent nus dans le bain. Les mouches des sables sont normalement présentes aux Philippines, mais pas en Géorgie. ... Bien que la mouche des sables ne puisse voler que sur quelques centaines de mètres, elle a également été repérée dans la république russe du Daghestan, à 100 kilomètres de là, au cours du même mois où elle a été aperçue pour la première fois à Tbilissi. L'apparition de la mouche des sables au Daghestan pourrait être liée à ce brevet américain (brevet n° : US 8,967,029 B1, 3 mars 2015 : TOXIC MOSQUITO AERIAL RELEASE SYSTEM), qui était jusqu'à récemment accessible au public sur le site du centre Lugar.* "[434] Cette vidéo fait ègalement état d'un autre brevet qui décrit la propagation d'insectes contaminés sur le territoire ennemi au moyen de drones.

Des laboratoires de biotechnologie du Pentagone ont également été mis en place en Ukraine, voir le document 48. *"En juillet 2017, le gouvernement américain a publié un ordre de recherche d'échantillons de tissus et d'ADN de personnes russes d'origine caucasienne. Le fait qu'il ne peut s'agir que d'échantillons de tissus provenant de personnes russes a également été précisé dans l'appel d'offres* (voir document 49) ... *En même temps, on peut voir dans la base de données génétiques américaine NCBI que le Pentagone mène des recherches sur les agents pathogènes dem la peste, qui proviennent également de la région du Caucase russe."*[435]

Étant donné que les documents publiés et mentionnés ci-dessus indiquent, entre autres, qu'au centre Lugar - en plus de l'anthrax et de la brucellose - des expériences doivent également être menées sur les agents pathogènes de la peste, *"... il existe donc une suspicion fondée qu'au centre Lugar de Tbilissi, des recherches sont menées sur les agents pathogènes de la peste, qui sont destinés à détruire des parties de la population bien précise. Et cela a une dimension tellement énorme qu'elle éclipse même le nettoyage éthnique d'Adolf Hitler et de Josef Staline.*"[436]

L'intérêt des Ètats-Unis pour les armes biologiques spécifiques aux races est également évident d'après une autre source : *"En septembre 2000, le groupe Project for a New American Century a publié un document dans lequel Dick Cheney décrit les armes biologiques spécifiques aux races comme des outils politiquement utiles.*"[437]

Les éléments présentés ici ont été découverts principalement grâce aux travaux de recherche de l'équipe MarkMobil. Cependant, certains critiquent également le fait que la description ci-dessus est trop unilatérale, car d'autres pays, notamment l'ex-URSS, ont également mené des recherches intensives sur les armes biologiques et sont *"de loin les plus coupables"*[438] (de la violation du traité de la Convention sur les armes biologiques). Dans un article plus long, l'auteur écrit: *"A ce sujet, la recherche sur les virus, les bactéries et les toxines, il faut, pour avoir une image différenciée, en traiter l'histoire en général. Il y a beaucoup de gens sur terre qui ont fait des recherches sur ce genre de choses. Les institutions de l'État, civiles et militaires, mais aussi les centres de recherche privés. Et ce ne sont pas seulement les Américains qui le font, et de loin. Il y a des raisons importantes de faire cette recherche, notamment pour des raisons de prévention et de défense contre les maladies qui menacent réellement l'humanité."* Toutefois, on peut se poser la question suivante: la situation s'améliore-t-elle si d'autres pays mènent ou ont mené des recherches intensives sur les armes biologiques?

Dans les cabinets médicaux, on rencontre régulièrement des affiches publicitaires annonçant des vaccinations contre les dangereuses maladies infectieuses transmises par les tiques. Dans le passé, les petites tiques (communément appelées "tiques des bois") n'étaient en fait qu'une nuisance, mais ne transmettaient aucune maladie dangereuse. Depuis une dizaine d'années, la situation a changé et la question est de savoir pourquoi les tiques sont devenues de si dangereux porteurs de maladies? Est-ce le résultat d'expériences menées dans des laboratoires militaires, comme le centre Lugar à Tbilissi? Les maladies transmises par les tiques, telles que la maladie de Lyme et la méningo-encéphalite du début de l'été, ou le VMET en abrégé, sont en augmentation en Europe.

Les armes biologiques de haute technologie – l'atrium de l'enfer

„ La société est dominée par une élite ... qui n'hésite pas à imposer ses objectifs politiques, même avec l'aide des méthodes modernes les plus récentes pour guider le comportement de la population et maintenir la société sous une surveillance et un contrôle strict. "
(Z. Brzezinski[439])

Cher lecteur, dans la citation citée dans la section "Les chemtrails – la « soupe chimique » dans le ciel", nos collègues de la télévision nous ont dit que notre nourriture contient des particules plastiques microscopiques, de la poudre d'aluminium et des sels de baryum et que ces matériaux proviennent probablement de la *"soupe chimique des chemtrails"* et sont la raison pour laquelle sous nos latitudes *"aujourd'hui, pratiquement tous les gens ont déjà un niveau d'empoisonnement par l'aluminium et le baryum manifestement élevé."*[440]

Le fait qu'une telle nouvelle soit prononcée par un commentateur de la télévision publique (!) est assez étonnant, car ces dernières années, l'existence des chemtrails a été niée avec véhémence. Il est également étonnant que dans cette émission, il soit admis que les gens sont empoisonnés par des traînées de produits chimiques. Pourquoi nous disent-ils la vérité maintenant ? Peut-être que cette honnêteté du commentateur n'était pas du tout prévue ? Ou bien y a-t-il trop de preuves (qu'Internet contribue également à diffuser), de sorte qu'ils ont commencé leur "fuite vers l'avant" ? En faisant de cette question un sujet de télévision grand publique, il est possible de canaliser la colère et l'indignation de ceux qui protestent depuis des années contre les traînées chimiques et qui ont pu présenter de plus en plus de preuves de leur existence et de plus en plus de gens en ont pris conscience. Et avec cette ouverture, on peut même faire remarquer que ces pulvérisations étaient nécessaires pour éviter la "catastrophe climatique" et qu'on n'était pas conscient de ces effets secondaires.[441]

Cependant, les responsables étaient très conscients de ces "effets secondaires". Non seulement elles ont été acceptées, mais elles faisaient partie d'un programme visant à installer une arme biologique chez l'homme, qui circule maintenant dans le corps de tous ceux qui ont connu ce *"niveau étonnamment élevé d'empoisonnement par l'aluminium et le baryum"*.[442] C'est une affirmation que nous allons étayer dans ce qui suit:

Ceux qui ont pu encore tolérer les remarques précédentes sur les chemtrails et qui veulent continuer à lire, vont maintenant être entraînés dans un voyage d'horreur, où le combat le plus perfide de l'homme contre l'homme est thématisé. Il s'agit de la maladie dite des Morgellons. Toujours en 2012, un article a été publié sur SPIEGELONLINE avec le titre[443] *"Maladie de Morgellons - cette maladie de la peau est probablement basée sur l'imagination"*. Et le terme de "folie dermatozoïde" a été utilisé pour expliquer que les personnes touchées ne feraient qu'imaginer cette maladie. La conclusion d'un article de WELT.DE est similaire : sous le sous-titre "Nouvelle forme de folie", on apprend dans cet article qu'il y a même eu une étude dont le résultat est que *"très probablement, la maladie de Morgellon est simplement une nouvelle variante de la folie dite dermatozoïde dans laquelle les personnes affectées sont fermement convaincues d'être affectées par des agents pathogènes, des parasites ou d'autres petits êtres vivants.*"[444]

Mais nous savons aujourd'hui que ce n'est pas du tout une illusion. Je vous recommande de regarder la vidéo[445] YouTube avec DOMIAN et l'interview[446] avec l'opérateur du site internet *http://www.morgellons-research.org/*. Sur ce site, vous trouverez de nombreuses photos et analyses microscopiques de Morgellons. L'affirmation selon laquelle ces fibres sont des "fibres optiques vivantes" est également soutenue par des études microscopiques réalisées par des auteurs indépendants.[447,448]

"Il n'y a pas une personne qui n'ait pas ce genre de choses dans son sang. Ce que l'on appelle le syndrome de Morgellon n'est que le petit nombre de personnes qui ont développé un mécanisme de

défense et qui sécrètent ces fibres à travers la peau ; c'est là qu'on la remarque. "[449] Nous portons tous ces fibres en nous maintenant. Les fibres de Morgellon sont une sorte d'hybride entre matière inorganique et organique, et si vous souffrez du syndrome de Morgellon, ces fibres se développent dans votre corps, dans votre peau, votre bouche, votre nez, vos yeux, vos oreilles, vos organes génitaux, dans tout votre corps, et on les trouve également dans votre sperme.[450] *"Ils sortent de la peau comme ça, et ça démange beaucoup. Et nous avons eu des patients avec un syndrome de Morgellon très prononcé ; ils sont devenus presque fous à cause des démangeaisons",*[451] dit le Dr Manfred Doepp, l'un des rares médecins en Allemagne qui a étudié cette maladie de manière approfondie.

Les morgellons sont des parasites produits artificiellement dans le corps humain et qui peuvent pénétrer tout le corps, s'implanter dans de nombreux organes, voire tous. Si vous avez un système immunitaire fort, vous n'avez pas besoin de vous inquiéter (!) pour le moment, car il est évidemment capable de maintenir la croissance des fibres dans le corps sous contrôle. Comme le corps humain est habitué à traiter les parasites et que s'il est en bonne santé, un équilibre dynamique est pratiquement établi entre le parasite et son hôte, le corps, on pourrait supposer que dans le cas particulier des parasites artificiels, un statu quo est établi, à condition que le corps soit sain, mais seulement dans ce cas là.

Les morgellons font partie du groupe des armes biologiques.[452] Ces "fibres optiques vivantes" peuvent se développer comme de vrais êtres vivants. Il existe un certain nombre de vidéos dans lesquelles des fibres de morgellon très petites et très grandes sont montrées vivantes, comme elles sont également viables en dehors de leur hôte et peuvent se déplacer relativement librement, et sont également relativement résistantes à la déchirure.[453,454,455,456,457] En raison de cette capacité à survivre même en dehors de son hôte, on doit également craindre un potentiel d'infection non négligeable d'une personne à l'autre. C'est ce qui ressort clairement d'une interview intitulée "Morgellons : la boîte de Pandore est ouverte".[458] Là, la personne interrogée (qui gère son propre site web en tant que personne concernée[459]) répond à la question:

"Alors ces fibres rongent dans la peau pour y pénétrer?"

"Oui, exactement. Je l'ai remarqué pour la première fois lorsque je suis allé au sauna pour faire transpirer et évaquer les fibres. Mais à peine avais-je transpiré quelques fibres, que je m'étais lavé ou essuyé, qu'elles se sont empêtrées dans mes pieds et j'ai immédiatement eu de nouvelles pustules. Une fois que j'ai mis un vieux T-shirt contaminé que je n'avais pas porté depuis trois ou quatre ans, j'ai été recouvert de nouvelles pustules et ampoules au bout de deux heures seulement, même si j'avais lavé le t-shirt au préalable. C'est ainsi que j'ai pu constater que ces fibres sont infectieuses, même après des années. Des temps de survie aussi longs ne sont connus que par les spores fongiques ou les œufs de vers.

Les morgellons sont également le sujet du livre de Gabriele Schuster-Haslinger[460] „*Verraten verkauft verloren*" („*Trahis vendus perdus*"). Dans ce livre, le syndrome de morgellon, qui ne semble intéresser ni les politiciens ni les représentants des institutions médicales en Allemagne, est associé aux insecticides biologiques[461] utilisés pour la lutte contre les parasites, qui ont également pour effet secondaire de pénétrer dans le corps humain lorsqu'il entre en contact avec ces insecticides, et que les fibres de coton utilisées à l'origine comme matériau de support ont été remplacées par des fibres polymères par les fabricants des insecticides afin de garantir une plus grande durabilité des micro-organismes sur ces fibres. Cependant, ce qui se cache en réalité derrière ces morgellons est beaucoup plus perfide que ce qui ressort de cette explication apparemment logique de la "longévité". Parce que ces fibres polymères, ces "nanofibres optiques", servent à manipuler les gens.[462,463] Cette finalité n'apparaît qu'en regardant dans les détails et en considérant que le baryum, le strontium, le titane et l'oxyde d'aluminium sont également libérés **simultanément** avec ces nanofibres, qui sont pulvérisées dans l'atmosphère par des traînées chimiques. Jusqu'à présent, les gens se sont toujours demandé: pourquoi ces matières hautement toxiques se répandent-elles au-dessus de nos têtes? Juste pour réduire le rayonnement solaire sur la terre? D'autres métaux moins toxiques pour l'homme, les animaux et les plantes pourraient certainement être utilisés à cette fin. Mais ces matériaux utilisés ont une fonction spécifique. Ce sont des matériaux qui permettent de réaliser techniquement un certain principe optique lorsqu'ils sont intégrés aux fibres. Il s'agit des composés titanate de baryum-strontium et l'oxyde d'aluminium.

"Les morgellons sont des créatures artificielles qui consistent, du point de vue de l'ADN, en un mélange de champignons individuels multi-cellulaires, se développant comme des champignons, formant de fins capillaires. Et ces capillaires absorbent facilement les nanoparticules d'une certaine classe, deux classes pour être précis. Et ce sont ces classes qui sont utilisés pour les activités de pulvérisation dans ciel. Et le résultat, c'est que je n'obtiens que de tout petits, comment vous dites en anglais, nanomixages auto-assemblés. Il s'agit essentiellement de fibres optiques vivantes qui se remplissent de différentes nanoparticules de l'intérieur et fonctionnent comme de petits lasers quantiques que je peux activer et contrôler de l'extérieur par voie électromagnétique. Et la chose est si effrayante parce que, si vous regardezla macrobiologie, où ils font exactement les mêmes choses, et ils les font avec des fibres de carbone synthétiques, et non avec des fibres qui s'auto-reproduisent, mais du point de vue de la chose, c'est exactement pareil. Je peux générer des photons uniques avec ces lasers et je peux complètement communiquer au niveau cellulaire avec l'ADN, dans les deux sens. Je peux générer de la lumière et injecter des impulsions étrangères dans le corps, comme si elles étaient les siennes. Je peux, à l'inverse, recueillir des impulsions lumineuses et les transformer en signaux électromagnétiques, qui sortent ensuite du corps sous forme d'ondes. Cela joue un rôle dans la surveillance des personnes, car toute personne infectée par les morgellons, et toute la nature (autant que j'en sache de la part des chercheurs qui ont détecté les fibres), est infectée." [464]

Je me suis toujours demandé pourquoi les chemtrails contiennent exactement ces matériaux : l'aluminium, le strontium, le baryum, le titane, les fibres plastiques et certaines matières organiques.

Vous ne pouvez certainement pas vous contenter de pulvériser dans l'atmosphère cette substance si toxique pour l'homme? Les responsables ne voient-ils pas que cela doit avoir des conséquences dévastatrices pour la santé des hommes et des animaux? Et pourquoi les nanoparticules, dont la production est très coûteuse? Nous le savons maintenant: le strontium, le baryum, le titane, les fibres plastiques et la matière organique sont exactement les matériaux nécessaires à la réalisation de ces créatures artificielles. Et l'aluminium est un matériau connu pour provoquer diverses maladies dégénératives dans le cerveau humain (voir le chapitre "les effets des traînées chimiques sur notre santé"). Et les nanoparticules, parce que cela augmente considérablement la réactivité des matériaux et qu'en raison de leur taille minuscule, elles sont également capables de traverser la barrière hémato-encéphalique chez l'homme. L'objectif des responsables est de contrôler les gens et de les rendre malades au moyen de ces matériaux et de ces créatures artificielles.

Jusqu'à présent, tout va mal. Mais la grande finale est encore à venir. En pulvérisant ces matériaux sur nos têtes pendant de nombreuses années, nous sommes tous entrés en contact d'une manière ou d'une autre avec ces matériaux, et il est contenu dans notre sang, absorbé par l'air que nous respirons, c'est-à-dire que *"nous sommes tous infectés, en d'autres termes, nous avons tous en nous un système de nanofibres optiques qui peuvent être activés par des ondes , qui peuvent en principe prendre le dessus sur notre corps.. En d'autres termes, tout ce qui est connu des chakras indiens, l'attribution de certaines qualités de lumière, la résonance aux qualités émotionnelles, l'expressivité, l'intuition, tous ces centres de conscience dans le corps peuvent être contrôlés. Et le pire, c'est que si je ne leur donne pas la lumière par le biais du signal électromagnétique, ils s'éteignent. ... Il s'agit simplement d'une méthode pour maintenir les gens à terre et, soit dit en passant, pour réduire, détruire la capacité d'auto-organisation, la porte ouverte aux maladies auto-immunes et dégénératives. "*[465]

Pour que la manipulation fonctionne de l'extérieur et que les processus biochimiques soient contrôlés au niveau de la lumière dans notre corps, une interface est nécessaire, à l'aide de laquelle les ondes provenant de l'extérieur peuvent entrer en communication avec le processus d'échange de biophotons humains à l'intérieur et entre les cellules humaines.[466] Et cette interface est réalisée par ces lasers quantiques microscopiques, qui sont formés de fibres optiques vivantes pouvant être activées et contrôlées électromagnétiquement de l'extérieur. En exposant les fibres optiques vivantes à la lumière extérieure, il est désormais possible de déclencher différents signaux dans le corps humain via ces nanofibres optiques et de lancer des programmes au niveau de l'ADN. Une lumière rouge ou infrarouge excessive à ce niveau peut donner un signal, semblable à un *"signal épidémique à l'ADN "*[467], qui peut déclencher le processus d'autodestruction. Une lumière bleue excessive à ce niveau peut envoyer un signal "qui fait que les morgellons commencent à se multiplier dans la panique" (quasi inondation du corps). *"J'ai vu des photos où vous mettez 4 morgellons dans une boîte de Pétri, et après 24 heures, ça gonfle. Et c'est une sorte de peloton d'exécution pour le corps, pour ainsi dire. Quand le corps commence à briller de l'intérieur, alors les morgellons commencent à vous dévorer de l'intérieur. Les symptômes habituels sont des saignements de nez, des saignements d'oreilles, des... (?), une crise cérébrale ou une crise cardiaque. Et la procédure prend environ 10 mois dans sa forme actuelle, donc c'est un processus lent, vous ne le remarquerez probablement pas. Mais il y a des rumeurs selon lesquelles, dans les expériences militaires, cela peut être fait en quelques minutes. Et il fut un temps où tant d'animaux tombaient du ciel, les oiseaux, dont des centaines tombaient au même moment, la mort en masse des baleines et des chauves-souris ; les symptômes sur les carcasses sont les mêmes. C'est le signal sous forme concentrée, pour ainsi dire. "*[468]

"Si je résume, j'obtiens un système de contrôle complet sur la biologie de la lumière avec cette technique."[469] *"Les fibres de morgellons ont les mêmes propriétés que les fibres de chemtrail."*[470]
Toutefois, il convient également de mentionner à ce stade que la mort massive des animaux mentionnés, qui a probablement été

causée par des expériences de choc des animaux, ne peut être clairement attribuée à l'effet d'une arme biologique. Néanmoins, les morts massives d'animaux n'ont certainement pas été causées par des causes naturelles.[471]

Si le contenu de la citation ci-dessus reflète correctement la réalité, cela signifie que si un tel *"peloton d'exécution est transmis au corps"*, il peut être incité à s'autodétruire et certaines personnes travaillant contre le système peuvent être simplement mises hors tension. Il existe un certain nombre d'autres vidéos sur le net réalisées par l'auteur qui a découvert ces liens. Dans ces vidéos, il nomme également les sociétés et les institutions qui mènent cette recherche inhumaine, qui la financent, et il nomme également les sources que tout le monde peut vérifier. De plus, la physique derrière les phénomènes décrits est expliquée de manière plausible et compréhensible.[472] Se pourrait-il que cette possibilité soit déjà utilisée aujourd'hui? Comment expliquez-vous la disparition fréquente des personnes critiques indésirables ? Par exemple, la mort d'Andreas Clauss, du Dr Udo Ulfkotte et de Friederike Beck, qui, dans de nombreuses vidéos et livres, avaient révélé les buts et les intentions des élites et mis en garde contre leurs machinations, ou celle de témoins, par exemple lors du procès de la NSU, où cinq témoins au total sont morts subitement avant leur témoignage au tribunal.[473] Avant même l'ouverture de la procédure judiciaire, l'Office pour la protection de la Constitution avait été soupçonné d'être impliqué dans les meurtres de la NSU. Ce soupçon avait également été alimenté par la destruction des fichiers de l'UNS à l'Office pour la protection de la Constitution et par le fait que les fichiers de l'UNS avaient été bloqués jusqu'en 2134, de sorte qu'aucun accès à ces fichiers n'est possible. Que savaient les 5 témoins? Auraient-ils pu fournir des preuves à charge?

En cherchant des sources indépendantes qui soutiennent l'affirmation selon laquelle les fibres de morgellon agissent comme des *"petits lasers quantiques"* et sont contrôlables de l'extérieur,[474] je suis tombé sur des publications qui révèlent des parallèles entre les morgellons et les *"vers liés à l'autisme"*.[475] *"Malgré leur apparence différente, les fructifications du morgellon et les vers que l'on trouve dans les intestins des personnes autistes présentent un certain nombre de similitudes."*,************

Alors que l'autisme était très rare dans les années 1970, ce trouble de la santé est aujourd'hui beaucoup plus fréquent, surtout chez les jeunes.[476] Il est donc concevable que d'autres parasites produits artificiellement se soient retrouvés dans le corps humain par l'intermédiaire de chimiotraces ou de vaccinations (voir également le chapitre "les effets des chemtrails sur notre santé").

Ainsi, s'il est possible de "couper" ou de rendre malade le corps humain par l'intermédiaire de ces créatures artificielles vivant dans le corps humain, la pensée suggère elle-même que cela va effectivement se produire. "Qui en profite?" L'élite les utilise pour nous manipuler, pour nous maintenir à terre par le mécanisme décrit ci-dessus. Il utilise les puissants pour essayer de nous dominer. Si le titanate de baryum-strontium et l'alumine ne servaient à rien, ils ne seraient pas pulvérisés.

Selon l'auteur Harald Kautz Vella, d'ici 2014, il y aura environ 300000 patients atteints du morgellon dans le monde entier et présentant des symptômes graves.[477] En Allemagne aussi, il y a maintenant un nombre relativement important de personnes qui souffrent de morgellons dont le corps est devenu incontrôlable.[478] Le corps humain essaie de se débarrasser de ces morgellons. Et cela se produit alors, comme décrit ci-dessus, en les éjectant hors du corps.

Maintenant, les bonnes nouvelles:[479]

Chez une personne en bonne santé qui n'est pas empoisonnée par les métaux lourds et dont l'organisme a un milieu alcalin, les fibres de morgellon ont peu de chances de se répandre dans l'organisme

---

************ On soupçonne que l'autisme est également causé par certaines vaccinations, et qu'il y a également un lien avec l'intestin dans ces complications de vaccination (kla.tv/14793, minute 9:50. - kla.tv/14793 n'est plus disponible sur Youtube; cependant, il peut être trouvé intégré sous forme de vidéo dans https://systematischgesund.de/gesundheit/impfen/kindersterblichkeit/).

et de former le "champignon de morgellon", car dans ce cas, le système immunitaire normal est capable de l'empêcher. Cependant, dans certaines conditions, par exemple sous l'influence d'un grand stress, plus l'organisme s'acidifie, plus le risque que la maladie de morgellon se développe et pénètre dans l'organisme est élevé. La propagation du champignon morgellon dans l'organisme est favorisée par des maladies antérieures ou un affaiblissement du système immunitaire, par exemple à la suite d'un empoisonnement aux métaux lourds, qui favorise l'hyperacidité.

Maintenant, les mauvaises nouvelles:

L'affaiblissement de notre système immunitaire est causé, par exemple, par le glyphosate, qui inhibe la détoxification des métaux lourds dans l'organisme. On pense que les plantes génétiquement modifiées contiennent quelque chose qui favorise le développement des morgellons.[480] Il convient de noter que, malgré la résistance acharnée de la population, le glyphosate et les substances génétiquement modifiées ne sont pas interdits par les politiciens, mais prennent au contraire une importance croissante dans notre vie quotidienne. Il convient également de noter le refus catégorique des États-Unis et de la Commission du codex alimentaire d'étiqueter les organismes génétiquement modifiés (OGM) en tant que tels. Officiellement, la Commission du codex alimentaire[†] considère que sa tâche consiste à protéger la santé des consommateurs et à garantir un commerce alimentaire équitable. En réalité, cependant, elle fait exactement le contraire: *"Contrôlé par la grande industrie, le but secret du nouveau Codex est maintenant d'augmenter les profits des conglomérats mondiaux d'entreprises et en même temps de parvenir à la domination mondiale de l'alimentation en contrôlant la nourriture."*[481] Le fait qu'elle fasse évidemment aussi partie du projet "Contrôle de la population" ressort des nouvelles directives du codex, qui comprennent notamment:[482] *"Tous les micronutriments (tels que les denrées alimentaires (y compris les aliments biologiques) doivent être irradiées, ce qui permet d'éliminer tous les nutriments "toxiques" ... Tous les nutriments (par exemple les vitamines A, B,*

[†] Codex Alimentarius

C et D, ainsi que le zinc et le magnésium) qui ont un quelconque effet bénéfique pour la santé, en quantités thérapeutiquement efficaces, sont considérés comme inacceptables. Ils doivent être réduits proportionnellement afin que leur effet sur la santé soit négligeable". Ces micronutriments seront toujours disponibles en pharmacie, dans des cas particuliers, uniquement sur ordonnance,[‡‡‡‡‡‡‡‡‡‡‡‡‡] mais là aussi, malheureusement, il faut noter qu'ils sont souvent nettement sous-dosés, de sorte que leur effet thérapeutique est faible, voire inexistant, par exemple certaines préparations de vitamine C.

Le mercure, un métal lourd utilisé depuis longtemps comme conservateur dans les vaccins mais qui en a été retiré en raison de sa toxicité, est encore introduit dans notre organisme lors des procédures de vaccination en désinfectant avant l'utilisation les trousses de vaccination avec une solution contenant du mercure. Le mercure n'est plus dans le vaccin, mais toujours dans la seringue.[483]

Les personnes qui ont des plombages à l'amalgame ou qui ont inhalé les vapeurs de mercure lors du retrait de ces amalgames sont en grand danger si de l'aluminium est ajoutée. Et l'amalgame, qui est le seul encore utilisé pour les plombages dentaires et dont les compagnies d'assurance maladie couvrent les coûts, libère du mercure dans le corps humain 24 heures sur 24. L'effet toxique de l'aluminium est encore renforcé par la présence de mercure.

Les lampes halogènes libèrent du mercure lorsqu'elles se décomposent. La consommation élevée de sucre, l'abus d'antibiotiques en médecine et dans l'engraissement des animaux, mais aussi l'utilisation intensive d'hormones pour accélérer la croissance dans l'engraissement des animaux ont également une influence négative sur corps humain, tous des facteurs qui, outre les trois choses que sont **le glyphosate, les substances génétiquement modifiées et les métaux lourds** dans notre vie quotidienne, favorisent l'apparition de la maladie de morgellon. Un mode de vie sain peut donc prévenir une telle maladie. Cependant,

---

[‡‡‡‡‡‡‡‡‡‡‡‡‡] Exemple : la préparation de vitamine D Dekristol 20000 U.I.

une grande partie de la population est déjà affectée par les influences mentionnées ci-dessus, qui sont difficiles à éviter dans une vie quotidienne normale.

Un milieu alcalin dans l'organisme est d'une importance extraordinaire pour la prévention de la maladie de morgellon. Cependant, dans le cas d'un pré-dommage, il est difficile de maintenir le milieu alcalin. Comme l'écrit le célèbre critique Leonard Horowitz :[484] *"L'aluminium, le baryum, le strontium, dans des compositions chimiques très dangereuses, se déposent chaque jour sur de grandes parties de l'humanité... Soudain, on développe une infection bactérienne secondaire. Aujourd'hui, les antibiotiques peuvent avoir un effet négatif sur vous et provoquer une altération de la chimie de votre corps, de sorte que vous avez des éruptions cutanées et autres, que votre foie est rempli de toxines et passe à travers la peau, vous avez des réactions hypoallergéniques avec les autres produits chimiques."* Ainsi, si vous contractez une maladie bactérienne en plus de cet empoisonnement par les voies chimiques, par exemple parce que le système immunitaire est déjà affaibli de toute façon, le corps bascule vers un environnement acide, conditions optimales pour le développement de la maladie de morgellon. Il s'agit donc d'un cercle vicieux.

Le virus Ebola, le SIDA, le SRAS et l'EHEC sont-ils des armes biologiques ?

Si les morgellons représentent une arme biologique développée dans des laboratoires militaires secrets, la question se pose automatiquement : se pourrait-il que les maladies les plus récentes telles que le virus Ebola, le SIDA, le SRAS et l'EHEC soient également des maladies développées dans ces laboratoires militaires secrets ? L'auteur G. Schuster-Haslinger écrit:[485] *"Il est *intéressant dans ce contexte de savoir que le ministère américain de la santé et des services sociaux détient le brevet du virus Ebola. "* (Brevet n° US20120251502)[486] Toutefois, le brevet Ebola n'a pas encore été ouvert et ne le sera probablement pas, selon MIMIKAMA.[§§§§§§§§§§§§§]

En ce qui concerne la maladie infectieuse EHEC, dont les agents pathogènes font également l'objet de recherches au centre Lugar de Tbilissi, comme le montrent les documents cités ci-dessus, il convient de rappeler l'épidémie d'EHEC qui s'est déclarée en Allemagne en mai 2011. La question suivante se pose : cette épidémie d'EHEC pourrait-elle être une opération sous fausse bannière menée par les services de renseignement pour punir l'Allemagne ? Plus tôt, le 18 février 2011, l'Allemagne a voté contre Israël aux Nations unies et, peu après, s'est abstenue de voter sur la résolution de la Libye visant à établir une zone de blocus aérien. Ainsi, la RFA s'était clairement positionnée contre les intérêts des Etats-Unis, ce qui pouvait être considéré comme une violation du traité d'Etat secret du 21 mai 1949 et de la Kanzlerakte (Chancellor's Act)[487]. C'est du moins l'interprétation qu'en fait une vidéo intitulée "Eye opener! La soumission des chanceliers de la RFA"[488] Que cela soit vrai ou non ne sera probablement jamais découvert ; l'épidémie de l'EHEC a été l'une des plus grandes épidémies de la République fédérale, qui a fait 53 morts.[489] Et il existe des preuves que cette épidémie d'ECEH a été mise en scène : l'agent pathogène est soudainement apparu de nulle part et l'épidémie s'est éteinte tout aussi rapidement, sans que l'on parvienne à trouver le véritable déclencheur. Cette diminution à la fin du mois de juin 2011 a eu lieu après le voyage inattendu de Merkel aux États-Unis le 7 juin 2011. Dans un "glanage", plus de deux ans plus tard, vous pouvez lire sur SPIEGEL ONLINE: *"Le gouvernement fédéral a-t-il trompé le public dans le scandale de l'Ehec de 2011? Après que plus de 3800 personnes aient contracté le germe intestinal EHEC, les autorités ont présenté le coupable*

[§§§§§§§§§§§§§]MIMIKAMA est une association pour l'éducation à la fraude sur Internet, aux fausses déclarations et à la sécurité informatique: *https://www.verein-mimikama.at/*

présumé. Mais en réalité, selon Foodwatch, seul un dixième des cas lui a été attribué". "Un an après la présentation du premier rapport de Foodwatch, l'institut (Robert Koch Institute) a admis que jusqu'à présent, seuls 350 des 3842 cas d'EHEC peuvent être expliqués, ... Cependant, comme le nombre total était sensiblement plus élevé, il en résulte que la majorité des patients ne sont pas liés à un groupe de foyers connus de la Task Force EHEC et/ou que le nombre de patients par groupe devrait être sensiblement plus élevé que celui connu par le RKI (Robert Koch Institute) ou la Task Force EHEC. "[490]

Le soupçon que le **SIDA est une arme biologique développée dans des laboratoires militaires secrets** n'est pas si tiré par les cheveux que cela; le collectif d'auteurs autour de Wolfgang Eggert en fournit de solides preuves dans son livre "Die geplanten Seuchen AIDS, SARS und die militärische Genforschung".[491] Et un critique d'Amazon.de a écrit à propos de ce livre: *"Le livre révèle le soupçon que, comme on le soupçonnait depuis longtemps, il s'agit d'armes biologiques qui ont déraillé. Sinon, pourquoi l'industrie pharmaceutique ne s'intéresserait-elle pas aux médicaments qui éliminent les virus de l'organisme au lieu de les étouffer ? Après tout, c'est une machinerie qui met la pression à cause de l'argent, si aucun vaccin ou médicament entre sur le marché. En tant que personne concernée, je sais de quoi je parle. "*

Une telle conclusion, *" machinerie qui met la pression à cause de l'argent,"* pour l'industrie pharmaceutique, écrite par une perswonne victime, semble évidente. Mais est-ce vrai? L'industrie pharmaceutique, ou ses dirigeants, sont-ils vraiment si peu scrupuleux? Ou bien ces maladies créées artificiellement (tant qu'elles sont le résultat de recherches scientifiques, ce qui n'a pas encore été prouvé), ne sont-elles en fait pas curables? Une déclaration d'un scientifique très respecté, Clifford Cranicom, qui rend compte d'une rencontre entre un journaliste d'investigation et une source militaire bien placée :[492] *"1. L'opération est un projet commun entre le Pentagone et l'industrie pharmaceutique. 2 Le Pentagone veut tester des maladies biologiques à des fins de guerre sur des populations qui ne se doutent de rien. Il a été dit que le SRAS est une erreur dans la mesure où le taux de mortalité attendu est de 80%. L'industrie pharmaceutique gagne des milliards de dollars en médicaments développés pour traiter les maladies mortelles et non mortelles qui infectent les populations. 4. les bactéries et les virus sont lyophilisés puis attachés à des fils fins pour être libérés. 5. les métaux qui sont libérés avec les agents pathogènes sont réchauffés par le soleil, créant un environnement parfait pour les bactéries et les virus qui se multiplient dans l'air 6. la plupart des pays qui sont pulvérisés ne sont pas au courant des activités et n'ont pas donné leur accord. Ceci explique que les avions de lignes sont l'un des systèmes d'épandage. 7. la plupart des "acteurs" sont de vieux amis et partenaires commerciaux du président Bush senior. 8. le but ultime est le contrôle de toutes les populations par une pulvérisation ciblée et précise de médicaments, de maladies, etc. 9. les personnes qui ont tenté de révéler la vérité ont été incarcérées et tuées."* Les points 5 et 6 concernent les chemtrails.

Le fait qu'il soit très probable qu'il s'agisse de maladies créées artificiellement semble être vrai, du moins pour l'épidémie de SIDA (et probablement aussi pour le virus Ebola), comme le suggère le collectif indépendant de Wolfgang Eggert. Dans une interview, Wolfgang Eggert analyse les raisons pour lesquelles les explications et les conjectures alternatives sur l'origine du SIDA dont on parle dans les médias sont très peu probables.[493]

Dans son livre "Ein Keim kommt selten allein" ("Un germe arrive rarement seul"), l'auteur Markus Egert décrit l'une des versions/conjecture officielles sur l'origine du SIDA en tant que maladie endémique très répandue"[494]: *"Des variantes du virus SIV (Simian Immunodeficiency Virus) trouvées chez les singes ont probablement été transmises à l'homme à plusieurs reprises au début du 20ème siècle. Vers 1920, le type de VIH qui se répand aujourd'hui dans le monde entier pourrait avoir son origine à Kinshasa, qui s'est ensuite répandu dans le bassin du Congo pendant des décennies avant d'atteindre les Caraïbes dans les années 1960 et l'Amérique du Nord dans les années 1970. SpiegelOnline est également arrivé à une conclusion similaire :[495] "...avec le SIDA, il y avait et il y a toujours de telles théories de conspiration. Bien sûr, il n'y a aucune preuve de cela. D'importantes épidémies d'Ebola se sont produites à partir de 1976 en République démocratique du Congo (anciennement Zaïre), en République du Congo, dans l'actuel Soudan du Sud, en Ouganda et au Gabon. Les chercheurs soupçonnent que les grands singes et surtout les renards volants des Philippines en étaient les vecteurs. Les humains sont susceptibles d'être infectés par ces virus lorsqu'ils consomment de la viande d'animaux sauvages.* Cette déclaration reflète exactement la version officielle. L'auteur Wolfgang Eggert est différent: il répond à la question posée dans une interview: *"Et comment le virus s'est-il alors progagé parmis la population? "Sur ce point, plusieurs explications complémentaires circulent parmi les critiques du sida. La vaccination expérimentale contre l'hépatite B, qui a été effectuée en novembre 1978 exclusivement sur de jeunes homosexuels sexuellement actifs, joue toujours un rôle. C'était à New York. Peu de temps après, ces vaccinations ont également été effectuées à San Francisco et à Los Angeles. Et c'est précisément dans ces villes, dans les environs de ces groupes de personnes testées, que le sida est apparu. C'est presque étonnant quand on voit à quelle vitesse ce groupe expérimental a été rapidement contaminé par le VIH. Il est intéressant de noter que le responsable de l'étude sur l'hépatite, qui était en charge de la banque du sang de la ville de New York, a également livré des sérums et du sang en Afrique centrale à l'époque. Ce fut le deuxième épicentre du développement du sida. Je ne suis pas le seul à penser que certaines des prétendues préparations de vaccins ont été contaminées par le super virus. Qu'elle soit accidentelle ou délibérée, cela reste à voir..."* [496]

Dans un autre article, la prise de position à propos de la citation *"qu'elle soit accidentelle ou intentionnelle, cela reste à voir"* est clairement énoncée : *"Le SIDA a été la première expèrience de guerre biologique majeure ciblé. "Le médecin Dr Robert Strecker a découvert que le virus du SIDA a été fabriqué dans les années 1970 par l'OMS en coopération avec l'Institut du cancer de Fort Detrick dans le Maryland (USA). Comme le montrent les documents officiels, la décision politique d'effectuer ces essais a été prise le 9 juin 1969."* [497]

Le Covid 19 - une arme biologique ?

„Si l'éradication complète du virus ne réussit pas, la seule option qui reste est faire un confinement, c'est-à-dire l'arrêt prolongé de la vie publique, qui dure jusqu'à ce qu'un vaccin soit disponible. "[498]

„Pas étonnant que les scientifiques de l'OMS aient identifié le virus SRAS/Corona aussi rapidement. ... Cette recherche non supervisée produit des virus artificiels dangereux, dont beaucoup ont le potentiel de devenir des armes biologiques. "
(Dr. Alan Cantwell, Virologe[499])

Il existe un brevet pour le Corona, qui se propage dans le monde entier depuis la fin de 2019, délivré le 20 novembre 2018 sous le numéro EP3172319A1 à l'Office européen des brevets.[500] „'Corona' est une grande famille de virus. Il existe plusieurs brevets sur les virus Corona, que tout le monde peut consulter sur "Google Patents." [501]

Ce nouveau coronavirus 2019-nCoV (ou Covid 19) *"se propage d'abord sans être détecté et avec les symptômes d'une grippe bénigne, puis conduit à des maladies graves et mortelles comme la pneumonie. (CAPS).*[502] Identifiées pour la première fois dans la ville chinoise de Wuhan au solstice d'hiver 2019, les autorités chinoises ont mis en quarantaine Wuhan et d'autres grandes villes chinoises d'une population totale d'environ 60 million d'habitants. Et le 30.01.2020, l'OMS a déclaré une urgence sanitaire internationale.[503]

Le fait que ce virus soit très probablement un virus développé dans un laboratoire d'armes biologiques n'est pas seulement dû au brevet accordé; les virus d'origine naturelle ne peuvent pas être brevetés. Il en découle également une analyse génétique : *"Du matériel génétique (du virus corona) a été trouvé à partir de deux virus de chauve-souris différents en combinaison avec le bon vieux virus du SRAS. Cet agent pathogène semble être artificiel et donc une arme biologique, à moins que les chauves-souris embrassent secrètement la nuit des poissons infectés par le SRAS. Les virus sont très sélectifs en tant qu'agents pathogènes; sans hôte intermédiaire, les virus des chauves-souris ne peuvent pas simplement se recombiner avec n'importe quel virus de poisson. Cependant, le 2019-nCoV semble faire exactement cela, ce qui est extraordinaire et, à mon avis, renforce le soupçon qu'il a été élevé dans un laboratoire.*[504] Le fait que le virus 2019-nCoV ne soit pas d'origine naturelle est cependant classé comme une fausse affirmation dans un article sur *zeit.de.*[505]

"De nombreux Chinois pensent que le Corona était une attaque destinée à affaiblir l'économie du pays, ce qui explique pourquoi les autorités ont dû prendre des mesures aussi radicales pour enrayer la propagation du virus. Car, si l'OMS devait classer le nouveau virus comme une menace mondiale, ce serait un prétexte pour les ennemis de la Chine de mettre en quarantaine tout le pays avec ses 1,4 milliard de citoyens, ce qui signifierait la fin de la Chine.[506]

La réponse à la question :qui est derrière tout cela est à nouveau donnée par la question "Qui en profite? Et la vidéo qui vient d'être citée donne la réponse suivante: *"Et les virus conçus comme des armes biologiques n'ont pas besoin de se déclencher immédiatement. Chez une personne en bonne santé, ils pourraient passer en mode sommeil et attendre leur activation, une activation qui prendrait la forme d'une vague normale de grippe, suite à laquelle ils se mettraient à agir de manière mortelle. "*[507] Cela signifie que l'apparition de la maladie pourrait alors survenir en même temps que la prochaine vague saisonnière de grippe, qui pourrait alors avoir un potentiel pandémique.

"Ce qu'une pandémie de Corona signifierait pour nous a été simulé le 18 octobre 2019".[**************] Le résultat de cette simulation était : 65 millions de morts dans les 18 mois à venir ainsi qu'une crise économique mondiale aux proportions inimaginables. *"La simulation sur la pandémie, intitulé 'Événement 201', a mis les participants au cœur d'une épidémie incontrôlée de Coronavirus qui s'est propagée comme un feu de forêt depuis l'Amérique du Sud et a fait des ravages dans le monde entier. 'D'après la simulation, le CAPS (le Coronavirus) a fait 65 millions de morts en 18 mois', a déclaré l'université John Hopkins."* Le même jour, le 18 octobre 2019, les Jeux militaires (une compétition sportive, un événement comparable aux Jeux olympiques) ont débuté à Wuhan, auxquels ont participé environ 9 000 soldats de 110 pays du monde entier. C'est-à-dire quelques semaines seulement avant le début de la propagation du Coronavirus. Cela peut signifier qu'une grande partie des soldats participant à ces jeux militaires ont été infectés par le coronavirus, qui a ensuite pu se propager au sein de la population après le retour dans leur pays d'origine.

Le fait que le tout soit un projet de l'Organisation mondiale de la santé (OMS) est suggéré par la liste des participants et des initiateurs de cet simulation de pandémie "l'Event 201", dont les fanatiques de la mondialisation Bill Gates et Tom Inglesby du Centre John Hopkins pour la sécurité sanitaire en font partie. La simulation a pour résultat d'appeler à des efforts accrus en faveur de la mondialisation : **"L'événement 201 en appelle à la mondialisation comme solution aux pandémies"**[508] *"L'intention qu'ils (les mondialistes) poursuivent avec cela est que les gouvernements vont et doivent céder leur responsabilité sociale en matière de soins de santé, leur pouvoir et leur responsabilité à un organisme international, à savoir l'Organisation mondiale de la santé. "*[509] Un autre pas en direction de l'OMS.

[**************] Les initiateurs ou acteurs de cette simulation ont donc réalisé cette simulation des semaines avant le déclenchement de l'épidémie du Corona. C'est ce que j'appelle la connaissance d'initié.

Mais un autre aspect semble également jouer un rôle, à savoir un énorme modèle commercial pour l'industrie pharmaceutique, qui ferait des milliards de profits si un vaccin contre le virus Coroana était lancé maintenant. *"Pour la première fois (mi-2017), la Banque mondiale a mis en place un fonds de lutte contre la pandémie afin de fournir un financement d'urgence d'une valeur de 500 milions de dollars.. La raison pour laquelle ils font cela est l'idée que vous pouvez gagner beaucoup d'argent avec une pandémie dans un avenir proche."* Et voilà qu'après moins de deux ans, une pandémie éclate, causée exactement par ce virus, qui a fait l'objet de cette simulation de pandémie "Evénement 201".[510]

"Les mêmes mondialistes qui détiennent le brevet du virus et qui ont d'abord prédit et initié la montée et la propagation du virus ont maintenant annoncé qu'ils allaient développer des vaccins pour le virus du Corona. Selon le site Business Insider, "une coalition soutenue par Bill Gates finance des entreprises de biotechnologie" pour tenter de développer un vaccin contre le Coronavirus. Qu'en pensez-vous? Tout cela n'est-il qu'une grande coïncidence?[511] Et, qui sait si un tel vaccin aura à nouveau des "effets secondaires" comme en 1919/20 avec les vaccinations contre la grippe espagnole.

"La peur d'être infecté est plus contagieuse que n'importe quel virus".[512] Et la peur conduirait de nombreuses personnes à se faire vacciner contre le Corona.

En Italie, où un nombre supérieur à la moyenne de décès dus à la pandémie de Corona a été enregistré, une comparaison avec la "grippe espagnole" de 1918 à 1920, qui a causé environ 20 millions de morts, s'impose. Cependant, la "grippe espagnole" a apparemment été déclenchée par des vaccinations de masse (pour plus de détails, voir le chapitre "Vacciné au glyphosate"). Il est apparu depuis lors que des vaccinations de masse avaient effectivement été effectuées dans certaines régions d'Italie. *"Selon bergamonews.it, 185 000 vaccinations contre la grippe ont été commandées à Bergame en octobre 2019. ... En outre, selon bsnews.it, en janvier 2020, c'est-à-dire peu avant le prétendu massacre de Corona, pas moins de 34 000 personnes ont été vaccinées en raison d'une épidemie de méningite à Brescia et Bergame".*[513]

La question de savoir si les taux de mortalité causés par le Corona augmenteront réellement de manière aussi drastique que l'a montré la simulation ci-dessus (simulation de la pandémie "Event 201"), dépendra de manière décisive de la quantité de personnes déjà affaiblies par les poisons de l'air et de la nourriture (voir le chapitre "Les armes biologiques de haute technologie – l'atrium de l'enfer", sous-chapitre "Maintenant les mauvaises nouvelles") et par la peur répandue par les médias, qui augmente le niveau de stress des gens. L'isolement et l'anxiété de longue durée finissent par conduire de plus en plus souvent à la dépression et à l'affaiblissement de la santé.

"Le traitement désastreux et grossièrement négligent des statistiques médicales, en particulier par le directeur de l'Institut Robert Koch ("RKI"), le professeur Wieler, a provoqué un tsunami de peur et de panique dans les esprits et les âmes de la population. Le deuxième conseiller médical décisif du gouvernement fédéral, le professeur Drosten n'a peu ou pas corrigè ces statistiques et cette peur peut être difficilement calmé, même avec l'information médicale la mieux fondée et la plus durable."[514]

"Mais la crise est en grande partie une construction de toute pièce. Les chiffres blancs indiquent (et ce n'est pas mon avis pour l'instant, mais celui des médecins - je ne les cite que parce qu'ils n'ont pas leur mot à dire) que cette pandémie de Corona se déroulera plus ou moins comme une grave épidémie de grippe, mais en Allemagne, elle sera considérablement plus légère qu'une épidémie de grippe. Il n'y a donc aucune raison de confiner. ...Il n'y a pas de surcharge du système de santé. ... Je demande que toutes les mesures de confinement soient levées maintenant et qu'aucune nouvelle mesure telle que les masques, les vaccins obligatoires et toutes ces choses soit rajoutée à l'avenir.[515] L'état d'urgence du Corona est une mise en scène.

Est-ce que l'OMS tue ?

Un test non validé aux normes de santé et non approuvé sert de prétexte à la mise en circulation de médicaments qui mettent la vie en danger - et tout cela à cause d'une maladie infectieuse pour laquelle il n'y a toujours pas de preuve qu'elle soit plus dangereuse que le risque de grippe annuelle ... ".[516]

"On sait que les épisodes normaux de maladie à l'échelle mondiale ont été décrits de manière inflationniste et en se concentrant sur des agents pathogènes individuels avec le terme "pandémie" depuis la grippe porcine de 2009. Dans ce contexte, la vigilance et la méfiance historiquement justifiée sont depuis longtemps de mise. Car si nos hôtes normaux, changeants et circulant dans le monde entier, comme les virus H1N1 en 2009 (grippe porcine), répondent déjà aux critères d'une pandémie, alors le terme est devenu dénué de sens ... D'un point de vue médical, et compte tenu des données disponibles, des précautions particulières sont désormais superflues - même si le gouvernement dit le contraire."[517] Le Dr Wolfgang Wodarg, pneumologue et épidémiologiste, a découvert dans ses recherches: *"Les tests effectués dans toute la région, la fixation sur les stations respiratoires, la vidange des cliniques pour le flot annoncé de victimes du Covid-19 et les exercices de triage ont provoqué la panique et ont ainsi permis à une population très intimidée d'obéir. Mais pourquoi? Qu'est-ce qui rend le gouvernement si sûr qu'il considère nécessaire d'annuler la Loi fondamentale dans ses parties essentielles, de pousser la classe moyenne à la faillite et de laisser les travailleurs et les employés tomber au chômage? Qu'est-ce qui nous menace encore?*[518]

Est-ce que l''OMS tue ? ... Une question difficile, à laquelle il faut malheureusement répondre OUI, si le Dr Wolfgang Wodarg, interniste, pneumologue et spécialiste de l'hygiène et de la médecine environnementale, a raison dans son rapport sur le contexte des nombreux décès du Corvid 19 en Italie, en Espagne et à New York. Le résultat de ses recherches : l'OMS recommande un médicament (l'hydroxychloroquine (HCQ), médicament antipaludéen) pour le traitement des personnes souffrant du Covid-19, qui peut les tuer si elles manquent d'une certaine enzyme ("déficit en G6PD"). Mais c'est exactement ce qui est arrivé à nombre des victimes de Covid-19 en Italie, en Espagne et à New York. Il *"faut noter qu'une forte prévalence du déficit en G6PD a également été décrite en certaines régions d'Italie, et qu'en Italie, jusqu'à 71 % des personnes testées positives par PCR, ainsi que le personnel de santé, avaient un niveau élevé de QCS prophylactique. Il en va de même pour l'Espagne".*[519]

"On ne sait pas combien de fois cette combinaison mortelle a fait des victimes. Les responsables de l'OMS et des gouvernements n'ont pas discuté la question. Il existe également un manque effrayant de connaissances et de responsabilité chez les médecins qui sont responsables du traitement des patients atteints du Covid-19 ou chez le personnel qui les traite.

Une fois de plus, ce contexte ne vaut pas seulement pour l'Afrique, mais aussi pour une grande partie de l'Asie, de l'Amérique du Sud et de l'Amérique centrale, de l'Arabie et de la région méditerranéenne."[520] Et dans le cadre des migrations mondiales de ces dernières années, une forte proportion de la population en Europe, aux États-Unis et en Australie provient également de pays où la pénurie de G6PD est généralisée. ***"Ces cas n'ont rien à voir avec la maladie du Covid-19. Un résultat de test PCR conduisant à la prescription prophylactique de HCQ est suffisant pour provoquer une maladie grave chez un tiers des personnes issues des populations à haut risque traitées de cette manière."***[521] Le Dr Wodarg va même plus loin en disant:[522] *"...et je pense que c'est un homicide par négligence grave, ce qui se passe ici. Et si l'OMS le programme de cette façon, l'ignore, le recommande même comme médicament d'exception, qui est maintenant pris par nécessité ; pour moi, il ne s'agit rien d'autre que de tuer beaucoup de gens de façon ciblée, pour que nous ayons peur, pour que la peur se crée en Afrique, au Brésil, pour que nous prenions cette maladie au sérieux et disions, oui, elle est si grave, et nous avons besoin de toute urgence d'une vaccination. C'est perfide, c'est diabolique,* *c'est quelque chose qui relève du ministère public. Ce n'est plus pour l'épidémiologiste. C'est tellement évident".*

La panique fâce au Corona est une mise en scène

"La panique fâce au Corona est une mise en scène, c'est une escroquerie. Il est grand temps que nous comprenions que nous sommes au milieu d'un crime mondial et mafieux".
(Conférence de presse de "Wir Ärzte für Aufklärung " [†††††††††††††]
le 7.5.2020)

Cette année, le prix de la télévision allemande récompense le reportage de Corona par un prix spécial. Les lauréats de la première catégorie sont : ... : Rédacteurs en chef de l'ARD et de la WDR, responsables de l'édition spéciale de l'ARD : La situation de la Corona". [523,‡‡‡‡‡‡‡‡‡‡‡‡‡‡]

Comme pour l'hystérie climatique, la peur et l'insécurité sont générées dans la population et plantées fermement dans leur cerveau. Cette «peur corona» est maintenant fermement ancrée dans l'esprit de nombreuses personnes et a pris une telle ampleur que beaucoup sont convaincus qu'ils devront mourir atrocement s'ils sont infectés par le virus «dangereux». Les nouvelles des médias publics diffusent des images de gens qui tombent dans la rue, de cercueils empilés, de salles de clinique surpeuplées à Wuhan, en Italie, en Espagne, à New York, ... Il y a des histoires d'horreur sur la façon dont le virus fait rage dans le monde, et des chiffres falsifiés destinés à fournir des informations sur le nombre de personnes décédées du virus corona. ***"Mort agonisante due à***

[†††††††††††††] „ Nous, les docteurs de la reconnaissance"

[‡‡‡‡‡‡‡‡‡‡‡‡‡‡] Texto original: *„Der deutsche Fernsehpreis würdigt die Corona-Berichterstattung in diesem Jahr mit einem Sonderpreis. Die Preisträger im Ersten sind: ...: Chefredakteure von ARD und WDR, zuständig für ARD extra: Die Corona-Lage."*

un coronavirus. COVID-19 dans la phase finale est comme une noyade, mais en plus lent" C'est le gros titre de "THE FREE WORLD": *"Ceux qui meurent des conséquences de COVIC-19 vivent leur fin en pleine conscience. Les rapports en provenance d'Italie correspondent exactement à ceux de la Chine. Les victimes ont l'impression de se noyer lentement et solitairement."*[524] Les peurs primordiales sont réveillées chez l'homme quant à la façon dont elles peuvent mourir de suffocation à la suite d'une infection corona. Le schéma est exactement le même que celui que nous avions déjà connu avec l'hystérie climatique. Mettre les gens dans la peur et la panique conduit à des gens sans volonté avec qui vous pouvez faire quoi que ce soit, même en retirant les droits fondamentaux, comme nous l'avons vécu dans le cadre de la crise de Corona.

Après le retrait des libertés civiles pendant trois mois, un effet d'accoutumance et de conditionnement de la population a commencé à se faire sentir à partir de juin 2020, où elle a appris à accepter les restrictions. Un symbole évident de cette nouvelle "normalité" est le port de masques de protection bucco-dentaire dans les lieux publics, et pas seulement dans les supermarchés, les stations-service, les magasins de bricolage, les transports publics et les locaux des autorités publiques. Non, même dans la rue, même en voiture particulière, même lorsque les gens voyagent seuls. Les personnes qui refusent d'accepter cette "normalité" et qui ne portent pas de masque dans le supermarché, par exemple, seront attaquées, dans le pire des cas elles seront expulsées et/ou le bureau de l'ordre public sera appelé, où elles devront payer de lourdes amendes. Et comme l'ont annoncé divers politiciens et leurs experts, il y aura une "deuxième vague", qui devrait assurer une poursuite de la privation des droits de la population. La loi Covid-19 (Loi sur l'extension des décrets statutaires[§§§§§§§§§§§§§§§]), qui a été adoptée par le Bundestag le 16 juin 2020, répond exactement à cet objectif. Avec la loi sur la protection contre les infections, cela garantit une éventuelle poursuite des mesures de corona jusqu'au 31 mars 2022 (!). On peut supposer que cette deuxième vague est

---

[§§§§§§§§§§§§§§§] „Covid-19-Rechtsverordnungsweitergeltungsgesetz" certaine, à savoir la prochaine vague saisonnière de grippe, qui peut alors être facilement rebaptisée deuxième vague.

Un élément essentiel de la nouvelle "normalité" est l'exigence selon laquelle les personnes se trouvant dans les espaces publics doivent garder une distance de 1,5 à 2 m entre elles. Cette exigence garantit que les personnes peuvent être clairement identifiées par les nouveaux systèmes de reconnaissance visuelle, une condition préalable essentielle pour un contrôle et un suivi sans faille des mouvements des personnes. Cette nouvelle "normalité" inclut également la restriction de la liberté de voyager, non seulement en direction d'autres pays, non, également à l'intérieur du pays. C'est ce qu'indiquent déjà les "tests positifs" effectués en masse par les employés de l'abattoir Tönnies, puis par l'éleveur de volailles "Wiesenhof".************** La conséquence, des restrictions également à la liberté de voyager entre les districts voisins. Ces restrictions sur les voyages sont un objectif majeur de l'élite, car elles permettent de mieux contrôler les gens. On peut le classer dans la demande **"Rapprocher tout le monde des villes"** (comme le dit une section de la première partie de cette série de livres: "2025 - L'avant-dernier acte"). Ces restrictions de voyage empêchent également la population de résister efficacement. Les

---

************** *"Presque tous les animaux destinés à l'abattage sont vaccinés contre la corona depuis des années... un vaccin exemplaire pour le bétail est : "Rotavec® Corona". Des vaccins similaires sont également disponibles pour les porcs et les volailles. Inversement, cela signifie que dans presque tous les abattoirs, les fragments de couronne des aérosols traversent la ferme en fantôme. Celles-ci sont ensuite régulièrement inhalées par les employés et peuvent entraîner ce que l'on appelle des "réactions croisées". Pourquoi n'en parle-t-on pas dans un contexte plus large ?*
Si les experts soulignent déjà que de telles réactions croisées peuvent se produire dans les abattoirs, pourquoi ne pas examiner la question de plus près ? S'il n'y a pas de discours, on soupçonnera que tout cela ne concerne plus la médecine et la santé, mais seulement un programme politique moins bien intentionné.
Une telle question doit-elle être autorisée ? Un autre aspect intéressant serait le degré de contagion scientifiquement vérifiable parmi les employés de la production - par opposition à ceux de l'administration. S'il y avait une différence significative à ce niveau, cela signifierait la réaction croisée mentionnée dans le manuel, c'est-à-dire le secteur de la transformation de la viande de l'entreprise. (net find)

manifestations ne peuvent plus avoir lieu à grande échelle. L'expérience nous a appris que les manifestations contre la restriction de la liberté sont arrêtées par la police à grande échelle et par la force brute. D'autre part, les manifestations qui sont bénéfiques pour le système ou qui ne peuvent en tout cas pas devenir dangereuses pour lui sont tolérées (par exemple "Frydays for Future" et "BlackLivesMatter"). Lors de ces manifestations, les restrictions des libertés civiles ne sont pratiquement jamais appliquées.

Néanmoins, il y a de l'espoir, avec de vrais experts dans le domaine de la santé qui élèvent la voix et exposent la panique de la Corona pour ce qu'elle est, une mise en scène, un crime mondial, derrière lequel se cache l'OMS, un tentacule de l'État profond, le nouvel ordre mondial à venir NWO. Ces experts sont soit passés sous silence par les médias publics, soit leur compétence est niée:

"Nous, les médecins des Lumières, critiquons les mesures prises dans le sillage de la crise du Covid 19 comme étant excessives. Les mesures que nous connaissons tous n'ont rien à voir avec une suppression adéquate d'un virus. Alors, qui est réellement supprimé ici? Nous n'avons pas la peste. Et le Coronavirus de cette année, le SARS-Cov2, se comporte de la même manière que les virus de la grippe saisonnière, que nous avons en fait chaque année. C'est en gros une bonne nouvelle. La mauvaise nouvelle est que nous vivons tous une peur panique".[525]

"On argue actuellement que les mesures devraient être maintenues plus ou moins jusqu'à ce que toute la population puisse être sauvée par le vaccin. Un an et demi de "nouvelle normalité" sans vacances, festivals, événements culturels et sportifs est exigé et des vaccinations obligatoires, des tests obligatoires, des applications de suivi et d'immunité sont promis.[526]

Cependant: "La majorité des experts ne peuvent déjà plus nier que le danger d'infection en Allemagne et dans les pays voisins est passé, sans se mettre dans l'embarras pour le reste de leur carrière. Et pourtant, il y a des gens dans les gouvernements, les administrations et la communauté scientifique qui veulent nous enfermer dans la peur et poursuivre leurs activités.[527]

"Nous sommes habitués à voir régulièrement les autorités échouer collectivement, ... Mais il semble y avoir une qualité à cela ... où les points névralgiques sont évidemment occupés par des personnes qui ont un travail à faire. Parce que c'est ce qui se cache derrière, ... Cela signifie que la question est maintenant ouverte, bien sûr, de savoir s'il s'agit d'une action pénale qui se déroule en arrière-plan, qui n'est tout simplement pas discutée avec qui que ce soit.[528] C'est l'évaluation d'Andreas Popp de www.wissensmanufaktur.net en réponse à l'analyse[††††††††††††††,529] de près de 200 pages sur la fermeture par un intervenant du département KM4 (protection des infrastructures critiques) du ministère de l'intérieur. La réaction du ministère de l'intérieur et des médias grand public (Tagesschau) a été opportune : ils ont placé cette analyse et son contenu dans le domaine des théories du complot.

Une fraude systématique:

"Après que le gouvernement ait diabolisé le CO_2 dans le jeu de la presse à mensonges en raison d'une fraude scientifique, l'attaque contre l'air que nous respirons (O2) suit. Selon le nouveau récit, l'air est contaminé par un agent pathogène invisible et la respiration libre est donc très dangereuse, voire mortelle. "[‡‡‡‡‡‡‡‡‡‡‡‡‡‡]

[††††††††††††††] *"Un intervenant de l'unité KM4, c'est-à-dire de la "Protection des infrastructures critiques du ministère fédéral de l'intérieur pour la construction et les affaires intérieures" a, après avoir tenté en vain de parler à ses supérieurs de son analyse alarmante et approfondie et des effets de la fermeture, envoyé ce document à l'équipe de gestion de crise et à ses groupes de travail spécialisés au niveau fédéral dans tous les ressorts ainsi qu'avec les États de tous les États fédéraux, c'est-à-dire une énorme liste de diffusion. Sa demande d'introduction du signalement auprès du ministre avait été rejetée sans examen du contenu. Un informateur du cercle des personnes contactées a fourni l'analyse des explosifs."*
[‡‡‡‡‡‡‡‡‡‡‡‡‡‡] *"Il n'y a pas de corrélation entre les niveaux de CO2 atmosphérique et le changement climatique, ni d'expérience scientifique qui prouve un tel lien. Comme pour l'arnaque Corona, la théorie est basée uniquement et exclusivement sur des modèles qui peuvent être calibrés à volonté*

"Le point le plus important est de comprendre que "Corona" dans ce sens n'existe pas. Il s'agit d'un léger rhume qui se produit chaque année et qui entraîne la mort des personnes dont le système immunitaire est affaibli. Les décès à Wuhan, que Merkel a visité en septembre 2019 (étrange), remontent au 5G. L'émission de la signature§§§§§§§§§§§§§§§§ *électromagnétique de la maladie par les micro-ondes pulsées était (intentionnellement ?) trop forte ; les alvéoles pulmonaires ont éclaté et les patients ont craché du sang. Pour dissimuler cela, ils ont été incinérés directement. Le battage publicitaire de Covid-19 est comme un rideau, on ne peut pas voir ce qui se passe derrière le rideau. Derrière le rideau, deux puissances s'affrontent : l'État profond mondial et les forces de la lumière. Pour les DS/Illuminati (en langue de sorcière "Moreya" - Le Vent Conquérant) c'est la dernière chance d'introduire le Nouvel Ordre Mondial ; d'où Corona, et en même temps la tentative d'implanter toute l'humanité par des vaccinations de masse, d'abolir l'argent liquide, d'éliminer l'atout, etc."*[530]

L'escroquerie au climat et l'escroquerie à la couronne sont toutes deux une attaque contre la liberté et la prospérité de l'homme. Pendant que l'humanité saigne, l'élite du pouvoir se frotte les mains. La fraude Corona est un exemple de la façon dont l'État ne nous protège pas contre les activités criminelles. En pratique, l'État sert de véhicule aux criminels pour réaliser leur revendication de domination mondiale. Ainsi, quiconque veut résoudre le problème par de nouvelles lois et réglementations ne fait que nourrir la bête.
Tout comme les plantes ne peuvent pas se développer sans CO_2, les humains souffrent sans oxygène. Selon l'effet Warburg, le manque d'oxygène entraîne une hyperacidité, qui transforme l'organisme en un environnement optimal pour les parasites et les infections. Ainsi, toute personne qui porte un masque respiratoire et qui n'est

---

par les "scientifiques" pour dire ce que le client veut qu'ils disent". (Corrélation dans le sens où la teneur en CO2 a un impact majeur sur le changement climatique)
§§§§§§§§§§§§§§ Pour plus de détails, voir la section "´5G´ et le transhumanisme (Le programme transhumain).

*plus exposée aux rayons UV parce qu'elle n'ose plus sortir à cause de l'hystérie corona augmente le risque de maladie.****************„[531]*

Le Corona - le coup d'État mené d'en haut

Le programme de l'NWO:
La crise des réfugiés,
La crise du CO_2,
La crise du Corona,
La crise économique
... le crash

La prise du POUVOIR

"Nous sommes au bord d'une transformation globale, il suffit d'une crise globale et les nations s'accorderont sur le nouvel ordre mondial". (David Rockefeller)

*"Quels sont les dommages causés par ce verrouillage ? Et ce ne sont pas seulement les dommages qui sont à court terme ou qui ont été laissés en jachère pendant une courte période. C'est la destruction de toute l'économie. Si l'on considère l'ensemble de l'affaire dans le contexte de ces dernières années, où l'économie a déjà été détruite sans cette argumentation de ʹreniflage chinoisʹ, cela pourrait évidemment être ... presque **la fin d'une action concertée qui était prévue depuis de nombreuses années.**[532]* Et c'est

---

************** *"La lumière UV convertit l'oxygène (O2) en ozone (O3). Le rayonnement ultraviolet est utilisé pour traiter l'eau, l'air et les surfaces. En raison de la rapidité de la réaction - les microbes sont inactivés en quelques fractions de seconde si une dose suffisante est appliquée - les lampes UV peuvent être utilisées non seulement pour désinfecter des surfaces mais aussi pour désinfecter l'eau, l'air ou même les flux d'air guidés dans les conduits de climatisation. (vgl. Wikipedia)"*

précisément cette évaluation qui fait mouche; dans mon précédent livre "L'Allemagne en chute libre", j'avais déjà décrit comment la politique du gouvernement allemand était dirigée contre l'économie allemande et visait évidemment à déstabiliser le pays.

En fait, le "Pacte vert pour l'Europe", annoncé par le chef de la Commission européenne le 11 décembre 2019, devait déclencher le crash prédit par de nombreux experts économiques (voir le chapitre "L'urgence climatique"). Avec le battage médiatique autour du Corona, les choses vont maintenant encore plus vite, et la responsabilité de l'accident peut alors être attribuée à la "pandémie" de Corona. *"... car ce léger rhume, gonflé au stade de (pseudo) pandémie, est censé créer un chaos mondial au dernier moment, selon l'élite sataniste ! La peur*[†††††††††††††††††] *(en anglais : fear = fausse évidence qui semble réelle), ce que vous pouvez appeler "données erronées qui semblent réelles", est exactement ce qui a été utilisé avec succès pour l'hypnose de masse pendant des siècles et est cencer fonctionner cette fois aussi et, comme nous pouvons le voir avec toute cette panique, c'est le cas !*[533]
"...ces mesures sont autodestructrices. Et, si la société les accepte et les met en œuvre, cela s'apparente à un suicide collectif". (Prof. Dr. Sucharit Bhakdi[534])

Les mesures prises par les responsables politiques pour contenir le virus ont un impact négatif non seulement sur la santé publique, mais aussi sur l'économie nationale, en particulier sur les petites et moyennes entreprises, qui ne sont plus en mesure de couvrir leurs frais. Elle entraînera des milliers de fermetures d'entreprises par les petites et moyennes entreprises. L'aide financière promise par les politiciens à ces entreprises n'arrêtera pas ce processus de destruction; au contraire, les prêts promis devront être remboursés à un moment donné, et l'aide unique versée sera récupérée par l'État par le Fisc

---

[†††††††††††††††††] *Le chaos* comme la très grande crise, comme une condition préalable à l'acceptation du Nouvel Ordre Mondial (Rockefeller), voire comme une libération de la grande crise. L'"élite sataniste" est étroitement liée à l'État profond (plus d'informations à ce sujet dans l'"Épilogue – l'élite et l'État profond").

Mais les mesures prises par les politiciens servent également à abolir les libertés civiles des citoyens:[535] "L'hystérie *du Corona est parfaite pour restreindre ou abolir les droits civils.*

- Le Corona permet aux personnes de se placer volontairement en quarantaine, ce qui n'est rien d'autre qu'une autre forme de détention.

- Le Corona nous permet de nous habituer à une présence policière et militaire accrue dans nos rues.

- Le Corona permet de faire en sorte que les gens ne soient plus autorisés ou disposés à se réunir ! Restriction de la liberté de réunion (les gilets jaunes français s'affaiblissent!)

- Le Corona permet de vacciner les gens contre leur volonté tout en les pucant. L'"intégrité physique d'une vie humaine" constitutionnelle est alors aboli

- Le Corona permet de supprimer l'argent liquide, sous prétexte de contagion.

- Le Corona permet une surveillance totale afin de maintenir l'ordre public.

- Le Corona est l'alibi parfait pour l'effondrement du système financier. Il garde les vraies raisons et les vrais coupables en arrière-plan.

- Le Corona peut détourner l'attention du fait que les habitants de Wuhan sont tombés malades et sont morts des radiations dûs à la 5G, mais pas du virus. Car à Wuhan, la 5G est complètement déployée et opérationnelle depuis l'automne 2019! La Corona a-t-il été inventée pour dévier l'attention des gens à propos de la 5G ?

- Le Corona crée la peur. Cette peur est plus contagieuse que le virus. Et cela semble être délibéré ! Parce qu'une fois qu'une personne a peur, elle se livre à tout.

Et vous pouvez toujours prolonger le couvre-feu.

Document 50: Une image pour les livres d'histoire - I : Le Parlement autrichien fait le point après 5 semaines de circonstances exceptionnelles.[536]

Document 51: Une image pour les livres d'histoire - II : Des manifestants contre l'annulation progessive de la Loi fondamentale.[537]

Document 52: Une image pour les livres d'histoire - III : Chemnitz le 18.04.20, arrestations de manifestants qui s'expriment contre l'annulation progessive de la Loi fondamentale.[538]

ocument 53: Une image pour les livres d'histoire - IV : Berlin le 18.04.20, arrestations de manifestants qui protestaient contre l'annulation progessive de la Loi fondamentale.[539]

Document 54: Une image pour les livres d'histoire - V.

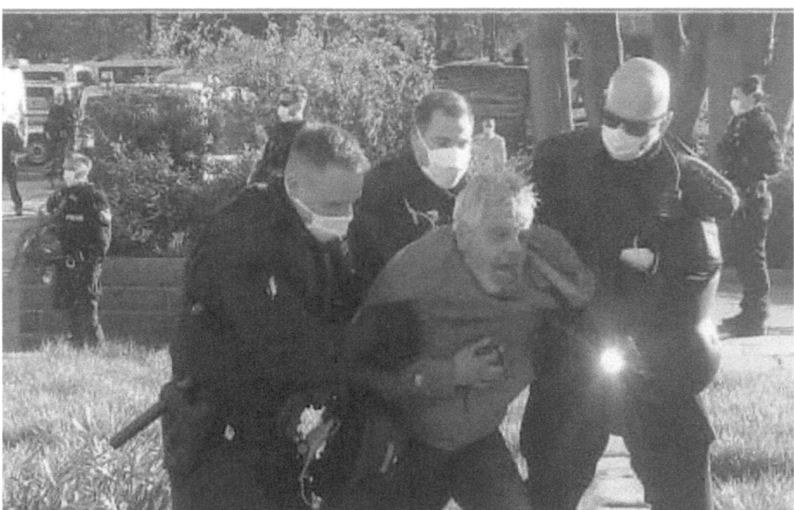

Document 55: Une image pour les livres d'histoire - VI : Les personnes âgées qui descendent dans la rue pour défendre leurs droits sont emmenées comme des criminels.

Document 56: Une image pour les livres d'histoire – VII.

Document 57: Une image pour les livres d'histoire – VIII.

Le 8 avril 2020, l'avocate Beate Bahner a déposé un appel d'urgence contre ce **coup d'Etat inité d'en haut** auprès de la Cour constitutionnelle fédérale. Dans cette pétition d'urgence, elle se plaignait que les réglementations dûes au Corona émises par le gouvernement fédéral et les gouvernements des Länder étaient "manifestement anticonstitutionnelles."

*"La raison d'une pétition d'urgence est, selon l'avocate, confirmée par le fait que la République fédérale d'Allemagne est sur le point de devenir un **'État policier dictatorial'** en **'restreignant presque tous les droits fondamentaux'**. Maitre Bahner craint également pour sa liberté en raison de son arrestation et de sa garde à vue, car elle a reçu la visite de la police de Heidelberg.* "[540]

Cette demande urgente a été rejetée le 10 avril 2020. Elle avait alors restitué et résilié son approbation d'avocate avec la justification suivante : *"Malheureusement, je n'ai pas réussi à sauver l'État constitutionnel et l'ordre fondamental démocratique libre en Allemagne, en particulier nos droits fondamentaux ancrés dans la Constitution et les droits de l'Homme inviolables, de la pire attaque mondiale et de l'établissement à la vitesse de l'éclair de la tyrannie la plus inhumaine que le monde n'ait jamais connue. Aujourd'hui, l'État de droit est mort. ...* "[541]

Mais ce à quoi elle ne s'attendait certainement pas, c'est qu'elle a ensuite été emmenée au service psychiatrique de la prison de haute sécurité de Heidelberg en subissant des violences policières et en étant traitée comme une criminelle dangereuse lors de son arrestation.[542]

Prévisions - Que faire à partir de là ?

"Répétition générale pour l'urgence ? - Pas à pas, on glisse là où on ne veut pas aller." (Henryk M. Broder)[543]

"Cette constitution est en grave danger. – le mot-clé est le Corona. Et je voudrais profiter de cette occasion pour montrer que ce qui se passe dans ce pays est extrêmement dangereux pour ce pays, et que les chiffres 33, 89 et 20, c'est-à-dire 2020, peuvent être mentionnés en une seule phrase. Car ce qui se passe ici sous nos

yeux en ce moment est un scandale et une catastrophe moyenne si nous ne les arrétons pas. ...
Toute personne qui affiche ouvertement la Loi fondamentale dans l'Allemagne de Merkel, sera arrêtée par la police. "[544]

"Nous sommes au bord d'une transformation mondiale, ...", déclenchée et initiée par l'OMS, le bras long des donateurs privés, principalement financé par la Fondation Bill Gates. Le fait qu'il y ait un plan stratégique derrière tout cela, élaboré dans des groupes de réflexion, peut se voir, par exemple, dans le fait que les politiciens ont pris lors de la réunification une série de mesures qui ont rendu la transition de la RFA au NOM très simple. Depuis 1990, la RFA n'est plus un État, mais une société à responsabilité limitée (SARL). Les responsables politiques en charge avaient radié la RFA le 3.10.1990 de l'ONU en tant qu'État et avaient légalement abrogé la Loi fondamentale allemande le 17.07.1990 en supprimant son champ d'application, l'article 23, le 17.07.1990. Sans portée, une loi est nulle. L'objection selon laquelle cela figure maintenant dans le préambule n'est pas pertinente, car le préambule ne fait pas partie du droit. La République fédérale d'Allemagne, le Bundestag et toutes ses autorités, les villes et les municipalités sont des sociétés inscrites au registre du commerce.

Au cours des dernières décennies, de nombreuses institutions publiques ont été transformées en sociétés privées, dans le secteur de la santé, les chemins de fer fédéraux; la BRD-Finanz-GmbH" à Francfort a été fondée. Le traité d'unification[‡] et le traité de Moscou sont invalides ou non ratifiés. Ces privatisations ainsi que le fait qu'il n'existe toujours pas de traité de paix avec l'Allemagne simplifient également la transition de la BRD vers le NWO. Le fait qu'un traité de paix n'était pas du tout prévu découle du procès-verbal de la présidence française lors des négociations sur le traité de Moscou le 17 juillet 1990: *"La RFA est d'accord avec la déclaration des quatre puissances et souligne que les*

[‡] Le Tribunal social de Berlin, dans un jugement d'action en négation du 19.05.1992 (numéro de dossier S 56 Ar 239/92), a estimé que le "Einigungsvertrag" du 31.08.1990 (BGBl.1990, Partie II, page 890) n'est pas valable, car on ne peut pas rejoindre quelque chose qui était déjà dissous le 17.07.1990.

événements ou circonstances mentionnés dans cette déclaration ne se produiront pas, c'est-à-dire qu'un traité de paix ou un accord de paix n'est pas prévu. La RDA accepte la déclaration faite par la RFA".[545] Ce protocole prouve clairement que les Allemands, représentés par le ministre des Affaires étrangères de l'époque, Genscher, et le représentant de la RDA, Meckel, ont empêché le traité de paix.

Tout cela signifie que, d'un point de vue juridique, la première pierre et les conditions légales pour le passage prévu de la RFA au NOM ont déjà été créées dans les années 1990. Et, comme déjà mentionné, les Allemands ne peuvent plus se référer à leur Loi fondamentale, comme ils l'ont fait lors des nombreuses manifestations pendant la crise de Corona (voir les documents 51-57).

Cela continuera comme décrit dans la "citation de Weizsäcker" : "...Afin de maintenir le pouvoir, la population mondiale sera réduite au minimum. Cela se fera au moyen de maladies créées artificiellement. Dans ce processus, les armes biologiques sont déclarées comme des épidémies" (Voir le chapitre "Prologue - Le chemin vers la tyrannie"). Le Covid 19 n'est que le début.[§§§§§§§§§§§§§§§§]. D'autres vagues "pandémiques" suivront, des vagues réelles et celles dont on parle dans les médias. Pour la prochaine vague de "pandémie", on reprochera à ceux qui ont manifesté contre l'affaiblissement progressif de la Loi fondamentale et qui ont ainsi négligé les "mesures de protection" des gouvernements (voir documents 51-57). Et la "deuxième vague", qui, selon une prédiction prophétique, a été annoncée à plusieurs reprises par certains hommes politiques, comme Söder, avec un index menaçant, afin d'apaiser les critiques, viendra ; elle sera plus dangereuse que la "première vague", en raison de laquelle les règles d'exemption ont été publiées à la fin du mois de mars 2020. La "deuxième vague" coïncidera avec la prochaine vague de

---

[§§§§§§§§§§§§§§§§] Pour être plus précis, le début est en fait beaucoup plus précoce (voir la section "Le virus Ebola, le SIDA, le SRAS et l'EHEC sont-ils des armes biologiques?)

grippe saisonnière au plus tard. Mais il est plus probable qu'elle intervienne plus tôt, en raison du déploiement généralisé de la 5G, pour laquelle des mâts de transmission 5G ont été installés dans de nombreuses agglomérations depuis 2020 et des centaines de satellites de communication ont été lancés dans l'espace proche de la Terre. Puisque les fréquences des bandes 5G sont dans la même gamme de fréquences que les fréquences dans lesquelles les cellules humaines communiquent entre elles. La 5G va interférer massivement avec nos défenses immunitaires. Le système immunitaire, qui est également constitué de cellules, peut être perturbé par ce rayonnement 5G et ne peut donc plus lutter de manière optimale contre les virus envahisseurs lorsque l'intensité du rayonnement est suffisamment élevée. Ainsi, lorsque les responsables mettent le réseau 5G en service de manière généralisée, les gens deviennent plus sensibles à toutes sortes de germes, bactéries et virus, y compris le virus Covid 19. Toute personne infectée aura des problèmes une fois que la 5G sera opérationnelle. Plus le niveau de radiation est élevé, plus leur maladie sera dramatique. En conséquence, le taux de morbidité et de mortalité dans la population augmentera par rapport à la *"première vague"*. Et puis les gens diront: "Nous vous avions prévenu. Vous n'avez pas entendu. Nous devons à nouveau renforcer les règles d'exception pour sauver la population." Mais le fait que la 5G est ce qui rend le virus si dangereux sera gardé secret.

À terme, un sérum de vaccin sera lancé sur le marché, censé protéger les personnes contre le Covid 19 et ainsi offrir la perspective d'un retours à la normale. Ce sérum contiendra des substances qui ne sont pas bonnes pour les gens (voir le chapitre "Le glyphosate – responsable de "dommages génétiques""), et peut même les rendre malades ou les maintenir malades. Il est également possible qu'une nouvelle souche du virus "Covid..." du SRAS, également produite en laboratoire, soit ajoutée à ce sérum, ce qui entraînerait une nouvelle épidémie de grippe. Ce nouveau vaccin sera d'une qualité nouvelle en intervenant directement sur le génome humain, ce qui n'est pas le cas des vaccins classiques utilisés jusqu'à présent. Pour la première fois dans l'histoire de la vaccination, ces vaccins dits *"à ARNm" de dernière génération interviennent directement dans le matériel génétique, dans la constitution génétique de l'homme/du patient et modifient ainsi la constitution génétique individuelle dans le sens d'une manipulation génétique jusqu'ici interdite, voire criminelle. Cette intervention peut être comparée à celle des aliments génétiquement manipulés, qui est également très controversée. Bien que les médias et les hommes politiques banalisent actuellement la question, et qu'ils réclament même sans réfléchir un nouveau type de vaccination pour pouvoir revenir à la normale, une telle vaccination pose des problèmes de santé, de moral et d'éthique, ainsi que des dommages génétiques qui, contrairement aux dommages causés par les vaccinations précédentes, seront désormais irréversibles, irréversibles et irréparables. "*[546]

Cela nouveau vaccin pourrait avoir des conséquences dévastatrices pour la population, à l'instar de la "grippe espagnole" de 1918 (voir le chapitre "Vacciné au glyphosate"). Et cette nouvelle épidémie de grippe sert finalement à renforcer encore les réglementations d'urgence. Il y aura à nouveau un vaccin à deux classes, l'une pour les gens ordinaires et l'autre pour le gouvernement, les membres du Bundestag et les parlements des Länder, comme cela a été fait en 2009 avec la grippe porcine.[547] (voir le chapitre 7: "Comment l'élite se protège-t-elle de ses propres armes ?").

Beaucoup de gens refuseront cette vaccination. Ces gens, qui refusent les vaccins peuvent également être accusés à nouveau d'être responsables de la prochaine épidémie "pandémique". Pour ceux qui ont été vaccinés, l'état d'urgence sera allégé, ils retrouveront des conditions de vie relativement normales et pourront à nouveau voyager. Ceux qui refusent de se faire vacciner se verront refuser cette possibilité. Pour ceux qui refusent d'être vaccinés, les conditions plus strictes de l'état d'urgence seront maintenues. La nouvelle "Corona App", qui est automatiquement installée sur les téléphones portables, sert de contrôle et attribue clairement si le propriétaire du téléphone portable a été vacciné ou non. De cette manière, les personnes non vaccinées peuvent être contrôlées très facilement, qu'elles se rassemblent ou participent à des événements publics, etc. Même sans cette application, cela est déjà possible aujourd'hui, notamment grâce à une puce d'identification qui est incorporée dans chaque carte d'identité et peut être contrôlée par radio.

Ainsi, un autre volet de **"diviser pour mieux régner"** sera appliqué sur ce "champ de bataille pandémique" (voir page 5): **la vaccination contre le refus de vaccination.** De cette façon, les gens se préoccupent d'eux-mêmes et ne rejettent pas la faute sur les causes réelles de la situation. De nombreuses personnes vont mourir, certaines à cause des armes biologiques créées artificiellement, d'autres à cause de la guerre d'usure psychologique qui les accompagne, d'autres encore à cause de la catastrophe économique qui s'est produite. Tout cela conduira ensuite à la grande catastrophe de la survie à nu, dans la lutte pour le pain quotidien. Il s'agit alors de la "véritable crise globale" que Rockefeller avait prédite comme condition préalable à l'établissement du "nouvel ordre mondial". En conséquence, il y aura inévitablement une forte réduction de la population (voir chapitre "1. Le programme 2025").

Les couvre-feux obligatoires servent également un autre objectif. Dans l'ombre de ces mesures, peu de gens remarqueront comment des antennes 5G sont installées secrètement, silencieusement et sans bruit dans tout le pays, parfois cachées dans des cheminées, des lampadaires, sur des poteaux de rue à peine visibles, près des écoles, des hôpitaux, des terrains de sport, des parkings devant les grands centres commerciaux et d'autres lieux centraux qui sont peuplés par de nombreuses personnes chaque jour. Peu de gens le remarqueront, non seulement à cause des restrictions de sortie, mais aussi parce qu'ils sont distraits et se concentrent sur la "couronne", qui restera le sujet numéro un des médias grand public. La quasi-totalité du contenu des journaux télévisés, des talk-shows et des programmes de divertissement tournera autour de ce seul sujet. Parallèlement à l'installation généralisée de mâts 5G, des centaines de satellites seront lancés par la société spatiale privée SpaceX du milliardaire Elon Musk pour permettre les communications 5G dans le monde entier. Une fois que la 5G sera pleinement opérationnelle, les gens se retrouveront dans un four à micro-ondes géant, ce qui affaiblira encore plus leur santé (voir le chapitre "La 5G et la transhumanité").

Et puis elle se poursuivra comme indiqué dans le chapitre "Le cauchemar". L'année 2020 est une année importante qui fixera le cap, soit dans une direction telle que décrite ici, c'est-à-dire vers le NOM et donc l'asservissement de l'humanité, soit vers la destruction de l'État profond, moteur du programme 2025 (voir la fin du chapitre "8. La finale - Conclusion").

La mort des abeilles et des insectes

"Une fois l'abeille disparue de la terre, l'homme n'a plus que quatre ans à vivre".
(Albert Einstein[***************])

Depuis quelques années, on enregistre des morts massives d'abeilles et d'insectes. En Allemagne, les apiculteurs *"perdent chaque année entre 10 et 30 % de leurs colonies. Elles sont emportées par les maladies à cause de l'homme. Si les abeilles meurent, la majorité des animaux rampants dans nos champs et campagnes meurent également... Alors qui sont les assassins des abeilles, ..."[548]*

Diverses causes sont évoquées dans les médias, notamment les acariens (varroa) qui ont été introduits en Allemagne en provenance d'Asie et qui infestent les abeilles, mais aussi l'utilisation massive d'insecticides, d'herbicides, de fongicides et de régulateurs de croissance. Certains d'entre eux sont soupçonnés de désorienter les abeilles et donc de ne pas retrouver leur chemin vers leur colonie. C'est peut-être une cause possible, mais cela n'explique

---

[***************]Cette déclaration d'Einstein tant citée est certainement exagérée, et il n'est pas du tout certain qu'Albert Einstein ait vraiment dit cela. Néanmoins, il y a un véritable problème dans le fait qu'une grande partie de notre nourriture ne pourra plus être proposée dans les supermarchés si les abeilles, en tant que pollinisateurs des fleurs, devaient être éliminées.

pas pourquoi les apiculteurs trouvent toujours un grand nombre d'abeilles mortes dans leurs ruches. D'autres causes qui sont discutées sont la culture de monocultures et le stress du transport des colonies,[549] mais aussi les poisons qui sont utilisés par les agriculteurs comme pesticides, comme le fipronil, un poison pour les fourmis, et les néonicotinoïdes qui ont été de plus en plus utilisés récemment.[550] Même la *"perte de diversité dans nos paysages"*[551] a été identifiée comme une cause de mortalité des abeilles. Cependant, le fait que la pulvérisation massive de substances toxiques par les traînées chimiques pourrait être une cause majeure dans ce domaine également n'est presque jamais abordé dans les médias.

J'ose affirmer que la mort des abeilles et des insectes est un indicateur de l'intensité de la pulvérisation de substances toxiques par les chemtrails. Comme l'enfoncement des particules microscopiques des chemtrails peut s'étendre sur de longues périodes, parfois jusqu'à un an, il faut également tenir compte d'un effet retardé sur les insectes vivant près du sol, de sorte qu'il peut être difficile de prouver sans équivoque cette relation entre les chemtrails et la mort des insectes. Cependant, si ces substances toxiques sont en fait la principale cause de mortalité des abeilles et des insectes, il devrait être clair que cela pourrait également avoir des effets dévastateurs sur l'homme.

Mais la forte exposition aux rayons électromagnétiques peut également avoir une influence négative sur les abeilles. Par exemple, une mort massive d'abeilles a été filmée en temps réel. Avant leur mort soudaine, les abeilles s'étaient déplacées à proximité immédiate de deux antennes 5G placées à une distance de 10 m l'une de l'autre.[552]

Le glyphosate – le responsible de *"dommages génétiques"*

„Quiconque pense encore que les gouvernements ne font pas cela, même avec leur propre peuple, a tort. "[553]

"L'introduction du glyphosate aux États-Unis est en corrélation avec l'apparition de l'autisme chez les enfants de moins de 5 ans, avec un coefficient de Pearson[†††††††††††††††††] *de 0,997 et semble donc jouer un rôle important dans le développement de l'autisme. "*[554] *"Le glyphosate est connu pour tuer toutes les formes pathogènes de bactéries coliformes, sauf une, qui affecte la capacité des intestins à excréter des toxines et à absorber des nutriments. Le glyphosate bloque également la choline avant qu'elle ne puisse être absorbée par les parois de l'estomac. La choline est importante pour le transport des nutriments, des toxines et comme vecteur pour les neurotransmetteurs.*[555]

En expérimentant sur le glyphosate, on avait fait ce qui suit:[556] *"Deux hauts responsables politiques équatoriens ont été payés relativement peu et (ils) ont permis que des zones entières des villes en Equateur soient pulvérisées depuis l'air avec cet agent, le glyphosate. Et puis des échantillons ont été prélevés dans la population pour voir si cela pouvait causer des dommages génétiques permanents. Et la réponse a été oui.*[557] *Et quelle a été l'étape suivante? Que nous avons trouvé des preuves biochimiques claires aux États-Unis au-dessus des grandes villes, que ce mélange, ce qui est pulvérisé dans le ciel, que le glyphosate y a été ajouté. Une petite expérience en Equateur, puis une application à notre propre population aux Etats-Unis. Les États-Unis ont aujourd'hui le pourcentage le plus élevé de maladies neurologiques au monde".*

[†††††††††††††††††] Le coefficient de corrélation de Pearson (CCP) est une mesure qui reflète la corrélation entre deux mesurandes; il a une valeur de +1 dans le cas d'une corrélation linéaire complète, mais une valeur de 0 dans le cas d'une absence de corrélation.

Un article scientifique paru dans le Journal of Organic Systems de 2014, intitulé "Genetically Modified Plant Stock, Glyphosate and the Destruction (Decline) of Health in the United States of America", indique:[558] *"Une augmentation considérable de la propagation et de la prévalence des maladies chroniques a été signalée aux États-Unis au cours des 20 dernières années. Des augmentations similaires ont été observées au niveau mondial. L'herbicide glyphosate a été introduit en 1974, et son utilisation s'accélère avec l'introduction de cultures génétiquement modifiées (OGM) tolérantes aux herbicides. Toutes les preuves suggèrent que le glyphosate interfère avec les processus métaboliques des plantes et des animaux, et les résidus de glyphosate ont été extrait dans les deux cas. Le glyphosate interfère avec le système endocrinien et l'équilibre des bactéries intestinales, il endommage l'ADN et est un facteur de mutations qui conduisent au cancer..."* Sur la base des statistiques publiées par le gouvernement américain, les auteurs de cet article ont montré une forte corrélation entre l'utilisation du glyphosate et 22 maladies chroniques majeures. Les coefficients de Pearson sont tous très proches de la valeur maximale de R = +1.[559] Parmi les maladies chroniques étudiés figurent les accidents vasculaires cérébraux, le prédiabète, le diabète, l'obésité, la maladie d'Alzheimer, la démence sénile, la maladie de Parkinson, la sclérose en plaques, l'autisme, les inflammations et infections intestinales, les maladies rénales en phase terminale, l'insuffisance rénale aiguë, le cancer de la thyroïde, le cancer de la vessie, le cancer du pancréas, le cancer du rein et le cancer du sang. Les auteurs de la vidéo[560] YouTube arrivent à une conclusion similaire.

Il est intéressant de constater que le nombre de décès dus au cancer du poumon a également fortement augmenté aux États-Unis, malgré l'introduction d'une interdiction générale de fumer dans les lieux publics.[561] Il doit donc y avoir une autre cause, indépendante du tabagisme, qui favorise le développement du cancer du poumon.

Vacciné au glyphosate

" Un vaccin contre la rougeole ne rendra pas les enfants autistes".
(Th. Schmitz et S. Siebert [562])

„ Les vaccins ont des effets secondaires pathogènes, notamment les maladies autoimmunes, la mort subite du nourrisson et l'autisme".
(Andreas Moritz [563])

"Si vous êtes né avant 1989, le risque de contracter une maladie chronique, telle que des maladies auto-immunes comme le diabète, l'arthrite ou le lupus, ou des maladies neurologiques comme le TDAH, les tics, le syndrome de Tourette, les retards d'élocution, la nécropsie et l'autisme, et des maladies allergiques comme les allergies alimentaires, l'anaphylaxie, l'asthme, l'eczéma ... est de 12 %. Et après 1989, avec le régime de vaccination, le risque de maladie chronique est passé à 54%. Et nous savons que c'est grâce aux vaccins. Comment le savons-nous ? Parce qu'il existe une liste de toutes ces maladies à deux endroits L'une d'entre elles est la liste des maladies chroniques de type épidémique de cette génération de vaccinations. Et la deuxième place se trouve dans les notices d'emballage des vaccins, dans lesquelles les fabricants doivent énumérer les effets secondaires de ces vaccins. Ces entreprises gagnent 50 milliards de dollars par an en vendant des vaccins, mais elles gagnent 500 milliards de dollars par an en vendant les médicaments pour traiter cette épidémie de maladies chroniques. Médicaments contre le diabète, l'arthrite, les adrénalines pour les allergies alimentaires, les inhalateurs pour l'asthme, les médicaments pour les troubles épileptiques et bien d'autres encore. Et ils veulent conserver ce marché. Ils transforment donc nos enfants en marchandises, ils ont pris le contrôle de nos agences gouvernementales. Ils ont détourné les agences de régulation. Ils ont conquis les tribunaux, et ils ont conquis la presse. La seule chose qui nous reste contre eux, c'est notre pouvoir démocratique. S'unir aux autres et exiger que nous ne soyons pas jetés dans cet abîme de cartels pharmaceutiques".
(Robert F. Kennedy jr., 18.09.2019 [564])

En 2015, le glyphosate a été classé par l'Organisation mondiale de la santé comme (*"probablement cancérigène pour l'homme"*) *"et le gouvernement allemand a décidé de ne pas réagir á ce classement."*[565] En conséquence, l'approbation du glyphosate dans l'UE a été prolongée de cinq ans le 27 novembre 2017 à Bruxelles.

Dans un article intitulé *"Le CDC le confirme : du glyphosate et des cellules de rein de guenon dans les vaccins"* est expliqué:[566] *"Certains ingrédients de vaccins sont protégés en tant que "secrets commerciaux", peut-être mieux, car qui voudrait utiliser des vaccins contenant des cellules de rein de guenon vert africain, des cellules foetales avortées ou des traces de glyphosate ? Les vaccins peuvent contenir non seulement du glyphosate, mais aussi du formaldéhyde, de l'aluminium, du thiomersal ou de la polygéline."* Dans un article de PRAVDA TV, on peut lire:[567] *"C'est différent des composants des vaccins dont nous sommes jonchés: l'aluminium, le mercure, le formaldéhyde et bien d'autres substances très préoccupantes, qui sont cancérigènes et entraînent d'autres maladies graves ... Imaginez que le formaldéhyde soit interdit comme vernis pour meubles, mais il peut être injecté dans la circulation sanguine. Ou bien le TDAH est causé par des composés du mercure - et que disait sur son lit de mort le médecin découvreur de cette prétendue nouvelle maladie: "La maladie (TDAH) a été inventée »* ... *C'est clair, les amis - ce n'est pas seulement un effet secondaire des vaccinations, non, c'est un effet désiré, veuillez lire sur Lügewiki (des information dans le secteur de la santé délibérément faussés (vidéo)), l'ampleur de la maladie présumée, et vous verrez combien d'argent est gagné avec elle".*
La plupart de ces ingrédients sont toxiques et peuvent provoquer de graves effets secondaires et même des maladies.[568,569] Elle peut provoquer des attaques auto-immunes.

L'aluminium, qui est utilisé pour renforcer l'effet, est un poison neurotoxique dont les sels sont soupçonnés de provoquer le cancer. Sous le titre "Le choc mondial: le cancer se transmet par les vaccins ...", l'augmentation de l'apparition des tumeurs au cours des 50 dernières années est liée au fait que des vaccins ont été inoculés avec un virus du cancer : *"La société a admis qu'elle avait inoculé*‡‡‡‡‡‡‡‡‡‡‡‡‡‡‡‡ *le virus du cancer par des vaccins".*[570]

Le thiomersal, un composé du mercure, est utilisé comme conservateur. Il s'agit d'un allergène de contact et est soupçonné de provoquer l'autisme chez les enfants. La polyglobuline est soupçonnée de provoquer des allergies. Le formaldéhyde interfère avec les processus à l'intérieur des cellules et peut entraîner des cancers du sein et de la prostate, mais aussi des lésions cérébrales.

Le glyphosate pourrait être le facteur le plus important dans le développement d'un large éventail de maladies chroniques, qui sont de plus en plus répandues dans les sociétés occidentalisées.[571]

La campagne semestrielle de vaccination contre la grippe est un exemple typique de la peur de la grippe implantée chez les gens par la médecine traditionelle et de la disposition des adultes à se faire administrer régulièrement un cocktail de vaccins, bien que cela puisse être nocif pour l'homme et que les avantages de cette vaccination doivent être remis en question. N'oublions pas que la grippe est une méthode de l'organisme pour se débarrasser des germes pathogènes, l'élévation parallèle de la température corporelle (appelée fièvre) servant à ce processus de nettoyage, qui n'a plus lieu lorsqu'on se fait vacciner. Cette vaccination régulière contre la grippe peut également être considérée comme un modèle commercial de l'industrie pharmaceutique.[572]

Avant même d'avoir abordé plus en détail les problèmes de la vaccination, je me suis fait vacciner contre la grippe porcine en 2009 et trois jours plus tard, j'ai eu une grippe grave, et tout indique que la vaccination n'avait fait que déclencher cette "grippe". Ce que je ne savais pas à l'époque, c'est que l'épidémie de grippe porcine de 2009 était soupçonnée d'être due à un virus génétiquement modifié et fabriqué par l'homme.[573,574] Un article intitulé ***"Vaccination -***

---

‡‡‡‡‡‡‡‡‡‡‡‡‡‡‡‡ L'inoculation est l'ajout d'un objet capable de se répliquer (par exemple une culture cellulaire ou des agents pathogènes tels que des virus ou des prions) sur une culture cellulaire. (Wikipédia)

Décimation de l'humanité"[575] est venu compléter mon expérience personnelle : *"La plus grande campagne de vaccination au monde a été menée en 2009/2010. Des vaccins dont l'efficacité et la sécurité étaient plus que douteuses arrivaient sur le marché. En outre, certains des tests de sécurité requis pour l'innocuité n'ont pas dû être effectués. En outre, les fabricants de ces vaccins sont exclus par la loi de toute responsabilité, l'Organisation mondiale de la santé ayant déclaré une **pandémie** de niveau 6. Et ce, malgré le fait et les preuves que la grippe dite "porcine" n'est pas plus dangereuse qu'une grippe saisonnière ordinaire. Le bilan mondial des décès ne justifie en aucun cas sa déclaration comme pandémie de niveau 6."*

Bien qu'une vague de grippe n'ait rien d'inhabituel, qu'elle se répète chaque année et qu'elle n'ait jamais été classée comme pandémie avant l'apparition de la grippe porcine, l'OMS a modifié les critères de définition d'une pandémie peu de temps avant l'apparition de la grippe porcine. L'ancienne définition impliquait qu'il y avait un grand danger pour la vie et que de très nombreux décès étaient à prévoir. *"Cette définition a été édulcorée de manière flagrante. Ainsi, ce virus de la grippe porcine, relativement normal et inoffensif, pourrait se transformer en une panique mondiale et toutes les mesures nécessaires à une pandémie pourraient être mises en place."*[576]

Dans cet exemple, **l'Organisation mondiale** de la santé a supprimé le dernier obstacle à la motivation des entreprises pharmaceutiques à maximiser leurs profits en déclarant simplement une *"pandémie de niveau 6"* et en supprimant ainsi la responsabilité des entreprises pharmaceutiques. Une véritable pandémie, en revanche, a été la **grippe espagnole**, qui a tué environ 20 million de personnes entre 1918 et 1920. Mais, contrairement à la version officielle, la "grippe espagnole" a manifestement été causée par des **vaccinations de masse**. *"Pour autant que l'on sache, seules les personnes vaccinées ont contracté la grippe espagnole. Ceux qui ont refusé les injections ont échappé à la grippe. Comme Eleanora McBean: "Ma famille avait refusé tous les vaccins, donc nous sommes restés en bonne santé tout le* *temps. Nous savions, grâce aux enseignements de Graham, Trail, Tilden et d'autres qu'on ne peut pas contaminer le corps avec des toxines sans provoquer de maladie. Au plus fort de l'épidémie, tous les magasins, les écoles, les entreprises et même l'hôpital étaient fermés - même les médecins et les infirmières avaient été vaccinés et avaient attrapé la grippe. C'était comme une ville fantôme. Nous semblions être la seule famille sans grippe - nous n'avions pas été vaccinés! Mes parents allaient donc de maison en maison pour s'occuper des malades. (...) Mais ils n'ont pas attrapé la grippe et ils n'ont pas ramené à la maison les microbes qui nous ont attaqués, nous les enfants. Personne dans notre famille n'avait la grippe. Il a été affirmé que l'épidémie a tué 20 million de personnes dans le monde en 1918. Mais en réalité, ils ont été tués par les médecins à cause de leurs mauvais traitements et de leurs médicaments. Cette accusation est dure, mais vraie - et elle est attestée par le succès des docteurs en naturopathie."*[577]

Dans l'article[578] précité, il était en outre indiqué que "*le seul danger potentiel de la grippe porcine est que le virus soit d'origine humaine. Il a été produit dans un laboratoire d'armes biologiques. ... Alors pourquoi les sociétés pharmaceutiques internationales et les agences gouvernementales se sont-elles coordonnées pour générer une campagne de vaccination aux proportions historiques, même forcée si nécessaire? Le passé avait déjà montré qu'il y avait toujours des élites mondiales qui voulaient réduire la population humaine. Et rien d'autre ne dit la citation ci-dessus: "Dans le but de maintenir le pouvoir, la population mondiale sera réduite au minimum. Cela se fera au moyen de maladies créées artificiellement. Les armes biologiques sont déclarées comme étant des épidemies...*" (voir le chapitre "La réduction de la population mondiale").

Donc, si le virus de la grippe porcine est développé dans un laboratoire d'armes biologiques, il fait partie de la pratique inhumaine de l'utilisation d'armes biologiques contre les humains. Tout comme la grippe porcine, il est possible que le Coronavirus réussise à atteindre à nouveau le but d'une campagne mondiale de vaccination avec d'énormes profits pour l'industrie pharmaceutique.

"Les mêmes mondialistes qui détenaient le brevet pour le virus et ont été les premiers a en prédire et initier la montée et la propagation, ont maintenant annoncés qu'ils développeraient des vaccins contre la maladie mortelle du Coronavirus. Selon des insiders de l'industrie "une coalition soutenue par Bill Gates finance la biotechnologie et les entreprises coorespondantes qui tentent de développer un vaccin contre le Corona. Qu'en pensez-vous? Est-ce que cela est juste un hasard énorme?[579] Dans le cas du Coronavirus dangereux, il existe cependant un choix spécifique entre ´la peste et le choléra´", c'est-à-dire un choix entre le vaccin contenant des substances pathogènes et la grippe du Corona, qui peut être mortelle. (à voir "l'Ebola, le SIDA, le SRAS et l'EHEC, des armes biologiques ?").

Et en ce qui concerne la *"campagne de vaccination forcée"*, on essaie aujourd'hui de faire adopter les vaccinations en général par la loi. Dans ce sens, il y a toujours une campagne officielle dans les médias pour l'introduction d'une **vaccination légale et obligatoire** pour tous, ce qui sert donc exactement cet objectif.[580]

En 2019, le ministre de la santé Jens Spahn a préparé un projet de loi sur la vaccination obligatoire contre la rougeole, qui prévoit des sanctions sévères pour ceux qui refusent de se faire vacciner.[581,582] Cette loi de protection contre la rougeole a été adoptée par le Bundestag et confirmée par le Bundesrat le 20.12.2019. Il prévoit notamment d'infliger une amende de 2500 euros à ceux qui refusent de se faire vacciner et d'exclure leurs enfants de la garderie. Il ignore le fait qu'il existe des indications sérieuses que le vaccin contre la rougeole, les oreillons et la rubéole (vaccin ROR) de Merck (ainsi que les vaccins contre la varicelle, le pentacel et tous les vaccins contenant l'hépatite A) est produit à partir de lignées cellulaires de fœtus humains et qu'il existe donc un risque que ces vaccins puissent provoquer des attaques auto-immunes.[583] La raison de cette obligation légale de vaccination est le risque élevé d'infection par la rougeole, les oreillons et la rubéole.[584]

En 1987, il existait un vaccin ROR sous le nom commercial TRIVIRIX, [585] qui était utilisé au Canada. Et ce vaccin a provoqué une méningite (inflammation des méninges). Le vaccin a ensuite été retiré du marché mais a été homologué au Royaume-Uni le même mois, sous le nom de PLUSERIX. Le vaccin a également provoqué une méningite au Royaume-Uni, mais il a été utilisé pendant quatre ans. Après des protestations, le vaccin a été abandonné au Royaume-Uni aussi, mais a été utilisé dans des pays en développement comme le Brésil, où une campagne de vaccination de masse a conduit à une épidémie de méningite. Dans une étude ultérieure, les scientifiques ont découvert que plus vous étiez jeune lorsque vous avez reçu le vaccin, plus le risque de méningite était élevé.

Le 28.11.19, un article est paru dans le Ärzteblatt, la revue médicale *"Déjà plus de 5.000 décès dus à la rougeole au Congo"*[586]. On pouvait y lire: *"Kinshasa - Depuis le début de l'année, l'épidémie de rougeole au Congo a fait plus de 5 000 morts. Comme l'a annoncé hier l'Unicef, l'organisation d'aide aux enfants, environ 90 % des victimes étaient des enfants de moins de cinq ans. Et sur Welt.de on pouvait lire: "la République démocratique du Congo est actuellement confrontée à deux épidémies: la deuxième plus grande épidémie d'Ebola de l'histoire et la rougeole. La maladie infantile a tué plus de gens que le redouté Ebola."* [587] Un commentaire sur la page systematischgesund.de complète ces rapports comme suit:[588] *"Que s'est-il passé AVANT la grave épidémie de rougeole? Grâce au moteur de recherche de confiance, vous pouvez obtenir rapidement l'information que la 3ème campagne de vaccination avait déjà eu lieu auparavant. L'une des organisations impliquées, 'Médecins sans frontières', a vacciné à elle seule plus de 361 000 enfants contre la rougeole en cinq mois. Au fait, nous apprenons également que 223 000 personnes ont été vaccinées contre le virus Ebola. Avec un 'vaccin expérimental' dont l'utilisation est controversée. Des **expériences sont donc menées avec des personnes en Afrique!!! Et hônit soit qui pense à l'Ukraine quand il voit l'épidémie de rougeole.** Ils n'avaient pratiquement pas de rougeole en 2010 et un taux de vaccination de seulement*

56%. Le pire taux en Europe. En 2017, une grande campagne de vaccination de l'OMS a permis de porter le taux à 91 % - et de faire en sorte qu'en 2018, l'Ukraine ait le plus grand nombre de cas de rougeole en Europe. ***Mais des éléments tels que les risques et les effets secondaires des vaccins sont souvent ignorés et dissimulés.*** *... Toute personne à peu près raisonnable s'attendrait à ce que les résultats conduisent à un arrêt immédiat des campagnes de vaccination. Loin de là, les activités seront intensifiées et des dons seront collectés pour elles. En connaissant les conséquences et les dommages, il s'agit au moins d'une blessure corporelle intentionnelle, voire d'une tentative de meurtre!"*

Contrairement à ces rapports négatifs sur les effets des vaccins, il existe des études scientifiques qui certifient la sécurité des vaccins. Ces études justifient également l'utilité des vaccinations. Dans le livre "Klartext Impfen - Ein Aufklärungsbuch zum Schutz unserer Gesundheit"[589] de Th. Schmitz et S. Siebert, publié en 2019, il est écrit en gros caractères au dos de la couverture : *"Les enfants ne deviennent pas autistes à la suite d'un vaccin contre la rougeole. ...les faits s'opposent à la désinformation..."* Et au chapitre cinq, il est dit: *"... que Melinda et Bill Gates contribuent à réduire le nombre d'enfants qui meurent de maladies infectieuses évitables."*[§§§§§§§§§§§§§§§§§] La vaccination n'est donc pas aussi dangereuse que certains sceptiques voudraient nous le faire croire? Ce livre est contredit par un autre livre, "The Vaccinated Nation : How Vaccination Hurts People - Why ADHD, autism, asthma and allergies are increasing dramatically", 2018, par A. Moritz. Certains de ses messages clés sont les suivants: *"Ce sont les vaccins, et non les virus, qui provoquent la maladie... De nombreux vaccins sont génétiquement modifiés pour provoquer des maladies puis inventer des "traitements préventifs" pour sauver de larges populations de ces "maladies mortelles"... Les vaccins ont*

[§§§§§§§§§§§§§§§§§] La Fondation Bill & Melinda Gates est de loin la plus grande fondation privée au monde en termes de dépôts (devant la Open Society Foundation de George Soros). Ces deux fondations ont pour objectif commun de faire progresser la mondialisation. Concernant les activités de Bill Gates en relation avec le Coronavirus voir le chapitre "Le Covid 19 – une arme biologique?"

des effets secondaires pathogènes, notamment les maladies auto-immunes, la mort subite du nourrisson et l'autisme. "[590] Où est la vérité? Il y a donc deux points de vue différents:[591]

"Point de vue numéro 1 *– L'industrie pharmaceutique et les médias monopolistiques : des études scientifiques sont censées prouver qu'il n'y a pas de lien entre la vaccination ROR et l'autisme !*

Point de vue numéro 2 *– la documentation Vaxxed*[592]*: des milliers de témoignages crédibles prouvent le lien entre la vaccination ROR et l'autisme par l'expérience pratique !* Ce second point de vue devrait être le résultat des expériences de 250000 parents qui ont répondu à l'appel d'un couple de parents affectés.[593,594] *„L'expérience pratique d'innombrables parents révèle que les études prétendument scientifiques sont erronées, voire manipulées!"*

Avec l'introduction de la vaccination obligatoire contre la rougeole, les efforts des politiciens semblent être arrivés au point d'introduire non seulement une vaccination obligatoire contre ces maladies, mais aussi une **vaccination obligatoire générale**. D'une part, ils ne reconnaissent pas *"que les vaccins peuvent avoir des effets secondaires dangereux, par exemple l'encéphalite, la paralysie, la cécité, les maladies chroniques.*[595,596] Une obligation générale de vaccination ouvre la porte à son utilisation abusive, par laquelle on peut *"... réduire la population mondiale au minimum."*

"L'ancienne ministre finlandaise de la santé, Rauni-Leena Luukanen-Kilde, a ouvertement déclaré que le but principal de toute cette folie vaccinale est de réduire la population mondiale et, bien sûr, de faire des profits pour la mafia pharmaceutique.[597,598]
Une théorie du complot? Oui, bien sûr! Mais avec un degré de vérité très élevé : Bill Gates, auquel nous avons déjà fait référence dans le chapitre "Le virus Ebola, le SIDA, le SRAS et l'EHEC sont-ils des armes biologiques ? » est l'un des principaux défenseurs de la couverture de vaccination la plus large possible et des taux de vaccination les plus élevés possible autour du monde.

En partie, soi-disant, cela permettrait de ralentir ou d'inverser la croissance non maîtrisée de la population mondiale. Il propage la thèse suivante : si les gens sont tous vaccinés, ils sont en meilleure santé, et s'ils sont en meilleure santé, ils ont moins d'enfants.[599] À l'inverse, la population mondiale, qui augmente de plus en plus vite depuis une cinquantaine d'années, et l'augmentation des maladies qui y sont associées, telles que les crises cardiaques, le diabète, le cancer, l'hypertension et l'obésité, semblent confirmer la thèse de Bill Gates. C'est pourquoi il appelle à une vaccination complète et généralisée de tous les individus. Il est l'un des principaux parrains de l'OMS, qui n'est plus indépendante et soutient par conséquent une couverture vaccinale élevée de la population.

Je voudrais ajouter ici: Cette vaccination obligatoire sert également à affaiblir la santé des gens. Les personnes affaiblies ne se révoltent pas, elles doivent faire face à elles-mêmes. Tout cela est très grave, et les élites vont imposer la vaccination obligatoire. Cela se fera par étapes, progressivement, afin que la population s'y habitue. Elle commence par une vaccination obligatoire, initialement seulement contre une maladie spécifique, la rougeole. Progressivement, d'autres vaccinations seront légalement appliquées, et enfin une vaccination générale obligatoire contre toutes les maladies, que l'élite classera comme dangereuses. Et avec cela, la porte est ouverte aux abus, comme le prévoit la citation ci-dessus.

Il convient également de mentionner à ce stade que l'industrie pharmaceutique a un grand intérêt à ce que l'obligation de vaccina-tion soit ancrée dans la loi, car c'est un autre moyen d'augmenter ses bénéfices. Le fait qu'il ne s'agit pas seulement de profit, mais aussi de l'objectif de "réduction de la population mondiale" est étayé par des faits dans le chapitre du même nom. Si ces tendances ne sont pas arrêtées, la pratique de la vaccination risque de devenir l'une des armes les plus dangereuses contre l'humanité.

Cet objectif de "réduction de la population mondiale" n'est donc pas seulement atteint grâce aux produits chimiques pathogènes qui sont pulvérisés au-dessus de nos têtes (chemtrails) et à l'irradiation par des armes à rayons, mais aussi grâce aux campagnes de vaccination. Comme nous l'avons vu dans le chapitre « Le virus Ebola, le sida, le SRAS et l'EHEC sont-ils des armes biologiques ?", le SIDA est très probablement causé par une campagne de vaccination.[600]

Les campagnes de vaccination sont également déguisées et nous sont souvent imposées comme un „cheval de Troie". L'article "La vaccination – la décimation de l'humanité"[601] présente une multitude d'exemples concrets des dernières décennies : Voici quelques mots-clés :

- ***"La stérilisation secrète par la vaccination"*** (Sous prétexte que le vaccin est uniquement contre le tétanos, des millions de femmes au Nicaragua, au Mexique et aux Philippines âgées de 15 à 45 ans ont été stérilisées dans les années 1990.)
- ***"La stérilité par le maïs génétiquement modifié"*** (*"Le maïs portant la désignation MON 810 de Monsanto, une société de la Fondation Rockefeller, provoque la stérilité et altère le système immunitaire"*).
- ***"La stérilisation par vaccination orale contre la polio"*** (*"Certaines des substances que nous avons trouvées dans les vaccins sont dangereusement toxiques ; et certaines ont également un effet direct sur le système reproductif humain"*).
- **La stérilisation par la vaccination contre le papillomavirus** : *"En Inde, la Cour suprême enquête sur Bill Gates : la Fondation Gates est en train de financer les essais de vaccins contre le* **papillomavirus** *qui ont déjà tué des dizaines de personnes, selon des sources officielles. Les tests ont été effectués principalement sur des filles provenant de régions indiennes particulièrement pauvres et ayant un faible niveau d'éducation..."*[602] *"Le principal effet secondaire de ces vaccins anti-papillomavirus est l'infertilité."*[603]

"Mais la baisse du taux de natalité a cessé depuis longtemps d'être le moyen le plus parfait des oligarques et des élites. D'autres moyens ont été utilisés pour faire avancer les plans de dépeuplement. Et elles ne s'adressent plus "uniquement" aux

habitants des pays du tiers monde. N'importe lequel d'entre nous pourrait être victime de ces mesures aujourd'hui."[604]   Et ces mesures ont une incidence sur notre alimentation quotidienne. Nous constatons actuellement que les semences génétiquement manipulées sont en passe de se répandre dans le monde entier. Même si beaucoup de gens pensent que c'est à eux de décider de consommer ou non des aliments génétiquement modifiés, ceci est depuis longtemps une illusion ; car ces substances se retrouvent souvent dans nos assiettes par des voies difficiles à retracer dans les aliments produits industriellement. *"Le glyphosate arrive dans nos assiettes par les œufs, le lait et la viande, tout comme l'additif tallowamine polyéthoxylée (POEA) et le produit de décomposition l'AMPA contenus dans les mélanges de glyphosate. Les deux sont beaucoup plus toxiques que le glyphosate lui-même ... La POEA, seule ou en combinaison avec le glyphosate, peut provoquer le cancer ... Des études récentes montrent que le glyphosate, la POEA et l'AMPA présentent de graves risques pour la santé, même aux concentrations les plus faibles. Les indications d'effets hormonaux sont particulièrement préoccupantes. Le cancer, la mort cellulaire, les troubles de la fertilité, les dommages au matériel génétique, au développement embryonnaire, le foie et les reins font également parmi les consequences."*[605]

Sur le site Internet de MONSANTO, vous pouvez lire:[606]
"Les OGM sont des organismes génétiquement modifiés
L'un des faits les plus importants concernant les OGM est que les OGM sont développés avec des caractéristiques bénéfiques qui les aident à prospérer dans leur environnement. Pensez à du maïs résistant à la sécheresse ou à du soja résistant aux parasites qui nécessite moins de pulvérisations contre les insectes. Cela aide les agriculteurs, rends les récoltes meilleures au profit de tout le monde, ce qui influence ce qui est disponible au magasin... et sur ce que nous pouvons mettre dans nos assiettes." ******************

****************** GMO sind genetisch veränderte Organismen
Einer der wichtigsten GVO-Fakten ist, dass GVO mit nützlichen Eigenschaften entwickelt werden, die ihnen helfen, in ihrer Umwelt zu gedeihen. Denken Sie an trockentolerante Mais oder schädlingsresistente Sojabohnen, die weniger Insektenspray benötigen. Das hilft Landwirten und besseren Ernten, allen zu nützen

Ici, une gamme de produits (qui comprend du maïs et du soja génétiquement modifiés) est présentée et annoncée comme quelque chose de positif. Mais c'est exactement le contraire qui se produit. Dans l'article cité ci-dessus, on peut lire :[607] *Le contrôle alimentaire : Monsanto est le leader en matière d'OGM lorsqu'il s'agit de contrôler l'humanité. Les OGM à eux seuls pourraient déjà propager des maladies et des décès dans le monde entier. Mais le programme de semences de Monsanto est la graine déjà développée pour contrôler la chaîne alimentaire mondiale."*

Une autre atteinte à notre santé est que dans diverses régions, notamment aux États-Unis, du fluor ou du fluorure est ajouté à l'eau potable afin qu'il rende l'émail plus résistant aux caries. Cependant, le fluor ou le fluorure est l'un des poisons[608] les plus puissants pour l'organisme humain et il est pratiquement impossible de le faire sortir du corps. *"L'ajout de fluorure dans l'approvisionnement en eau a une corrélation directe avec le nombre de décès fœtaux, d'enfants atteints du syndrome de Down, de dents fragiles et de structures radiculaires élevées, de maladies de la colonne vertébrale, d'ostéomalacie ... et l'ostéoporose... La fluoration est le plus grand cas de fraude scientifique, non seulement de ce siècle, mais peut-être de tous les temps.*"[609] Dans les supermarchés allemands, il y a un grand choix de dentifrices, mais pratiquement tous contiennent du fluor supplémentaire ; je n'ai pas pu trouver de dentifrice sans fluor dans les supermarchés normaux. Il s'agit d'une attaque délibérée contre la santé publique.[610] Pour obtenir un dentifrice sans fluor, il faut se rendre dans des magasins spécialisés, par exemple ceux qui ne vendent que des produits biologiques.

L'eau potable dans les villes peut également contenir des traces d'autres substances qui ne sont pas bonnes pour nous, comme des résidus d'antibiotiques, d'antidépresseurs et d'autres résidus de médicaments, des médicaments qui peuvent être filtrés de manière

---

und beeinflusst, was im Geschäft erhältlich ist ... und was wir auf unsere Teller legen können."

incomplète, ce qui, selon la source[611] mentionnée, serait le cas notamment aux États-Unis.

En résumé, il faut dire qu'un vaste programme de réduction de la population mondiale est actuellement mis en œuvre, qui, en plus des guerres menées par les États-Unis et l'OTAN, comprend l'empoisonnement des populations par la vaccination, par la chaîne alimentaire, par la pulvérisation de poisons dans l'air et par l'irradiation. Il semble que la plupart des épidémies et des nouvelles maladies infectieuses aient été inventées au cours des 100 dernières années ou trouvent leur origine dans la propagation de maladies développées dans les laboratoires militaires et propagées par la vaccination de masse. D'une part, pour gagner de l'argent avec les vaccinations nationales et le traitement ultérieur des patients, d'autre part, pour créer la peur et arrêter la croissance démographique. *"On nous émousse, on nous rend malades et on nous rend stériles."*[612]

Vaccin Covid19 - Effets secondaires

Le principal initiateur et sponsor du développement du futur vaccin Covid19 est le multimilliardaire Bill Gates. L'ONU estime le coût total à 40 milliards d'euros.[613] Une grande partie de l'argent nécessaire sera également apporté par la conférence des donateurs des chefs d'État et de gouvernement début mai 2020 : 7,4 milliards d'euros. Le développement du vaccin Covid19 est donc un projet gigantesque qui ne doit en aucun cas échouer. De telles déclarations selon lesquelles il faut s'attendre à 700 000 victimes (selon l'estimation du principal initiateur Bill Gates[614]) en raison des effets secondaires peuvent rapidement passer au second plan. Cependant, si le nombre total de personnes que Bill Gates veut vacciner était de 7 milliards,[615] cela ne concernerait que 0,1% des personnes vaccinées. Quels sont les effets secondaires ? On peut mourir ou être handicapé de façon permanente, par exemple par une paralysie.

Qu'est-ce que ce nouveau vaccin a de si particulier ? Il s'agit d'un vaccin à ARN dans lequel les gènes de la personne vaccinée sont modifiés[616] - une sorte de manipulation génétique dans laquelle le matériel génétique des cellules de la personne vaccinée est altéré. Il s'agit donc d'une nouvelle qualité par rapport aux vaccins utilisés jusqu'à présent, dans lesquels les virus affaiblis sont le principal composant du vaccin contre lequel la vaccination est censée être efficace.

Dans une lettre, le médecin Dr. Christin Gramsch décrit le mode d'action et les conséquences du nouveau vaccin prévu contre Covid19 comme suit:[617]

"A tous mes patients :
Je voudrais dès à présent attirer votre attention sur des questions importantes concernant une prochaine vaccination contre le Covid-19 :
Au cours des 20 dernières années, j'ai reçu un certain nombre de patients qui ont développé des symptômes après avoir été vaccinés, que j'ai dû traiter par la suite. Bien entendu, ces symptômes/maladies produits artificiellement ont toujours représenté un défi particulier dans les cas individuels et ont été un peu plus difficiles à traiter que les maladies prédominantes qui découlent de la nature du patient, c'est-à-dire qui sont d'origine naturelle.
Cependant, comme les conséquences de la vaccination se basaient principalement sur les adjuvants déjà fréquemment mentionnés et présentant de nombreux effets secondaires (boosters de substances actives, également appelés boosters), dont l'excrétion ne pouvait pas être supportée par l'organisme dans certains cas et qui développaient donc une symptomatologie légère à sévère, une thérapie homéopathique, dans laquelle la force vitale individuelle était stimulée pour éliminer les toxines de l'organisme, a finalement réussi et les conséquences de la vaccination ont disparu, même si souvent seulement après de nombreux mois.
Toutefois, en raison du nouveau mode d'action du futur vaccin contre les coronavirus, de tels succès de guérison ne seront plus

possibles à l'avenir. Pour la première fois dans l'histoire de la vaccination, les vaccins à ARNm de la dernière génération interviennent directement dans le matériel génétique de la personne/du patient et modifient ainsi le matériel génétique individuel dans le sens d'une manipulation génétique jusqu'ici interdite, voire criminelle. Cette intervention peut être comparée à celle des aliments génétiquement manipulés, qui est également très controversée. Bien que les médias et les hommes politiques en parlent actuellement de manière banale, et qu'ils réclament même sans réfléchir un nouveau type de vaccination pour pouvoir revenir à la normale, une telle vaccination est tout aussi problématique en termes de santé, de morale et d'éthique et aussi en termes de dommages génétiques, qui, contrairement aux dommages causés par les vaccinations précédentes, seront désormais irréversibles, irréversibles et irréparables.

Chers patients, après une telle nouvelle vaccination à ARNm, ils ne pourront plus faire traiter les symptômes de la vaccination d'une autre manière, ils devront vivre avec les conséquences, car on ne peut plus les traiter simplement en drainant les toxines du corps humain, tout comme on ne peut pas traiter une personne atteinte d'un défaut génétique (par exemple un patient cancéreux). par exemple la trisomie 18 ou 21, le syndrome de Klinefelter, le syndrome de Turner, les maladies cardiaques génétiques, l'hémophilie, la mucoviscidose, le syndrome de Rett, etc.), car le défaut génétique reste présent une fois pour toutes !

En clair, cela signifie : si vous présentez une symptomatologie vaccinale après une vaccination à l'ARNm, ni moi ni aucun autre thérapeute ne pourrons vous aider à établir un lien de cause à effet, car les dommages causés par la vaccination seront génétiquement irréversibles.

À mon avis, ces nouveaux vaccins représentent un crime contre l'humanité qui n'a jamais été commis auparavant sous une forme aussi large dans l'histoire.''

Comme l'a dit le Dr Wolfgang Wodarg, un médecin expérimenté : En fait, ce "vaccin prometteur" (pour la grande majorité des gens) est une manipulation génétique interdite!

7. Comment l'élite se protège-t-elle de ses propres armes?

*Automne 2009: Le gouvernement fédéral, les fonctionnaires fédéraux et les soldats des forces armées allemandes ont reçu un vaccin contre la grippe porcine **sans activateur**, mais la population a reçu un vaccin **avec un activateur** (adjuvant[†]).*[618]

Dans la section "Les psychopathes", nous avions déjà souligné que les psychopathes font aussi des choses qui peuvent entraîner leur propre destruction. Néanmoins, nous pouvons supposer que les représentants de l'État profond prennent des précautions et ont déjà pris des mesures pour se protéger des conséquences de leurs actions. En ces temps où la crise globale (Rockefeller) n'a pas encore éclaté, ils vivent dans des zones où aucun produit chimique n'est pulvérisé et ils ont plusieurs endroits où l'on peut les trouver. En outre, ils disposent de leurs propres canaux/installations de communication non publics pour s'informer mutuellement quand, où, quoi et comment quelque chose est prévu, une opération de faux pavillon par les services secrets par exemple. Et lorsque la crise globale prévue commencera (troubles à travers les pays, guerres civiles), ils ne seront pas "présents". Ils se sont créé des refuges sous la forme d'immenses systèmes de tunnels souterrains, dans lesquels ils peuvent se retirer pendant longtemps pour attendre la fin des émeutes. Ces systèmes de tunnels sont hermétiquement fermés par rapport au monde extérieur, et leur approvisionnement autonome (eau potable, nourriture) est garanti pour longtemps. Ces systèmes de tunnels ne sont connus que des membres de l'État profond et ne sont accessibles qu'à eux. La réalisation et le

---

[†] Les adjuvants sont des sels d'aluminium comme l'hydroxyde d'aluminium. L'aluminium est à l'origine de nombreuses maladies, par exemple la maladie d'Alzheimer.

financement de ces énormes systèmes de tunnels sont en cours et se sont déroulés dans l'ombre et sous le couvert d'autres grands projets (par exemple, l'aéroport de Denver (États-Unis), l'aéroport de Berlin, le projet ferroviaire "Stuttgart21"), ce qui signifie que leur construction pouvait se faire de manière relativement cachée et que les habitants du voisinage avaient peu de connaissances des objectifs de construction et des travaux réels. Les énormes ressources financières que ces projets de tunnels ont englouties en République fédérale d'Allemagne ont été mises à disposition et facturées via les grands projets "Aéroport de Berlin" et "Stuttgart21". En ce qui concerne l'aéroport principal de Berlin, beaucoup ont peut-être déjà remarqué que quelque chose ne va pas. Depuis 2012, première date d'achèvement officiellement prévue, pourquoi les ingénieurs allemands n'ont-ils pas réussi à résoudre les problèmes techniques qui faisaient obstacle à l'ouverture de BER, d'autant plus que BER était une entreprise renommée? L'aéroport de Berlin inutilisé coûte au contribuable environ 1,3 million d'euros par jour (!) (déterminé en 2016). Quel est l'objectif de ces énormes ressources financières?
À Denver, des investisseurs privés ont financé et construit l'aéroport, mais ils ne sont pas officiellement connus.[619]

Deborah Tavares répond à la question ci-dessus par un exemple: *"Certaines des informations que nous avons rencontrées sont les suivantes : bien sûr, ils ont des méthodes qui sont bien en avance sur celles dont nous disposons, comme les remèdes contre le cancer ; ils n'ont pas de cancer..."* Afin de prendre la tête du tollé attendu de la "théorie du complot", je voudrais faire les commentaires suivants sur le sujet de la prévention et de la guérison du cancer.

Les statistiques montrent qu'aujourd'hui, un homme sur deux et une femme sur trois développeront un cancer au cours de leur vie, et que cette forte probabilité de développer un cancer est largement liée à notre mode de vie et aux toxines environnementales - des toxines environnementales telles que les pesticides, les insecticides et les produits synthétiques,[620] comme ceux utilisés dans l'agriculture pour tuer les mauvaises herbes ou dans l'industrie alimentaire pour prolonger la durée de conservation des aliments. *"En 1850, seulement une personne sur 2500 mourait du cancer. Aujourd'hui, une personne sur trois meurt du cancer."*[621] *Et une étude récente affirme: "Le cancer est 100% d'origine humaine ... après la révolution industrielle, les cas de cancer ont explosé, surtout chez les enfants, ce qui prouve que cette augmentation du cancer n'est pas seulement due à l'allongement de l'espérance de vie ... Dans la nature, il n'y a pratiquement rien qui puisse causer le cancer. Il doit donc être créé par l'homme, par la pollution et les changements de régime alimentaire et de mode de vie. Le plus important dans notre étude est qu'elle nous montre cette maladie dans une perspective historique. Nous pouvons donner des informations claires sur les taux de cancer à différentes époques et dans différentes sociétés parce que nous avons une vue d'ensemble complète. Nous avons étudié des milliers d'années, pas seulement les 100 dernières, et nous avons accès à d'innombrables données"*[622]

Les élites super-riches peuvent facilement échapper à ces influences néfastes sur la santé causées par notre mode de vie et les toxines environnementales en vivant largement en autarcie et en bannissant ces facteurs négatifs de leur vie. Et si cela se produit, il existe des "médicaments anticancéreux éprouvés", dont la distribution et la connaissance ne sont pas soutenues, voire supprimées et combattues par l'industrie pharmaceutique, parce que ces médicaments coûtent peu et que, par conséquent, on ne peut pas gagner de l'argent avec, également parce qu'ils ne sont pas brevetables. Bien au contraire, si ces médicaments anticancéreux seraient mis en vente, cela causera une perte des ventes gigantesques à l'industrie anticancéreuse traditionnelle (la chimiothérapie, la radiologie sont très coûteux) *"Les thérapies contre le cancer qui ne coûtent pas ou peu et ne sont pas brevetables n'ont pas la moindre chance politique d'être approuvées. Ils sont étouffés, supprimés, ridiculisés et discrédités."*[623] Un "remède anticancéreux" consiste, par exemple, en un apport quotidien de très fortes doses de vitamine C naturelle ("thérapie à haute dose"), complété par un mode de vie sain et équilibré qui permet de lutter contre l'hyperacidité des cellules humaines : beaucoup d'exercice physique, une alimentation correcte ou variée (beaucoup de légumes, de préférence des "légumes biologiques"), un sommeil suffisant, un ensoleillement suffisant, une consommation d'alcool suffisante, une attitude positive face à la vie et un niveau de stress permanent pas trop élevé.[624] *"Le manque de lumière provoque la croissance des tumeurs. Pourquoi personne ne sait qu'une portion adéquate de vitamine D, qui n'est produite dans la peau que par la lumière du soleil, peut nous protéger du cancer? Que les gens se sont soignés alternativement avec des vitamines à forte dose, l'oxygénothérapie, la désacidification et bien d'autres méthodes naturelles? Elles sont supprimées pour nous maintenir dans la dépendance. "Chaque jour, des milliers d'autres victimes sont prises dans la toile de la chimio...* "[625] Les "médicaments anticancéreux" mentionnés ici ne sont pas seulement le moyen décisif pour prévenir le cancer, mais éventuellement aussi pour le guérir ; car le cancer n'est pas seulement la maladie d'un seul organe du corps, mais c'est une maladie de l'ensemble du corps, qui se manifeste d'abord dans un des ses organes. L'auteur du livre, Lothar Hirneise[626], va encore plus loin : il dit : "Si le niveau de stress est trop élevé pendant des années, cela entraîne une baisse permanente du taux d'adrénaline dans les cellules, qui provoque à son tour une hyperglycémie, qui conduit à la destruction de la cellule à partir d'un certain niveau de sucre. Pour éviter cette destruction, l'évolution a établi le mécanisme de passage à un métabolisme dit de fermentation, qui permet à la cellule de brûler 20 fois plus de sucre qu'une cellule normale. La cellule ainsi modifiée est la cellule cancéreuse, qui n'est donc plus exposée au danger de l'hyperglycémie et de la folie. En d'autres termes, le cancer est avant tout quelque chose de bon, car il permet de survivre en modifiant le métabolisme. L'inconvénient, cependant, est la division cellulaire illimitée, qui conduit finalement à la mort, si le métabolisme cellulaire ne parvient pas à revenir à une production normale d'énergie, ce qui est possible en fournissant plus d'oxygène, accompagné d'un changement de vie, vers un mode de vie sain, c'est-à-dire la désintoxication du corps, le changement de régime alimentaire et la réduction du stress.

"Le cancer est une maladie de carence. Le cancer se développe lorsqu'une certaine substance, autrefois présente dans l'alimentation, est absente de l'organisme, mais elle a été largement éliminée par l'élevage ... Tout comme le scorbut (carence en vitamine C), la pélagre (carence en vitamine B) ou le rachitisme (carence en vitamine D), le cancer survient lorsque cette substance n'est pas fournie avec de la nourriture. En effet, notre système immunitaire est normalement capable de faire face aux nouvelles cellules cancéreuses qui se forment chaque jour. Ce n'est que lorsque le système immunitaire est surchargé en raison de certains facteurs (radiations, malnutrition, stress et autres facteurs cancérigènes) ET que cette substance n'est pas présente que les cellules cancéreuses peuvent prendre le relais et se transformer en tumeur." [627]

Et là aussi, nous sommes confrontés au fait que nous avons rencontrés à plusieurs reprises dans le discours précédent, à savoir que l'establishment, l'élite, non seulement dissimule de telles intuitions positives, mais les combat aussi. Et la peur s'installe, un moyen éprouvé de manipuler les gens. *"Ce message, qui programme l'esprit humain ("j'ai eu un diagnostic du cancer, je suis en train de mourir"), est très efficace par son effet effrayant. Comme rien ne rend les humains plus vulnérables et manipulables que la peur, ce message les place déjà dans la spirale criminelle de l'industrie pharmaceutique."* [628]

Le premier à avoir placé la "thérapie à forte dose" avec de la vitamine C naturelle au cœur de la prévention et de la guérison du cancer a été le double prix Nobel Linus Pauling, qui a reçu le prix Nobel de chimie en 1954 et le prix Nobel de la paix huit ans plus tard. Pauling pensait que la majorité de la recherche sur le cancer était basée sur la fraude et que les organisations les plus importantes pour la recherche contre le cancer étaient redevables à ceux qui les financaient. [629,630]

Mais comme l'élite n'a pas réussi à réfuter les conclusions de Linus Pauling sur la prévention et le traitement du cancer, ils l'ont dénigré et ont tenté de le ridiculiser en le qualifiant de "pape des vitamines".[631] Linus Pauling a démenti cette campagne des élites en appliquant sa méthode de guérison à lui-même après avoir reçu son propre diagnostic de cancer à l'âge de 60 ans. Il y survit 33 ans et meurt à l'âge de 93 ans. Même ces derniers temps, l'industrie pharmaceutique lutte contre cette prévention et ce traitement du cancer, et les médias sont prêts à aider dans cette lutte. En 2011, le WDR a diffusé un programme télévisé mettant en garde contre les compléments alimentaires, qui augmentent *le risque de décès* et sont des *"substances hautement nocives"*.[632] Ce programme du WDR a été diffusé en même temps qu'une série de conférences du Dr Rath, un médecin spécialisé dans le rôle des vitamines dans la prévention et la guérison du cancer. Dans la version en ligne de Bild.de, on pouvait lire : *"Les préparations à base de vitamines sont-elles dangereuses ? Les femmes meurent plus tôt, les hommes ont plus souvent un cancer de la prostate"*,[633] en référence à une étude américaine, qui en réalité n'était pas du tout une étude clinique, où les vitamines sont généralement administrées dans un groupe de participants, tandis qu'un second groupe, le groupe témoin, ne reçoit aucune vitamine. Au lieu de cela, *"toute l'étude était basée sur des 'questionnaires' sur les 'habitudes alimentaires' et d'autres aspects, où vous vivez, quel est votre niveau d'éducation, etc. "*[634] Et 80 % de ceux qui ont commencé cette étude l'ont quittée avant son achèvement.

Les représentants de ces approches médicales alternatives au traitement du cancer ne doivent pas seulement faire fâce aux médias, mais doivent aussi se justifier devant les tribunaux, où ils risquent de perdre leur droit d'exercer et sont même menacés d'emprisonnement.[635] En 2007, un pharmacien avait obtenu une décision[636] historique contre la corporation des pharmaciens devant la Cour administrative supérieure de Basse-Saxe, qui voulait interdire la distribution d'amygdaline (également connue sous les noms d'Amigdalina, Laetrile (Lätril), Mandelonitrile ou vitamine B17) comme moyen alternatif de prophylaxie et de traitement des maladies tumorales (cancer) ou de leurs symptômes.

Un mot encore sur la vitamine C, "agent anticancéreux": la vitamine C artificielle, l'acide ascorbique, semble également convenir à une "thérapie à forte dose" ; toutefois, elle devrait être complétée par l'apport parallèle d'autres micronutriments, les vitamines B1, B5, B12, B17 et autres. La (pseudo)vitamine B17 susmentionnée joue apparemment un rôle clé dans la lutte contre le cancer[637] Il est contenu dans un certain nombre de fruits sauvages,[‡‡‡‡‡‡‡‡‡‡‡‡‡‡‡‡‡‡] par exemple dans les noyaux d'abricot à des doses relativement élevées, mais aussi dans de nombreux autres fruits qui poussent dans nos jardins. Les substances amères ou la teneur en acide prussique de ces fruits jouent un rôle décisif à cet égard. L'avantage du "mécanisme B17" est qu'il agit de manière sélective contre les cellules cancéreuses et détruit à peine les tissus sains. Il y a même ici une analogie avec le mode d'action de la pénicilline en ce sens que la pénicilline agit également de manière sélective, c'est-à-dire contre les bactéries, mais n'attaque pas les cellules humaines.[638] La chimiothérapie, en revanche, détruit à la fois les cellules cancéreuses et les cellules saines. Cet avantage à lui seul serait une raison suffisante pour que l'industrie pharmaceutique investisse des milliards d'euros dans la recherche scientifiques autour du "mécanisme B17", ce qu'elle ne fait pas. Au contraire, elle relativise, voire discrédite les résultats précédents.[639]

Un article paru dans le Deutsche Apothekerzeitung de 2012 déclarait:[640] *"L'amygdaline, l'ingrédient des amandes amères et des graines d'abricots et de pommes, est une substance cytotoxique, qui induit l'apoptose. Par conséquent, il faut en principe supposer des effets correspondants sur les cellules tumorales, ce qui n'a toutefois pas pu être confirmé dans la plupart des études animales ni dans les quelques études systématiques disponibles sur les patients cancéreux."* Et dans la suite du texte de cet article, on pouvait lire: *"Il n'existe pas d'essais cliniques contrôlés et randomisés sur le Laetrile ou l'Amygdaline."* Si c'est le cas, comment peut-on dire que Laetrile ou Amygdaline n'agissent pas contre le cancer? Et encore une fois : pourquoi l'industrie pharmaceutique ne commande-t-elle pas des essais cliniques

---

[‡‡‡‡‡‡‡‡‡‡‡‡‡‡‡‡‡‡] Dans les formes modernes de ces fruits, ces substances amères ont été partiellement éliminées, c'est pourquoi elles ont perdu certaines de leurs propriétés anticancéreuses.

contrôlés et randomisés avec le laetrile ou l'amygdaline ? C'est tellement incroyable; il existe une substance connue pour tuer sélectivement les cellules cancéreuses sur le plan biochimique tout en laissant les cellules normales intactes, et aucune recherche n'est effectuée ni aucune étude commandée.

Dans une vidéo[641] intitulée "Des noyaux d'abricot contre le cancer: une naturopathie qui met la vie en danger", l'exemple d'une thérapie contre le cancer échouée avec la "thérapie B17" chez une patiente est discuté et mélangé avec des aspects ésotériques (Bruno Gröning, *"l'inventeur du courant de guérison divin ... Les fers à cheval en papier d'aluminium pouvaient intensifier l'effet."*) qui discréditent ainsi la médecine alternative. Une réponse est donnée par la vidéo[642]. Dans une brochure éducative, le combat inégal et injuste entre la médecine traditionelle et la médecine alternative (nouvelle) est mis en évidence:[643] *"Malheureusement, il y a actuellement deux poids de mesures : si une seule personne meurt dans un cadre de médecine alternative, un orage éclate: 'Il pourrait être encore en vie, s'il n'avait pas cru à ces absurdités.'* D'autre part: *"Malgré les nombreux décès dans la médecine traditionnelle, il est dit ici: 'Nous avons fait de notre mieux, on ne pouvait plus le sauver.'"* Les patients atteints de cancer se tournent souvent vers les traitements alternatifs qu'à un stade avancé de leur traitement, à savoir lorsque la médecine traditionnelle ne peut plus les aider, lorsqu'ils sont „en fin de circuit théapeutique" pour ainsi dire. Cependant, en raison de la perte de temps et des dommages supplémentaires causés aux cellules lors des traitements précédents (chimiothérapie, radiothérapie, médicaments), le cancer a souvent progressé au point que les chances de guérison avec la thérapie B17 sont minimes. Cependant, même dans le cas de la "fin du circuit théapeutique", la thérapie B17 serait encore efficace dans 15% des cas.[644]

En raison de cette propagande contre les approches alternatives au traitement du cancer, voici quelques commentaires sur la B17 pour ceux qui recherchent sérieusement des traitements alternatifs. Si la consommation orale de noyaux d'abricot est très utile pour la **prévention** du cancer, elle est souvent insuffisante dans le cadre d'un traitement thérapeutique, car une partie considérable de l'effet est perdue par le mécanisme de désintoxication du foie, mais aussi déjà lors du passage intestinal, où les noyaux B17 sont décomposés et où l'acide prussique est donc libéré. L'administration par voie intraveineuse est donc préférable pour la **thérapie.** Comme le laetrile n'est disponible que sur ordonnance, vous devrez trouver un médecin (ou un dentiste) ouvert d'esprit qui soit disposé à rédiger une ordonnance (privée) pour le laetrile. Le prochain obstacle est de trouver un pharmacien qui propose du laetrile. Dans la vidéo[645] susmentionnée, la Floraapotheke de Hanovre est mentionnée comme source d'approvisionnement. Le prochain obstacle est de trouver un guérisseur qui vous donne ce remède par voie intraveineuse. Il est également important qu'un mode de vie sain soit visé, accompagnant la thérapie B17, comme déjà décrit ci-dessus en relation avec la thérapie à la vitamine C. *"Le laetril n'est pas un remède miracle, mais il fonctionne, comme cela a été prouvé empiriquement depuis 1834 ; c'était le premier cas cliniquement documenté. Et depuis lors, elle a fonctionné dans des centaines de milliers de cas documentés, statistiquement dans 85% des cas en moyenne, et statistiquement prouvé dans 15% de tous les cas chez des patients qui ont été gravement malades et abandonnés par la médecine traditionnelle.*[646] Les livres suivants donnent un bon aperçu du traitement de la B17 et de son impact sur les cellules cancéreuses :[647,648,649]

Les représentants de l'industrie pharmaceutique ne sont pas intéressés par ces thérapies alternatives ou complémentaires à la thérapie contre le cancer car cela réduirait leur profit. *"...même les médicaments onéreux contre le cancer, qui coûtent parfois 20 000 € par trimestre, ne peuvent promettre de guérison. Ce qu'un chercheur d'Ulm a découvert est d'autant plus surprenant : la méthadone, un substitut aux drogues, pourrait être capable de combattre efficacement les cellules cancéreuses pour seulement 30 € par trimestre. Cela semble être interéssant mais l'industrie pharmaceutique n'a pas le moindre intérêt à étudier scientifiquement cette nouvelle méthode. ..."*[650] Au contraire, ces approches prometteuses sont étouffées ou rejetées avec des arguments tels que "il n'y a pas d'études basées sur des preuves évidentes".[651] Comme la majorité des études médicales sont financées par l'industrie pharmaceutique, il n'est pas surprenant qu'aucune étude sur des approches thérapeutiques aussi prometteuses ne soit publiée.[652]

Outre les thérapies de traitement du cancer décrites ici, il convient également de mentionner d'autres approches prometteuses de la médecine altérnative, qui sont également combattues par l'industrie pharmaceutique car ces méthodes ne sont pas brevetables et ne rapportent docn rien, comme par exemple le graviola ou le GcMAF.[653] Il convient également de mentionner ici l'approche de Hamer pour comprendre le cancer et ses causes psychologiques telles que le choc et la peur, ainsi que les possibilités de guérison qui en découlent.[654]

Il est bien connu que la mélancolie, les soucis, l'humeur dépressive de base peuvent augmenter le risque de cancer, alors que c'est un peu moins le cas chez les personnes optimistes et heureuses. Dans ce dernier cas, le taux de sérotonine est évidemment plus élevé que dans le premier. Cela pourrait, par exemple, indiquer que ce n'est pas la composante psychologique qui est primordiale, mais la cause biochimique qui la sous-tend, le taux de sérotonine; car la condition préalable à une humeur de base positive est un taux de sérotonine élevé. Ce taux n'est élevé que si le précurseur de la sérotonine, la mélatonine, est présent dans l'organisme en quantité suffisante, car la sérotonine dans le corps est formée à partir de la mélatonine. Cependant, les radiations électromagnétiques générées techniquement peuvent entraîner une réduction de la production de mélatonine, ce qui affaiblit les défenses de l'organisme contre le cancer.[655] La mélatonine fait partie de la police du cancer dans le corps. Cela soutient l'approche de Hamer concernant les causes psychologiques telles que le choc et la peur dans le développement du cancer.

Malgré le dénigrement de ces "médicaments anticancéreux" par l'industrie pharmaceutique et ses sbires, je suppose que les élites font usage de ce savoir. Cependant, la population ne devrait pas en bénéficier.

8. La finale - Conclusion

„Nous nous mettons en danger lorsque nous nous élevons. Mais nous mettons nos enfants et petits-enfants encore plus en danger si nous ne le faisons pas." [656]

„Alors, au nom de Dieu, faites quelque chose, faites quelque chose pour votre propre avenir, par exemple, en commençant à informer tous les gens de ce qui ne va pas ici. "[657]

La manipulation et l'ennui des gens, qui se produisent simultanément à différents niveaux (médias, éducation, distraction par des jeux et des spectacles secondaires), peuvent être assez bien caractérisés par le terme de **contre**-réforme ; car il décrit un processus, qui est tout à fait comparable aux efforts de la fin du Moyen Âge, initié par de nombreux dirigeants de l'ancien monde pour défaire les aquis de la Réforme commencée par Luther, appelée **contre**-réforme. La Réforme était synonyme de progrès sur la voie de la libération des cerfs, la **Contre**-Réforme était synonyme de son contraire, la régression. Et c'est exactement la même chose à notre époque éclairée.

Nous vivons depuis longtemps dans une société éclairée, qui va maintenant retourner en arrière par un processus que j'appelle le **contre**-éclaircissement, un retour aux temps les plus sombres, dans lequel il y aura à nouveau une "autorité", appelons-la "l'élite" ou "le gouvernement mondial secret" ou "le comité de 300" ou les Illuminati.[658] Dans ce **contre**-éclaircissement, l'influence des médias et des politiciens sur la pensée des gens joue un rôle décisif. C'est un combat contre l'intellect, contre la pensée indépendante et logique. Un exemple de cette procession triomphale de la "pensée limitée" est l'idée que l'humanité est responsable du changement climatique et que les médias et les politiciens ont réussi à planter dans la tête des gens que le CO_2 est l'ultime méchant, bien que le CO_2 ne soit présent dans l'air que sous forme de gaz à très faible dose. Car c'est exactement le contraire: le CO_2 est essentiel à la vie, car il est l'une des conditions préalables à la vie sur notre planète. Avec son aide, les plantes produisent l'oxygène dont nous, humains et animaux, avons besoin pour respirer. Au Moyen Âge, les personnes critiques des dogmes de l'Église étaient stigmatisées comme hérétiques et, dans le pire des cas, brûlés sur le bûcher. Aujourd'hui, les personnes qui contredisent la thèse du changement climatique provoqué par l'homme par sa production de CO_2 sont cataloguées comme des négateurs du climat et des théoriciens du complot, où toute discussion sur le contenu est étouffée dans l'œuf.

Aujourd'hui, ce processus de **contre**-éclaircissement, c'est-à-dire de réduction de la capacité des gens à penser logiquement, se produit dans toutes les couches de la société, mais aussi en science. Dans le domaine social, cela se traduit par l'intégration de l'égalité des genres, le féminisme, la destruction de la famille, le remplacement des concepts traditionnels tels que le père et la mère par les parents 1 et 2, l'islamisation, l'hostilité envers la technologie, l'intégration dans les écoles, les classes mixtes, l'enseignement dans des classes communes entre enfants allemands et migrants, et le "BAC passé en vitesse".[659] Des tendances similaires peuvent être observées dans le domaine de la science: la contradiction avec les théories standards telles que le *"modèle standard des particules élémentaires"*, les théories cosmologiques des *mondes parallèles* et des *dimensions supplémentaires*, le *multivers* sont des théories que la plupart des spécialistes admettent aujourd'hui sans opposition, peu ou pas du tout. La contradiction fondamentale est à peine autorisée, en partie combattue par le rejet des manuscrits qui contredisent le courant scientifique prédominant. Le financement de la recherche est privilégié pour les projets de recherche qui suivent le courant scientifique prédominant. Les dissidents ou les chercheurs qui remettent en question ou rejettent ces "dogmes scientifiques" ont une position difficile. Un exemple flagrant est celui du cosmologiste Halton Arp, qui est mort maintenant, mais qui a découvert qu'il y a des contradictions entre la thèse du Big Bang et les constatations des observations plus récentes. La conséquence est que ses manuscrits, qui traitaient de ces contradictions, ne furent plus acceptés par les éditeurs scientifiques et qu'il ne put plus observer aux grands télescopes.[660] L'intégration de l'égalité des genres, dont les partisans soutiennent que le genre humain est une construction sociale, s'accompagne aujourd'hui scientifiquement de recherches menées par quelque 200 professeurs spécialisés dans les questions de genre en Allemagne. Un professeur de biologie, auteur du livre "The Gender Paradox", qui critique la "doctrine fantasmatique de l'intégration de l'égalitè des genres" et qui donne son avis franc concernant les hypothèses idéologiques des "chercheurs en matière de genre", est accusé. *"de prétendue incitation du peuple par l'insulte et la diffamation."*[661]

Le "changement climatique provoqué par l'homme" est une invention de l'élite, qui avec ce projet a des objectifs complètement différents de ceux de la sauvegarde du climat. L'objectif principal est de créer un projet ou un thème commun qui touche l'ensemble de la communauté mondiale et auquel toute l'humanité peut s'identifier. Ce point commun sert l'élite, qui aspire à un gouvernement mondial unique. Les autres objectifs sont les suivants

- La distribution des biens du bas vers le haut,
- La légalisation de la géo-ingénierie (et donc des chemtrails),
- l'affaiblissement de l'économie allemande (alignement des conditions de vie au sein de l'UE),
- La distraction des changements politiques,
- Perturber et créer la peur,
- "Diviser pour régner".
- Le démantèlement accéléré de la démocratie.

Ce à quoi nous assistons depuis quelques années est la célébration d'une religion du climat qui n'a aucune base scientifique, mais qui a au contraire élevé le "changement climatique provoqué par l'homme" au rang de dogme. L'affirmation centrale des représentants du "changement climatique provoqué par l'homme" est que le CO_2 produit par l'homme accélérerait le réchauffement de la planète, mot-clé "effet de serre". Les contre-arguments ne sont pas pris en compte par le complexe politico-médiatique ou sont balayés avec l'argument d'un "consensus des scientifiques", quasi une "décision à la majorité". Cette décision majoritaire "le CO_2 contribue au réchauffement climatique" est motivée par des considérations idéologiques et n'est pas étayée par des faits scientifiques concrets.

Mais le "changement climatique d'origine humaine" existe bel et bien si l'on y inclut l'augmentation de la fréquence et de l'intensité des phénomènes météorologiques tels que les tremblements de terre, les tsunamis, la perturbation de l'équilibre écologique d'une région, les changements climatiques (y compris la formation des nuages, les cyclones, les tornades). Cependant, ce n'est pas le CO_2 qui provoque ce "changement climatique dû à l'homme", mais dans une large mesure les manipulations météorologiques du HAARP en combinaison avec les matériaux répandus par les chemtrails. Les chemtrailson pour but :

- La pulvérisation de toxines comme le baryum, le strontium, l'aluminium.,
- La pulvérisation des composants d'une arme biologique (champignon de Morgellon),
- La création d'une couche "métallique" au-dessus de la surface de la terre pour permettre aux activités du HAARP d'atteindre le monde entier,
- La vaporisation des nanorobots (Smartdust), qui se fixent au cerveau humain,
- La protection contre le rayonnement solaire.

Le progrès technologique est fondamentalement quelque chose de précieux, à condition qu'on n'en abuse pas et, surtout, qu'on ne l'utilise pas contre les gens. Mais : *"tant que le monde sera dirigé par des psychopathes, nous devrons malheureusement, par expérience, toujours supposer le pire : les guerres, la manipulation du temps, le contrôle des esprits."* [662] Nous sommes actuellement dans une "fin de partie", et il semble que l'année "2025", (à laquelle correspondent ces trois documents 1, 2 et 5), soit en fait le point final temporel durant lequel l'élite prévoit de prendre le contrôle total de l'humanité, du moins dans le monde occidental. Il n'y a pas d'autre explication au fait que la même année figure comme point final dans ces trois documents. Le progrès technologique (la géo-ingénierie), associé à l'endoctrinement des gens par les médias, les politiciens, les ONG et les lobbyistes agissant dans l'intérêt de l'élite, sert cet objectif de prise de pouvoir. La raison pour laquelle ces derniers agissent dans l'intérêt de l'élite semble incompréhensible, mais elle est liée à l'énorme pouvoir financier de l'élite.

Les possibilités technologiques de la géoingénierie,[663] déjà utilisées aujourd'hui, comprennent la manipulation du temps, le déclenchement de catastrophes naturelles telles que les tremblements de terre, les tsunamis, les ouragans, l'obscurcissement du ciel, la déforestation (déboisement des forêts tropicales), l'empoisonnement de l'air que l'on respire et la contamination des sols et des eaux par des chemtrails.

Le document 58 donne un aperçu de ce que la géo-ingénierie peut faire et des conséquences de son utilisation pour les humains, les animaux et l'environnement. Derrière la géo-ingénierie se cache un projet de destruction massive qui a été mis en place contre l'humanité.

Ce qui n'est pas encore inclus dans cette liste, ce sont les efforts pour introduire une obligation légale de vaccination et la manipulation de la conscience des gens par la pulvérisation de nanoparticules/nanochips "intelligentes" (Smartdust) ainsi que par les rayons, grâce au nouveau réseau de la "5G". Les "5G" seront omniprésents, ce qui ne peut être évité et on ne peut pas y échapper.

Avec ces nanoparticules/nanochips, qui sont introduites dans notre corps de diverses manières sans que nous en ayons conscience, le cerveau de chaque être humain peut être lu au moyen de la grille de calcul intelligente IoT, mais aussi être contrôlé de l'extérieur et même certains états de conscience peuvent être influencés par l'extérieur. *"C'est l'esclavage ultime, auquel il n'y aura pas*

245

d'échappatoire, du moins pas par nos propres moyens." [664] C'est la parfaite tyrannie.

La géo-ingénierie est responsable de				
Météo - manipulation	Blackout du ciel	Déforestation	Air- dirt	Pollution des sols
ce qui entraîne les conséquences suivantes:				
Inondations Sécheresse Tremblement de terre Tsunami coups de vent violents Catastrophes naturelles extrêmement froid Phases météorologiques	Les pertes d'investissement pour solaire et renouvelable pour énergies nues carence en vitamine D Rachitisme Dépression Paranoïa Anxiété	Abeille et insecte die Le dépérissement des forêts le favoritisme de Champignons et moisissures Réduction de l'oxygène l'extinction de la flore Extinction d'espèces (faune)	Augmentation du nombre de cancers Le rhume des foins La grippe (Influenza) Asthme Alzheimer Parkinson la sclérose en plaques Autisme	Fin de la L'agriculture biologique L'acidification de la Sols l'extinction de la faune La contamination de la Le cycle de l'eau
et privilégie ce qui suit:				
Banques Entreprises du secteur de l'énergie La spéculation immobilière fabricant de résistant au stress Les semences génétiques La guerre du temps (La météo comme arme)	Entreprises du secteur de l'énergie Entreprises pharmaceutiques L'industrie nucléaire médical privé assurances	Monsanto L'agriculture avec Semences génétiques La réduction de la Population mondiale	Industrie pharma- pharmaceutique médical privé assurances	sur la génétique semences modifiées basé sur les terres économie résistant à l'aluminium Semences

Document 58: Aperçu des possibilités de la géo-ingénierie et des conséquences de son utilisation pour l'homme, les animaux et l'environnement (Source : https://www.chemtrailsprojectuk.com/).

La prise de pouvoir par l'élite s'accompagnera de bouleversements majeurs, voire de guerres civiles, encouragées par les migrations massives[665] vers l'Europe au cours des dernières années, qui entraîneront une réduction de la population. Une autre réduction significative de la population sera obtenue par l'utilisation de *"chemtrails (ou "géoingénierie"), de vaccins, d'aliments irradiés, d'OGM (Codex Alimentarius), de compteurs communicants, de l'utilisation de la 5G, ..."*[666]

Mais la manipulation de la conscience des gens se fait également de manière classique. Le changement climatique et l'engouement médiatique pour Greta qui s'ensuit est un classique par excellence, où les jeunes s'agitent contre les adultes. C'est pourquoi le mouvement „Grève pour le climat" ("Fridays for future") a été créé, approuvé par le gouvernement et les écoles. *"Il n'est donc pas difficile de voir vers où la nouvelle révolution culturelle de gens comme Greta et Rezo va nous mener. Elle doit provoquer un renversement, imposer la dictature du climat et priver les élites politiques et culturelles de leur pouvoir..."*[667]

La contradiction apparente selon laquelle il s'agirait d'idées communistes, qui sont en fait consacrées à la lutte contre la domination du capital, n'est en fait pas du tout une contradiction, puisque l'élite les utilise et les instrumentalise, tout simplement. La Révolution culturelle de 1966-1978 en Chine a également été initiée par l'establishment américain, provoquée et soutenue financièrement par la branche chinoise de l'Université de Yale.[668,669] Une méthode importante de l'élite pour cimenter son pouvoir est le principe de "diviser pour régner" ; la révolution culturelle n'était rien d'autre. Cela s'applique également à l'incitation à la révolte des jeunes contre les vieux dans le mouvement "Grève pour le climat".

Le sous-titre de la première et de la deuxième édition du présent livre, "Le cauchemar de nos enfants", évoqué symboliquement dans l'image de couverture par le rocher sur lequel se trouvent les deux enfants, qui menace de tomber dans les profondeurs, vise à exprimer de manière symbolique à quel point notre prochaine génération est en danger. Car ce qui leur est réservé sera une horreur sans fin si nous ne parvenons pas à arrêter l'"Agenda 2025". Une fois le NWO installé, tous les autres projets des mondialistes se poursuivront, parmi lesquels le "Mind Control" et le "Transhumanism Agenda" auront probablement les conséquences les plus dévastatrices pour la poursuite de l'existence d'un monde civilisé, car il pénétrera profondément dans la psyché et le monde de la pensée des humains et impliquera le démantèlement des capacités mentales, mais interviendra également dans le processus de reproduction biologique. Il est possible que nos enfants ne remarquent même pas comment la réalité de leur vie change progressivement, parce que cela se produit lentement, insidieusement, parallèlement aux changements cognitivo-politiques de leur conscience.

Il s'agit de l'ultime finalité pour influencer et contrôler à distance la population en passant outre ses pensées en la programmant et en contrôlant les sentiments et les actions des masses, *"l'esclavage ultime"*.

Un utilisateur de Facebook, Alfred E. Neumann, résume bien notre situation dans le commentaire suivant, posté le 12 juin 2019:
"Eh bien, chers amis, mes jours sur Fb sont également comptés J'ai toujours essayé d'être neutre, en refusant le enigrement et les insultes. Eh bien, puisque maintenant tout Fb est fouiné jusqu'au dernier recoin, notre État n'a probablement pas de plus gros problèmes que de punir les gens qui ne sont pas indifférent au résultat de leur politique et qui la trouvent même dangereuse. Je vois ma "dignité humaine" altérée à un point tel que même en tant que citoyen respectueux des lois, la présomption d'innocence ne s'applique probablement plus, ma liberté d'expression n'est plus possible sans devoir compter avec des représailles ultérieures et mon droit à l'information est si sévèrement limité par tous les filtres en image, en son et à l'écrit qu'une information neutre est impossible et les jours sont comptés pour moi.

L'Allemagne était un pays fort jusqu'en 2015, mais les changements de direction depuis lors ont été si radicaux qu'on peut comparer cela à un "cul de sac".

Il y a toujours de nouvelles et incroyables révélations qui vous font vous sentir plus comme un rat de laboratoire que comme un être humain.

Qu'il s'agisse de poisons dans l'air, l'eau, le sol, la nourriture, les vaccinations, la chimio, etc.

Ou bien les entreprises, les syndicats, les employeurs, les compagnies d'assurance maladie, les lobbies, la politique, les écoles, qui font plus que faire des gros titres inquiétants. La bulle immobilière, le sauvetage des banques, la crise de l'euro, le Brexit, la crise des réfugiés *qui planent comme une épée de Damoclès sur notre avenir à tous. Le droit international, la constitution, même presque toutes les religions ne sont probablement plus là pour le bénéfice du peuple ... pour moi une chose est certaine:*

tout cela n'est pas un problème national, mais, je pense, le moment historique où les maîtres de marionnette veulent s'exposer mondialement et nous garder tous comme du bétail dans l'étable.

Si même un Trump lutte contre les chemtrails, vous pouvez voir que cela affecte même nos occupants (et ils agissent normalement comme s'ils étaient Dieu)...

Le grand "big bang" s'approche et personne ne trouvera probablement le responsable.

Une chose est sûre, ce sera moche.

J'espère que nos enfants nous pardonneront. Comment avons-nous pu en arriver là ?

Je vous souhaite, ainsi qu'à vos familles et à vos proches, le meilleur possible..."

Le renversement des hommes libres dans leur asservissement entre maintenant dans sa phase finale décisive. La carte routière le long de ce chemin ressemble à ceci:

- Répandre une pandémie et créer la peur,
- La fermeture des villes et l'arrêt du transport de marchandises et des passagers,

- La proclamation de l'état d'urgence et l'entrée en vigueur des ordonnances d'urgence,
- Faire disparaitre les personnes critiques de la société et les concentrer dans des camps (mise en quarantaine pour empêcher la propagation du virus),
- La vaccination de masse contre la pandémie présumée (sur le modèle de la grippe espagnole),
- Le pucage humain avec ces vaccins (puces, contrôlables avec la 5G, avec "l'option reduire au silence"),
- La suppression de l'argent liquide (danger d'infection),
- Le crash financier, l'effondrement de l'économie mondiale
- Le déclenchement d'une famine avec les guerres civiles qui s'ensuivent, la lutte pour la survie commence,
- la réduction de la population.

Les premiers points que nous avons déjà appris à connaître en rapport avec le Coronavirus en Chine 2019/20, où la très longue "période d'incubation" de 2 semaines a été promulgé ; car plus la période d'incubation est longue, plus l'élite a de temps de mettre en place son plan d'action. Rien ne doit être laissé au hasard.

La situation semble désespérée. "Le désespoir est déjà la défaite attendue" (Karl Jaspers) Notre seul espoir est de clarifier les choses. Éclairer, afin que le plus grand nombre possible de personnes prennent conscience du danger et le reconnaissent. Et surtout, ils doivent exposer la stratégie de l'élite, qui consiste à diviser la population et à appliquer le principe de "diviser pour régner". Car ce n'est que lorsque les détenteurs du pouvoir seront confrontés à un puissant mouvement de protestation qu'ils ne pourront plus contrôler avec leurs moyens (médias, police, armée, lois) qu'il sera possible d'empêcher l'asservissement de l'humanité. Mais cette prise de conscience n'est pas si simple, car les convictions, les attitudes à l'égard de la vie et les orientations politiques du peuple se sont développées au fil des ans, grâce à l'éducation à la maison, à l'école, au travail, dans l'environnement personnel et, bien sûr, par la propagande et l'endoctrinement quotidiens par la radio, la télévision, la presse écrite, qui sont dominés par l'élite. Une personne dont les croyances ont été développées et façonnées au fil des décennies n'est souvent plus en mesure de corriger sa vision du monde avec de nouvelles informations qui les contredisent, et encore moins de la jeter par-dessus bord, un trait humain décrit en psychologie sociale comme une "dissonance cognitive". Une telle dissonance cognitive produit un "malaise psychologique", que la personne essaie instinctivement d'éviter en ne percevant pas ou en niant l'information. Et dans ce contexte, l'influence des médias joue un rôle décisif, qui approfondissent chaque jour un peu plus la vision du monde qu'ils ancrent dans l'esprit des gens.

La question de savoir s'il est encore possible de surmonter cet obstacle (de la non-perception ou du refus d'information) en éduquant la population est une question qui peut décider de la poursuite de l'existence d'une humanité civilisée. Il est nécessaire de convaincre les gens du principe directeur: "Ne croyez pas tout, examinez tout vous-même."

Mais peut-être, comme cela arrive si souvent dans l'histoire du monde, y aura-t-il encore des rebondissements surprenants qui mettront fin à l'asservissement des gens et empêcheront une élite autoproclamée de prendre le pouvoir sur notre pensée, nos senti-ments et notre volonté. Le passé nous enseigne que le cours de l'histoire est souvent essentiellement déterminé par les individus et leurs traits de caractère. [670] Les exemples négatifs sont Hitler, Mao et Pol Pot. Des exemples positifs sont Trump et Poutine. Trump, contrairement à ses prédécesseurs, n'a pas encore lancé de guerre pendant son mandat. Et Poutine a résisté à toutes les provocations de la "communauté de valeurs" occidentale et ne s'est pas laissé provoquer.

Actuellement, la Russie, ancien rempart du socialisme/communisme, et les États-Unis dirigés par Trump semblent être les derniers et décisifs porteurs d'espoir qui pourraient résister au cauchemar. Cette influence de Trump and Putin est le sujet de la vidéo[671,672]. Il y a des gens qui placent beaucoup d'espoir dans le président américain et le mouvement QAnon. Tous deux se sont donné pour tâche de démasquer l'État profond et de le rendre inoffensifs. Sur Wikipédia, vous pouvez lire: *"QAnon ou Q en abrégé est le pseudonyme d'une personne ou d'un groupe de personnes américaines présumées qui répandent une théorie de conspiration d'extrême droite sur des forums à image et prétendent avoir accès à des informations secrètes sur la présidence de Donald Trump, son combat contre un prétendu 'État profond', ainsi que sur les opposants de Trump. QAnon est également devenu un terme pour la théorie du complot elle-même, très répandue."* Notez que les mots *"théorie de la conspiration"* et *"opinions sur la théorie de la conspiration"* sont utilisés dans cette définition, ce qui indique que Wikipédia sert apparemment l'État profond, faisant probablement partie de l'État profond lui-même (4e cercle au sein de l'État profond, voir épilogue). Il est donc conseillé de consulter des sources indépendantes afin d'obtenir un avis indépendant.

Selon les trois documents présentés dans la chapitre "Trois documents avec un objectif final identique '2025'", 2025 semble être l'année où l'élite veut prendre le pouvoir. Mais cela pourrait bien se produire plus tôt, si Trump se bat effectivement contre l'état profond (comme certains éléments le suggèrent), ce qui met l'état profond sous une pression croissante et déclenche donc la finale plus tôt.

Un premier pas efficace contre la prise de pouvoir totale de l'État profond, préparant le NOM, est l'acte d'accusation contre les représentants de l'État profond cité à la page 3. Et il n'est pas exclu qu'au cours de l'"exercice" militaire "Defender 2020" et de la crise du Corona mise en scène, combinée avec des couvre-feux et des interdictions de rassemblement, un changement de système soit en préparation, qui vise à briser les structures internationales de l'État profond qui se sont développées au fil des décennies. Si cela est vrai, nous le devons au mouvement Q-Anon et surtout à l'administration Trump. En 2016/17, Trump a entrepris de briser la puissance de l'État profond et de ses alliés médiatiques.

Mais il peut aussi en être tout à fait autrement, à savoir que QAnon a été installé par l'État profond pour susciter un espoir trompeur chez ceux qui ont déjà vu clair dans leur "jeu". On pourrait ainsi faire en sorte que les patriotes se mettent en mode attentiste et ne s'activent pas eux-mêmes pour empêcher la création du NOM. Cependant, l'année 2020 est une année importante qui fixera le cap, soit vers le NOM et donc l'asservissement de l'humanité, soit vers la destruction de l'État profond. Nous le saurons.

Si QAnon et Trump devaient effectivement combattre activement l'État profond et en sortir victorieux, alors l'humanité échapperait une fois de plus à sa plus grande catastrophe concevable. Ce livre serait alors un témoignage authentique du danger qu'elle avait couru. Cependant, même dans ce cas, l'humanité n'est pas encore sauvée pour toujours. Elle doit continuer à être vigilante et à en tirer des enseignements. Car lorsque les gens sont rassasiés et n'ont plus de soucis existentiels directs, ils deviennent léthargiques et désintéressés, et les forces obscures peuvent avoir tiré les leçons de la "bataille perdue" et reprendre le dessus. Nous nous souvenons que les personnes malfaisantes et les psychopathes avec leurs qualités particulières (voir le chapitre "Les psychopathes") existeront toujours. Alors : soyez vigilants !

Épilogue – L'élite et l'État profond

„ Les États capitalistes occidentaux n'utilisent aujourd'hui qu'une propagande particulièrement perfide pour commercialiser le capitalisme mondialisé sous l'étiquette de la démocratie, de la liberté et des "valeurs occidentales" comme seul ordre économique et social concevable. "
(Eugen Drewermann[673])

"Ceux qui décident ne sont pas choisis, et ceux qui sont choisis n'ont rien à decider. "[674] Cette phrase, prononcée publiquement par le principal homme politique allemand Horst Seehofer en 2010, n'était pas un lapsus, mais une description de l'état dans lequel se trouve notre "État". C'est ce que disent certains professeurs et scientifiques qui s'occupent de la situation politique actuelle en Allemagne : La "démocratie" aux États-Unis et dans d'autres États de la "communauté de valeurs occidentale" repose sur un régime clandestin (secret) de réseau, qui échappe à l'attention du public. Le terme "État profond" est parfois utilisé pour cette régence clandestine, mais aussi d'autres termes tels que "le gouvernement fantôme", "le gouvernement parallèle" ou "le gouvernement secret", d'où émane l'exercice réel du pouvoir.

U. Mies et J. Wernicke[675] *"décrivent l'"État visible" comme une démocratie de façade, comme un spectacle pour le grand public devant le rideau du théâtre. Les décisions politiques vraiment importantes sont prises... mais dans les structures profondes et les "univers parallèles de pouvoir" derrière le rideau de théâtre. "Il s'agit de toutes les formes de perversion du pouvoir telles que la surveillance, la torture, le vol de biens nationaux, les crimes de renseignement, la production de la peur, les préparatifs de guerre et la conduite de guerres d'agression. "L'État profond organise l'exploitation, le pillage et la destruction et pousse la militarisation à l'extrême. Les élites dirigeantes ont instauré la kleptomanie au milieu d'un régime arbitraire. Ils n'ont aucune boussole morale, l'autosatisfaction et le mensonge sont leur nature."*[676]

Le professeur Rainer Mausfeld, chercheur en cognition, utilise le terme de "démocratie représentative". Ce que nous vivons actuellement dans l'influence politique et médiatique des masses est caractéristique d'un néolibéralisme tel que celui qui s'est fait de plus en plus sentir dans les démocraties occidentales au cours des dernières décennies. Le néolibéralisme est une forme de domination des élites, pour qui le mot démocratie sert de feuille de vigne. En réalité, les élites poursuivent une redistribution du "bas" vers le "haut", pour laquelle ladite "feuille de vigne démocratique" est très utile. Pour la démocratie représentative, la maxime s'applique: "Celui qui possède le pays doit aussi le gouverner - la démocratie représentative comme moyen d'éviter la démocratie", est le titre d'un chapitre du livre[677] de Rainer Mausfeld "Warum schweigen die Lämmer?" ("Pourquoi les agneaux se taisent-ils"). *"Le néolibéralisme, s'il ne veut pas renoncer à son apparence démocratique, est, en d'autres termes, carrément dépendant du fait que les mécanismes de redistribution de la base vers le sommet et du secteur public vers le secteur privé sont de plus en plus légalisés à tous les niveaux - de l'UE aux municipalities.*[678] Et cette juridification conduit à des lois qui peuvent ensuite être mises en place contre des actions anti-démocratiques (pétitions, manifestations, ...).

La transition d'une démocratie à une "démocratie représentative" a été fluide au cours des dernières décennies, dans le but d'éviter la démocratie. La démocratie se limite désormais à des élections régulières au Bundestag et aux parlements des Länder. L'élite ou l'État profond tire les ficelles en arrière-plan. L'élite décide dans une large mesure quels hommes politiques apparaissent comme candidats sur les listes électorales. Cette sélection des politiciens n'a pas lieu publiquement, mais plutôt, par exemple, lors des conférences annuelles de Bilderberg, dont les résultats ne sont généralement pas rendus publics.[679] Les médias ont pour tâche de faire de la publicité pour les candidats sélectionnés, afin que les candidats souhaités de l'élite remportent également les élections respectives à venir. La conférence Bilderberg réunie les chefs de gouvernement, les hautes finances d'Europe occidentale, des États-Unis et du Canada, les principaux industriels, les hauts responsables de l'armée et des services secrets, ainsi que les conseils d'administration des entreprises des médias les plus importantes et les plus connues au monde. On peut donc supposer que les médias appartiennent également au cercle restreint de l'élite ; le pouvoir médiatique et son influence propagandiste sur la population contribuent de manière décisive au fait que les candidats favorisés par les Bilderbergers ont de grandes chances d'être élus. Lorsque, contrairement aux attentes, les choses ne se passent pas comme elles l'ont fait, par exemple, lors de l'élection de Donald Trump à la présidence des États-Unis ou de Boris Johnson en tant que partisan du Brexit (tous deux non désirés par l'élite), les médias lancent une campagne de diffamation sans précédent contre ces hommes politiques, en montrant souvent des traits irrationnels. Une situation similaire peut également être observée en ce qui concerne le renforcement de la ApA (Alternative pour l'Allemagne) en Allemagne : agitation et dénigrement de ce jeune parti d'opposition sur un large front, tant dans les médias que par les politiciens des anciens partis, mais aussi par d'autres forces sociales, les représentants des deux églises, des fondations, des artistes, des ONG.

En résumé, nous vivons en Allemagne et dans le monde occidental non pas dans une véritable démocratie, où le peuple souverain détermine ce qui se passe dans le pays, mais dans une "démocratie représentative" ou démocratie de façade, où le pouvoir réel est exercé par l'"État profond".

Mais qui ou quoi exactement est l'État profond? A cela la réponse de l'auteur B. Hamm, que U. Mies résume comme suit: [680]
"Basé sur le modèle de la structure du pouvoir" C. Wright Mills",
Hamm décrit l'ensemble du complexe sous forme de cercles
concentriques:

*- Dans le cercle intérieur, on trouve l'élite mondiale, les individus, les familles ou les clans les plus riches dont les actifs dépassent largement le milliard de dollars.*************

- Le deuxième cercle est constitué des PDG des grandes sociétés transnationales et des plus grands magnats de la finance internationale. Ils sont principalement concernés par l'augmentation de la richesse du cercle le plus intime et donc aussi la leur.

- Dans le troisième cercle se trouvent les hommes politiques internationaux les plus importants, certains dans des fonctions gouvernementales, d'autres comme conseillers en arrière-plan dans les institutions internationales, ainsi que les chefs militaires. Cette classe politique au sens étroit du terme a deux fonctions : elle doit organiser la distribution du produit social de manière à transférer le plus possible aux deux cercles internes ; et elle doit donner au cirque politique de la prétendue démocratie pluraliste la légitimité nécessaire.

- Dans le quatrième cercle, on trouve les grands de la science, les magnats des médias, les avocats, parfois des écrivains éminents, des stars du cinéma et de la musique, des artistes, quelques représentants d'ONG ou des Églises, quelques grands criminels, bref, tout ce que les membres des cercles internes apprécient pour leur décoration. Ils ont accès aux puissants, sont bien payés et feront tout leur possible pour ne pas perdre ces privilèges".

En résumé, les États-Unis peuvent être considérés comme le moteur central du capitalisme néolibéral, plus communément appelé capitalisme prédateur.[681]

*********Ce cercle restreint est notamment représenté par le "Comité des 300", dont l'objectif clair est la domination du monde. Le Dr John Coleman a écrit en plus de 40 ans de recherche, un ouvrage historique standard dans lequel il énumère les objectifs et les moyens du "Comité des 300" en 21 points (voir Annexe 1 du livre "2025 - L'avant-dernier acte").

[1] https://www.dz-g.ru/19CV2407-CAB-AHG-vom-16-Dezember-2019 _Verbrechen-gegen-die-Menschheit , *"Why We Sued Big Tech for Artificial Intelligence Misuse & Contribution to Win for Humanity"*, 31.01.2020

[2] J. Sonntag, B. Lenoir and P. Ziolkowski, Electronic Transport in Alloys with Phase Separation (Composites). *Open Journal of Composite Materials*, 2019, 9, 21-56 https://www.scirp.org/Journal/PaperInformation.aspx?PaperID=90216

[3] https://www.youtube.com/watch?v=E8QsOz4u54M&t=14s *"Vermischung der Rassen auch mit Zwangsmaßnahmen - Französischer Ex-Präsident (2008)"*

[4] https://www.facebook.com/b.n.d.und.brid.machen.nur.noch.shit/videos/***united-nation-of-europe***-(une/1911800162465818/ *„ ***UNITED NATION of EUROPE*** (UNE / NWO Umwandlung bis 2030/2050 ist bereits Vereinbart & Beschlossen worden)"*

[5] https://www.heise.de/forum/Telepolis/Kommentare/Ansichten-eines-Gutmenschen/Was-Carl-Friedrich-von-Weizsaecker-dazu-sagt/posting-24114785/show/

[6] https://www.youtube.com/watch?v=TFYHL8x16Y8 , *"Der bedrohte Friede 1983 Carl Friedrich von Weizsäcker"*, 04.12.2012.

[7] Joachim Sonntag, *„2025 - Der vorletzte Akt: Warum wir Heimat, Freiheit und Sicherheit verlieren"*, CBX-Verlag München, 2019, pages 232ff

[8] https://www.bing.com/videos/search?q=Unzicker&view=detail&mid=5730B95C57754687796D5730B95C57754687796D&FORM=VIRE *„Der Niedergang der Wikipedia"*, 24.04.2019

[9] Wikipedia-Eintrag, *„zuletzt am 17. April 2020 um 01:16 Uhr bearbeitet"*

[10] Wikipedia-Eintrag, *„zuletzt am 11. Mai 2020 um 19:51 Uhr bearbeitet"*

[11] Joachim Sonntag, *„2025 - Der vorletzte Akt: Warum wir Heimat, Freiheit und Sicherheit verlieren"*, CBX-Verlag München, 2019, pages 48ff

[12] ibid., pages 232ff

[13] https://www.heise.de/forum/Telepolis/Kommentare/Medien-als-auslaendische-Agenten-USA-und-Russland-im-Medienkrieg/Die-Wahrheit-steht-alleine-Aufrecht/posting-31427969/show/ , *„Die Wahrheit steht alleine Aufrecht"*, 26.11.2017

[14] https://www.youtube.com/watch?v=qhIIhokrZXo , *„Rechtsanwalt Steinhöfel über Heiko Maas, Zensur, Hate-Speech und Fake-News"*

[15] Oliver Janich: *Impossible Mission 9/11: Wie ein kleines Spezialkommando den größten Terroranschlag der Geschichte durchgeführt haben könnte* , CBX Verlag UG, 2018

[16] Joachim Sonntag, *„2025 - Der vorletzte Akt: Warum wir Heimat, Freiheit und Sicherheit verlieren"*, CBX-Verlag München, 2019, pages 48ff

[17] https://www.youtube.com/watch?v=tuVspN5RIoE *„NEWW!! ARD u ZDF zeigen Haarp und Chemtrails sind keineswegs eine Verschwörungstheorie UNFASSBAR!"*, am 03.01.2017 veröffentlicht

[18]   https://new.euro-med.dk/20161121-haarp-wetter-manipulationdurch-nasa-satelliten-fotos-bewiwswn.php *„HAARP Wetter-Manipulation durch NASA-Satelliten-Fotos bewiesen"*, 21.11, 2016

[19] https://www.youtube.com/watch?v=WaudJgutsPw&t=1650s *„Doku: Der geheime Krieg - Solares Geoengineering - deutsch synchronisierte Version"* (Minute 5:25 im Video), veröffentlicht am 15.03.2016

[20] https://www.youtube.com/watch?v=5ZWAdpA6MHU *„Weather as a Force Multiplier: Owning the Weather in 2025 - PDF eBook - Air Force 2025"*, veröffentlicht am 07.07.2017

[21] Joachim Sonntag, *„2025 - Der vorletzte Akt: Warum wir Heimat, Freiheit und Sicherheit verlieren"*, CBX-Verlag München, 2019, page 14

[22] http://www.deagel.com/country/

[23] ibid.

[24] www.StopTheCrime.net

[25] https://gloria.tv/video/kocXqyBeYEaG4QXzkK6TvdJdL , *„Kennedy und Eisenhower warnen vor einer monolithischen, ruchlosen, weltweiten Verschwörung!"*, 27. Juli 2013

[26] ibid.

[27] https://www.oliverjanich.de/die-rede-die-john-f-kennedys-schicksal-besiegelte , Oliver Janich: *„Die Rede, die John F. Kennedys Schicksal besiegelte"*, 19. Juni 2013

[28] http://euro-med.dk/?p=31327

[29] Joachim Sonntag, *„2025 - Der vorletzte Akt: Warum wir Heimat, Freiheit und Sicherheit verlieren"*, CBX-Verlag München, 2019, pages 11f

[30] https://www.youtube.com/watch?v=t4OwfkSEtlY *„Neue Prognosen von DEAGEL.com"*, am 28.04.2018 veröffentlicht

[31] https://www.youtube.com/watch?v=s_38tsQ4p0I&t=233s *"Silent Weapons For Quiet Wars Document - Full Read"*, veröffentlicht am 27.06.2013.

[32] www.newhorizonsstannes.com/pdfs/Silent_war_against_humanit... „Silent Weapons for a 'Quiet War' - New Horizons (St. Annes): *„The document "Silent Weapons for a Quiet War" was found by "co-incidence" in 1986 or even before, and it goes back to 1954 which also happens to be the year where the "nice think-tank" Bilderberg Group was founded – this world just happens to be full of "co-incidences" all the time :-)"*

[33] Joachim Sonntag, *„2025 - Der vorletzte Akt: Warum wir Heimat, Freiheit und Sicherheit verlieren"*, CBX-Verlag München, 2019, Buchrückseite

[34] https://www.activistpost.com/2017/10/nanochips-smart-dust-dangerous-new-face-human-microchipping-agenda.html , By Makia Freeman: *„Nanochips and Smart Dust: The Dangerous New Face of the Human Microchipping Agenda"*, October 20, 2017

[35] https://www.youtube.com/watch?v=cTp_1HzrCoo Herbert Schott: *„Chemtrails und Nanotechnologie zur Manipulation der Menschheit Teil 1"*, am 16.03.2014 veröffentlicht

[36] https://internationalesforumblog.wordpress.com/2017/05/01/ueber-den-groessten-umweltverschmutzer-der-welt-wird-selten-gesprochen-er-ist-das-

militaer-des-us-imperiums-und-darueber-wird-im-imperium-nicht-gern-gesprochen-die-gigantische-kriegsmaschinerie-is/?fbclid=IwAR3EPsPuoZpNJV3zl-tFbKcX2D-EDXpsJ7HvnJVAkppbb-iqfaZ--KhX6pQ , INTERNATIONALESFORUMBLOG:WORDPRESS:COM, David Swanson *"What I Said at the Peace Hub of the Climate March"*
[37] ibid., Minute 15:09
[38] https://www.youtube.com/watch?v=5yoQUIuPxv8 , *"Nuklearer Klimawandel? Über 2.100 Atombombentests seit 1945! | 27.04.2019 | www.kla.tv/14207"*
[39] https://www.kleinezeitung.at/lebensart/nachhaltigkeit/5618082/Palmoel_Jede-Minute-verschwinden-30-Fussballfelder-an-Regenwald , *"Palmöl - Jede Minute verschwinden 30 Fußballfelder an Regenwald"*, 04. Juni 2019
[40]

http://webcache.googleusercontent.com/search?q=cache:8QuZTZquheYJ:www.planungsamt.bundeswehr.de/resource/resource/MzEzNTM4MmUzMzMyMmUzMTM1MzMyZTM2MzIzMDMwMzAzMDMwMzAzMDY4NzE2NjMwMzk3YTc5NjYyMDIwMjAyMDIw/Future%2520Topic%2520Geoengineering.pdf+&cd=1&hl=de&ct=clnk&gl=de&client=firefox-b-d
[41] ibid.
[42]

https://www.youtube.com/watch?v=PLPLUKEmVRs&fbclid=IwAR1qhfvHLSG2nR6RbTf77f6WIlfhJqhCAE3NpFZAa1De_X7_vBvpycAbgkE *"MARKmobil Mittelpunkt - Die große Lage"*, veröffentlicht am 23.02.2019, Minute 15:23
[43] ibid., Minute 14:33
[44] https://new.euro-med.dk/20161121-haarp-wetter-manipulationdurch-nasa-satelliten-fotos-bewiwswn.php *"NEW.EURO-MED.DK"*, 21.11. 2016
[45] https://www.n-tv.de/mediathek/videos/politik/Schulz-fordert-Vereinigte-Staaten-von-Europa-article20173119.html , Vertrag bis 2025: *"Schulz fordert Vereinigte Staaten von Europa"*, ntv, 31.12.2019
[46] http://www.anonymousnews.ru/2017/07/29/die-geplante-masseneinwanderung-angela-merkel-und-der-coudenhove-kalergi-plan/#comment-40328 *"Die geplante Zerstörung Europas: Angela Merkel und der Coudenhove-Kalergi-Plan"*
[47] Jörg Meuthen am 31.12.2019 in einem Beitrag der AfD, verbreitet auf Facebook.
[48] Joachim Sonntag, *"2025 - Der vorletzte Akt: Warum wir Heimat, Freiheit und Sicherheit verlieren"*, CBX-Verlag München, 2019, Kapitel PROLOG, page 14
[49] https://new.euro-med.dk/20161121-haarp-wetter-manipulationdurch-nasa-satelliten-fotos-bewiwswn.php , *"HAARP Wetter-Manipulation durch NASA-Satelliten-Fotos bewiesen"*, 21.11. 2016
[50] https://www.legitim.ch/home/author/Jan-Walter , Jan Walter: *"Geheime Agenda - Der wahre Grund für 5G ist 1000 Mal schlimmer als die Strahlung!"*, 8. April 2019
[51] https://www.contra-magazin.com/2017/09/wetterextreme-als-waffe-das-weltklima-als-versuchslabor-wurden-harvey-und-irma-kuenstlich-erzeugt/ , Eva-Maria Griese: *"Wetterextreme als Waffe: Das Weltklima als Versuchslabor – wurden Harvey und Irma künstlich erzeugt ?"* 13. September 2017.

[52] https://www.youtube.com/watch?v=2QZx3dOj4H0 , *„GRIPPEWELLE DURCH CHEMTRAILS ! SIE SPRÜHEN UNS KRANK 360p"*, am 10.10.2018 veröffentlicht

[53] https://www.youtube.com/watch?v=e2W-VeN0Glk&fbclid=IwAR1GxTTYStS1aNx2x_iBmv2bDEzF0HyD-LE3VTuYikGG95wF7LOtUCG1x54 , *„Was zur Zeit so abgeht (Stop 007)"*, 24.03.2019

[54] Markus Egert und Frank Thadeusz, Ein Keim kommt selten allein, Ullstein Buchverlage GmbH, 2018, page 145

[55] https://www.bild.de/ratgeber/gesundheit/krankenhaus-keime/krankenhaus-keime-jaehrlich-91000-tote-europa-studie-48335386.bild.html *„Alarmierende Zahlen: Jährlich ziehen sich insgesamt 2,6 Millionen Patienten Krankenhausinfektionen zu, 91 000 sterben daran!"*, 18.10.2016

[56] Dieses Zitat stammt eigentlich von P.J. Dunning (1860), ist aber durch Karl Marx in einer Fußnote im „Kapital" bekannt gemacht worden (s. Kapitel 4.)

[57] *https://www.youtube.com/watch?v=3MCaceXGYHw* „Die verschwiegene Wahrheit über Gifte und Krebs", Veröffentlicht am 19.09.2018

[58] https://www.youtube.com/user/FMDsTVChannel

[59] https://www.youtube.com/watch?v=8qIAm1l-ZRA&t=391s
Dirk Steffens' Klima-Irrsinn ENTLARVT !!!

[60] *https://www.youtube.com/watch?v=6uNL7ygIias&t=38s*
Dirk Steffens' Klima-Irrsinn ENTLARVT !!! #2

[61] https://www.youtube.com/watch?v=ga-GdDknwxI&t=5s *„Arktis-Eis wird absichtlich geschmolzen! UNGLAUBLICH, aber WAHR!"*

[62] https://www.youtube.com/watch?v=EW-VPbtA2kg

[63]
https://www.bookrix.de/book.html?bookID=xnemesisx_1334144092.1235098839
Thomas Beschorner/ verschiedene Autoren, *"Wahrheitslügen"*

[64] ibid.

[65] https://www.youtube.com/watch?v=EgczgWJUOLA *„Chemtrails und Haarp - Brigitta Zuber"*

[66] https://www.youtube.com/watch?v=bli57XeXUt0 *"ES GIBT KEINE CHEMTRAILS ! - DU ALUHUTDEPP ! DAS ULTIMATIVE BEWEISVIDEO"* (ddb Netzwerk)

[67] https://germanenherz.wordpress.com/2015/02/08/gedicht-lied-der-linde-1850-prophezeiung-fur-die-zukunft/

[68] https://news-for-friends.de/wie-wird-die-agenda-21-weltweit-umgesetzt/?fbclid=IwAR2uFUSfj_8zESyEV2wn_-OU00kKYJfphcGGxkWOqhD-J-mJq6NYKy_hYYQ , *„Wie wird die Agenda 21 weltweit umgesetzt?"*, 7.April 2019

[69] Joachim Sonntag, *„2025 - Der vorletzte Akt: Warum wir Heimat, Freiheit und Sicherheit verlieren"*, CBX-Verlag München, 2019, pages 14ff und 102ff

[70] Netzfund

[71] https://www.heise.de/forum/Telepolis/Kommentare/Ansichten-eines-Gutmenschen/Was-Carl-Friedrich-von-Weizsaecker-dazu-sagt/posting-24114785/show/

[72] Joachim Sonntag, *Deutschland im freien Fall – Wie die milliardenschweren Finanzeliten unsere freiheitliche Demokratie zerstören und unsere Politiker und öffentlichen Medien zu deren Werkzeugen wurden*, 2. erweiterte Auflage, BoD-Verlag, 2017, Anlage K, pages 189ff

[73] https://www.youtube.com/watch?v=W8Ifp_O9oRA&t=10s *„MILLIONEN TOTE BIS 2025 Deagel Die erschreckende Prognose!"*, veröffentlicht 22.02.2015.

[74] https://www.konjunktion.info/2017/03/zum-tod-von-david-rockefeller/

[75] https://www.youtube.com/watch?v=t4OwfkSEtlY *„Neue Prognosen von DEAGEL.com"*, am 28.04.2018 veröffentlicht

[76] https://www.youtube.com/watch?v=W8Ifp_O9oRA&t=10s *„MILLIONEN TOTE BIS 2025 Deagel Die erschreckende Prognose!"*, veröffentlicht 22.02.2015.

[77] https://www.youtube.com/watch?v=c2quPTsPy8o *„GLADIO - Die NATO-Geheimarmeen"*, veröffentlicht am 25.03.2014 veröffentlicht

[78] https://www.youtube.com/watch?v=t4OwfkSEtlY *"Neue Prognosen von DEAGEL.com"*, am 28.04.2018 veröffentlicht, Minute 4:50

[79] https://kopp-report.de/amerikas-bauern-stehen-vor-der-schwersten-krise-seit-einer-generation-und-das-naechste-monstroese-unwetter-ist-bereits-im-anmarsch/ , Michael Snyder: *„Amerikas Bauern stehen vor der schwersten Krise seit einer Generation – und das nächste monströse Unwetter ist bereits im Anmarsch"*, 11.06. 2019

[80] http://endoftheamericandream.com/archives/u-s-farms-are-facing-their-worst-crisis-in-a-generation-and-now-here-comes-another-monster-storm , Michael Snyder: *„ U.S. Farms Are Facing Their Worst Crisis In A Generation – And Now Here Comes Another Monster Storm"*, June 6, 2019

[81] Joachim Sonntag, *Deutschland im freien Fall – Wie die milliardenschweren Finanzeliten unsere freiheitliche Demokratie zerstören und unsere Politiker und öffentlichen Medien zu deren Werkzeugen wurden*, 2. erweiterte Auflage, BoD-Verlag, 2017, pages 28ff

[82] https://www.youtube.com/watch?v=IqH--Yi2CI4&t=833s Hartmut Bachmann: *„Der Ursprung der Klimalüge"*, 07.12.2016, Minute 14:15

[83] https://www.welt.de/kultur/plus204357014/Ein-Mann-ein-Wort-Wie-die-Linke-lernte-den-Notstand-zu-lieben.html , Matthias Heine: *„ Wie die Linke lernte, den Notstand zu lieben"*, 16.12.2019

[84] www.euractiv.de/section/energie-und-umwelt/news/eu-parlament-ruft-klimanotstand-aus/ , Peter Esser: *„EU-Parlament ruft 'Klimanotstand' aus"*, 28.11.2019

[85] https://www.sueddeutsche.de/politik/eu-klimanotstand-parlament-beschluss-1.4701180 , Süddeutsche Zeitung, *„Resolution:Europäisches Parlament ruft Klimanotstand aus"*, 28.11.2019

[86] Eenda

[87] https://www.spiegel.de/wissenschaft/mensch/european-green-deal-wie-die-eu-zum-klimaschutz-kontinent-werden-will-a-1300723.html , Susanne Götze: *„Von der Leyen präsentiert Plan für grünes Europa"*, 11.12.2019

[88] https://www.tagesschau.de/ausland/eu-klima-greendeal-101.html , *„Klimaschutz der EU Was sich der 'Green Deal' vornimmt"*, 11.12.19

[89] https://www.legitim.ch/post/enth%C3%BCllt-prayfortheamazon-ist-fake-von-a-bis-z , Jan Walter: *„Enthüllt: #PrayForTheAmazon ist FAKE! (von A bis Z)"*, am 29.08.19, aktualisiert am 31.08.19

[90] https://www.welt.de/debatte/kommentare/article13466483/Die-CO2-Theorie-ist-nur-geniale-Propagan-da.html?wtmc=socialmedia.facebook.shared.web&fbclid=IwAR1oTewiEL7F4sVNOnN__WB2Ss-f39J0ce1JbsRTFF2mJ5PLmGKpb08lRJ0

[91] https://www.youtube.com/watch?v=IqH--Yi2CI4&t=833s Hartmut Bachmann: *„Der Ursprung der Klimalüge"*, 07.12.2016, Minute 14:05

[92] https://www.youtube.com/watch?v=5xSHYWyJtQ4&t=801s , *„Volksverdummung vom deutschen CO2 als monokausaler Erwärmungsursache – Boehringer Klartext (82)"*, veröffentlicht am 08.12.2019, Minute 3:30.

[93] https://www.youtube.com/watch?v=Ls07THzlL9M , *„Dirk Müller - "One World": Darum ist den Eliten das Klima plötzlich so wichtig!"*, am 24.05.2019 veröffentlicht

[94] https://www.handelsblatt.com/politik/deutschland/gutachten-benzin-und-heizoel-koennten-teurer-werden-merkels-berater-fordern-co2-steuer/24042222.html?ticket=ST-425900-D23uZ1hoAzoprK407X16-ap1 , Gutachten: *„Benzin und Heizöl könnten teurer werden: Merkels Berater fordern CO2-Steuer"*, 27.02.2019

[95] https://www.wahrheiten.org/blog/klimaluege/ , *„Die Klima-Lüge"*

[96] https://www.spiegel.de/wissenschaft/technik/extinction-rebellion-gruender-roger-hallam-wenn-eine-gesellschaft-so-unmoralisch-handelt-wird-demokratie-irrelevant-a-1286561.html , SPIEGELONLINE : *"Wenn eine Gesellschaft so unmoralisch handelt, wird Demokratie irrelevant"*; 13.09.2019

[97] https://www.watson.de/deutschland/die%20gr%C3%BCnen/791308473-die-afd-sagt-robert-habeck-wuensche-sich-eine-diktatur-das-steckt-dahinter , Felix Huesmann: *„Die AfD behauptet, Robert Habeck wolle eine Diktatur – das steckt dahinter"*, 20.06.19

[98] https://www.youtube.com/watch?v=IqH--Yi2CI4&t=833s Hartmut Bachmann: *„Der Ursprung der Klimalüge"*, 07.12.2016, Minute 14:15

[99] https://www.youtube.com/watch?v=kbnX7yG91R0 "Klimawandel: #kurzerklärt kurz aufgeklärt", veröffentlicht 06.08.2017

[100] https://www.youtube.com/watch?v=GL3AEKIKtN4&fbclid=IwAR3ifX8QhdA1d

Lxdk2Ug7fa34zDSP0zdbTWc80jRuwbG7_0wcA8WAD_UIrI&app=desktop ,
„Cook-Studie widerlegt: Weniger als 1% machen Menschen für Klimawandel verantwortlich!", 04.01.2020
[101] https://www.youtube.com/watch?v=kbnX7yG91R0 "Klimawandel: #kurzerklärt kurz aufgeklärt", veröffentlicht 06.08.2017
[102] https://kaltesonne.de/wp-content/uploads/2019/09/signature-list.pdf , *„There is noclimate emergency"*, 26.09.2019
[103]

https://www.youtube.com/watch?v=GL3AEKIKtN4&fbclid=IwAR3ifX8QhdA1d Lxdk2Ug7fa34zDSP0zdbTWc80jRuwbG7_0wcA8WAD_UIrI&app=desktop ,
„Cook-Studie widerlegt: Weniger als 1% machen Menschen für Klimawandel verantwortlich!", 04.01.2020
[104] ibid., ab Minute 1:20
[105] https://www.youtube.com/watch?v=kbnX7yG91R0 "Klimawandel: #kurzerklärt kurz aufgeklärt", veröffentlicht 06.08.2017
[106] https://www.epochtimes.de/umwelt/ueber-31-000-wissenschaftler-unterzeichnen-petition-hypothese-der-vom-menschen-verursachten-globalen-erwaermung-ist-falsch-a2323579.html?fb=1&fbclid=IwAR0kPp8vhCiibZbaM7zhdcObC_VezpzdsFnLs ZjkpUv-g5bm-qUH7YE7YDw „Über 31.000 Wissenschaftler unterzeichnen Petition: Hypothese der *vom Menschen verursachten globalen Erwärmung ist falsch"*, 17.Januar 2018
[107] http://diekaltesonne.de/category/news/ , *„90 italienische Wissenschaftler unterzeichnen Petition gegen Klimaalarm"*, 5. Juli 2019
[108] https://kaltesonne.de/wp-content/uploads/2019/09/signature-list.pdf , *„There is noclimate emergency"*, 26.09.2019
[109] https://kaltesonne.de/fritz-vahrenholt-wir-haben-aber-keinen-klimanotstand/ , Fritz Vahrenholt: *„Wir haben keinen Klimanotstand"*, 8. Oktober 2019
[110] ibid.
[111] https://www.klimafakten.de/behauptungen/behauptung-31000-wissenschaftler-oregon-petition-hypothese-klimawandel-menschgemacht-erderwaermung-falsch?fbclid=IwAR0LBGWyJg8In852u6lxRTk-JdcdDwQW9ItrghguSWEblakq3_4tzIjSHDo , G. P. Wayne/Michael: *„Behauptung: „Über 31.000 Wissenschaftler unterzeichnen Petition - Hypothese der vom Menschen verursachten globalen Erwärmung ist falsch"*, August 2010; zuletzt aktualisiert: Juni 2018
[112] https://www.eike-klima-energie.eu/2017/11/09/desinformation-der-klimafakten-de-in-was-sagt-die-afd-zum-klimawandel-was-sagen-die-anderen-parteien-und-was-ist-der-stand-der-wissenschaft/ , *Horst-Joachim Lüdecke:* *„Desinformation der Klimafakten.de in 'Was sagt die AfD zum Klimawandel? Was sagen die anderen Parteien? Und was ist der Stand der Wissenschaft?'"* , 9.November 2017
[113] www.easy-wetter.de/Klimazustandsbericht%202016.pdf *„Klimazustandsbericht 2016"* der UN-Klimakonferenz im November, vorgelegt von Marc Morano, Climate Depot und dem Committee for a Constructive Tomorrow CFACT

[114] https://www.youtube.com/watch?v=IoXxrZG-_eU *„DER KLIMASCHWINDEL - DOKU in voller Länge"*

[115] http://news-for-friends.de/mit-haarp-zum-tornado-mit-dem-tornado-zur-co2-steuer/ *"Mit HAARP zum Tornado, mit dem Tornado zur CO2-Steuer....."* Von nfriends, 20. Juli 2017

[116] https://www.youtube.com/watch?v=ZYXrGlYAZOg&feature=share , *„Tricksen, Täuschen, Fabulieren - Der Klimaschwindel / Neu!"*, am 13.07.2019 veröffentlicht

[117] LOWELL PONTE: *"THE COOLING – Has the next ice age already begun? Can we survive it?"* (zitiert in https://www.youtube.com/watch?v=ga-GdDknwxI&t=5s *"Arktis-Eis wird absichtlich geschmolzen! UNGLAUBLICH, aber WAHR!")*

[118] http://www.spiegel.de/spiegel/print/d-41002273.html *„FORSCHUNG - Steine verweht -*
Klima-Forscher haben die Hauptursache der Eiszeiten erkannt: Unregelmäßigkeiten im Lauf der Erde um die Sonne. Die gegenwärtige Wärmeperiode, sagen sie vorher, geht zu Ende."* Veröffentlicht 10.01.1977

[119] https://www.welt.de/debatte/kommentare/article13466483/Die-CO2-Theorie-ist-nur-geniale-Propaganda.html ; Günter Ederer: *„Die CO2-Theorie ist nur geniale Propaganda"* , Veröffentlicht am 04.07.2011

[120] https://www.youtube.com/watch?v=KFu9oJJXgdQ *"Sonneborn rettet die EU (VI): Golf mit Präsident Chulz"*

[121] ibid.

[122] ibid.

[123] https://www.facebook.com/peter.boringer.7/videos/2445566389013759/ Peter Boeringer: *„ Wer mauert hat's nötig: Altparteien bewehren sich gegen die Folgen der eigenen Politik – Peter Boehringer spricht Klartext (67)"*, am 23.7.2019

[124] http://news-for-friends.de/mit-haarp-zum-tornado-mit-dem-tornado-zur-co2-steuer/ *"Mit HAARP zum Tornado, mit dem Tornado zur CO2-Steuer....."* Von nfriends, 20. Juli 2017

[125] ibid.

[126] https://www.youtube.com/watch?v=8qIAm1l-ZRA&t=391s
Dirk Steffens' Klima-Irrsinn ENTLARVT !!!

[127] https://qpress.de/2015/05/03/prima-klima-katastrophe-glaubensgrundsaetze-der-klimareligion-versinken-im-meer-der-zweifel/   *"Prima Klima-Katastrophe, Glaubensgrundsätze der Klimareligion versinken im Meer der Zweifel"* , 03.05.2015

[128] Das_Skeptiker-Handbuch_3.0_kurz_96dpi.pdf

[129] ibid.

[130] https://de.wikipedia.org/wiki/Eine_unbequeme_Wahrheit Davis Guggenheim und Al Gore: *„Eine unbequeme Wahrheit" („An Inconvenient Truth")*

[131] https://www.wahrheiten.org/blog/klimaluege/ , *„Die Klima-Lüge"*

[132] https://www.youtube.com/watch?v=w_9DUPoI_WU , Naomi Seibt: *„KLIMAWANDEL - Alles nur heiße Luft..? - Teil 1!,* Am 01.07.2019 veröffentlicht

---

[133] https://www.swr.de/swr2/wissen/co2-ist-schwerer-als-luft/-/id=661224/did=6081902/nid=661224/1aj2o8i/index.html , „CO2 ist schwerer als Luft. Wie soll es dann in die obere Atmosphäre aufsteigen und den Treibhauseffe *1000 Antworten - Frag den Paal. SWR2 Impuls vom 4.3.2010"*

[134] https://www.pravda-tv.com/2018/12/haarp-geoengineering-in-deutschland-die-hitzewelle-2018-video/?fbclid=IwAR1RWT9A6K_FPPseisuP76063wpFCWvZzIzTZGN1SKPf8qH DfKAC-jBYETU , *„HAARP: Geoengineering in Deutschland - die Hitzewelle 2018 (Video)"*, 18. 12.2018

[135] Chris Haderer und Peter Hiess, „Chemtrails – Wettermanipulation am Himmel? – Wettermanipulation unter den Augen der Öffentlichkeit", Copyright by V. F. SAMMLER, Graz 2005, page 9

[136] https://www.eike-klima-energie.eu/2010/01/20/nur-00004712-prozent-bund-aktivist-weiss-nicht-wieviel-co2-von-deutschland-in-die-luft-abgegeben-wird/#comment-202403 *"Nur 0,0004712 Prozent!! BUND Aktivist weiss nicht wieviel CO2 von Deutschland in die Luft abgegeben wird!"* , 20.01.2010

[137] https://www.youtube.com/watch?v=IqH--Yi2CI4 *„Der Ursprung der Klimalüge"*, veröffentlicht am 06.12.2016

[138] Hartmut Bachmann: *„Die Lüge der Klimakatastrophe: ...und wie der Staat uns damit ausbeutet. Manipulierte Angst als Mittel zur Macht"*, Kurzbeschreibung, entnommen aus https://docplayer.org/43335841-Die-luege-der-klimakatastrophe.html , *„Die Lüge der Klimakatastrophe - Version 15"*

[139] https://www.youtube.com/watch?v=OBdRittlo8w&t=46s , *„Die Zerstörung der Klima-Hysterie!!? * Klimawandel-Kommentar"*, 07.09.2019

[140] https://www.youtube.com/watch?v=uhz9XGU2D-4 , Maximilian Pütz: *„Klimawandellüge vor Gericht entlarvt- Jetzt ist es offiziell !!!"*, 03.09.2019

[141] ibid.

[142] https://www.spiegel.de/wissenschaft/natur/klimaforschung-streit-um-die-hockeyschlaeger-grafik-a-886334.html , Axel Bojanowski: *"Vorwürfe gegen Klimaforscher Wahn der Weltverbesserer, Teil 2"*, 14.03.2013

[143] Committee on Surface Temperature Reconstructions for the Last 2,000 Years, National Research Council (2006): *Surface temperature reconstructions for the last 2,000 years*. Washington, D.C.: National Academies Press

[144] P.D. Jones und M.E. Mann (2004): *Climate Over Past Millennia*, in: Review of Geophysics, Vol. 42, No. 2, RG2002

[145] https://www.klimafakten.de/behauptungen/behauptung-die-beruehmte-hockeyschlaeger-kurve-ist-eine-faelschung , John Cook/klimafakten.de, *„Fakt ist: Die Aussage der oft kritisierten 'Hockeyschläger'-Kurve wird durch viele unabhängige Studien bestätigt"*, Juli 2010; zuletzt aktualisiert: Dezember 2014

[146] https://www.youtube.com/watch?v=OBdRittlo8w&t=46s , *„Die Zerstörung der Klima-Hysterie!!? * Klimawandel-Kommentar"*, 07.09.2019

[147] https://www.eike-klima-energie.eu/2019/09/28/die-manipulation-von-temperaturdaten-ist-der-groesste-wissenschafts-skandal-jemals/ , *„Die Manipu-*

lation von Temperaturdaten ist der größte Wissenschafts-Skandal jemals",
28.09.19

[148] Hartmut Bachmann: *„Die Lüge der Klimakatastrophe: ...und wie der Staat uns damit ausbeutet. Manipulierte Angst als Mittel zur Macht"*, Kurzbeschreibung, entnommen aus https://docplayer.org/43335841-Die-luege-der-klimakatastrophe.html , *„Die Lüge der Klimakatastrophe - Version 15"*

[149] https://mail.google.com/mail/u/0/#category/updates/FMfcgxwChSKsjNJTMfHLpj KDFbSzqcxC, Chris Frey: *„Adjustierte „unadjustierte" Daten: NASA nutzt den „Zauberstab" des Frisierens und erzeugt Erwärmung dort, wo es nie eine gab"*, 28.Juni 2019

[150] https://notrickszone.com/2019/06/25/adjusted-unadjusted-data-nasa-uses-the-magic-wand-of-fudging-produces-warming-where-there-never-was/ , P Gosselin "Adjusted "Unadjusted" Data: NASA Uses The "Magic Wand Of Fudging", Produces Warming Where There Never Was", on 25. June 2019

[151] https://data.giss.nasa.gov/cgi-bin/gistemp/show_station.cgi?id=501941200004&ds=1 , *"GISS Surface Temperature Analysis , Station Data: Darwin Airpor (12.4 S, 130.9 E)"*

[152] https://data.giss.nasa.gov/cgi-bin/gistemp/stdata_show_v4.cgi?id=ASN00014015&ds=14&dt=1 , *"GISS Surface Temperature Analysis (v4) <, Station Data: Darwin Airport (12.4239S, 130.8925E)"*

[153] https://sciencefiles.org/2019/07/23/die-seltsame-erwarmung-der-schweiz-in-den-daten-der-nasa/ , *"Die seltsame Erwärmung der Schweiz in den Daten der NASA - Manipuliert die NASA Klimadaten?"*, 23. Juli 2019

[154] https://mail.google.com/mail/u/0/#category/updates/FMfcgxwChSKsjNJTMfHLpj KDFbSzqcxC, Chris Frey: *„Adjustierte „unadjustierte" Daten: NASA nutzt den „Zauberstab" des Frisierens und erzeugt Erwärmung dort, wo es nie eine gab"*, 28.Juni 2019

[155] ibid.

[156] https://data.giss.nasa.gov/cgi-bin/gistemp/show_station.cgi?id=501941200004&ds=1 , *"GISS Surface Temperature Analysis , Station Data: Darwin Airpor (12.4 S, 130.9 E)"*

[157] https://data.giss.nasa.gov/cgi-bin/gistemp/stdata_show_v4.cgi?id=ASN00014015&ds=14&dt=1 , *"GISS Surface Temperature Analysis (v4) <, Station Data: Darwin Airport (12.4239S, 130.8925E)"*

[158] ibid.

[159] https://www.youtube.com/watch?v=ZYXrGlYAZOg&feature=share , *„Tricksen, Täuschen, Fabulieren - Der Klimaschwindel / Neu!"*, am 13.07.2019 veröffentlicht

[160] ibid.

[161] https://realclimatescience.com/2019/06/nasa-data-tampering-not-just-for-temperatures/ , *„NASA Data Tampering – Not Just For Temperatures"*, Posted on

June 26, 2019 by tonyheller, In 1982, NASA's James Hansen showed that sea level rise slowed to almost a halt after 1950. That 30 year hiatus in sea level rise has since been erased."
[162]

https://mail.google.com/mail/u/0/#category/updates/FMfcgxwChSKsjNJTMfHLpj KDFbSzqcxC, Chris Frey: *„Adjustierte „unadjustierte" Daten: NASA nutzt den „Zauberstab" des Frisierens und erzeugt Erwärmung dort, wo es nie eine gab"*, 28.Juni 2019

[163] http://www.sauberer-himmel.de/2015/02/01/wer-steckt-hinter-den-chemtrails-eine-verschwoerung-oder-gar-ein-weltimperium/ , *„Wer steckt hinter den Chemtrails? Eine Verschwörung? Eine Weltverschwörung? Oder gar ein Weltimperium?"*, 01.02.2015

[164] ibid.

[165]

https://mail.google.com/mail/u/0/#search/Ingrid/QgrcJHsTkxvNtzMKDCHknRW xbVFLZWVHZjB?projector=1 *„Grüner Hass: Hetzen Spaß-Youtuber die Jugend auf? - Gerhard Wisnewski im Gespräch"*, am 05.06.2019 veröffentlicht

[166]

https://mail.google.com/mail/u/0/#inbox/FMfcgxwBVzwnZddlMHKxGHqsGbW bdzst, Axel Robert Göhring: *„Gretas deutsche „Adjutantin" ist erfahrene Vielfliegerin – mit 22"*, 10. März 2019

[167] https://www.youtube.com/watch?v=Ls07THzlL9M , *„Dirk Müller - "One World": Darum ist den Eliten das Klima plötzlich so wichtig!"*, am 24.05.2019 veröffentlicht

[168]

https://www.facebook.com/dawid.snowden/videos/vb.345142656089183/4147186 92710144/?type=2&theater , *„Die Masse wird zu hörigen Lemmingen erzogen"*, 3.Juni 2019

[169] https://www.youtube.com/watch?v=_G9GQvwsfT4 , „Grüner Hass: Hetzen Spaß-Youtuber die Jugend auf? - Gerhard Wisnewski im Gespräch", am 05.06.2019 veröffentlicht

[170] https://www.youtube.com/watch?v=_G9GQvwsfT4 , „Hetzen Spaß-YouTuber die Jugend auf? (Gerhard Wisnewski im Gespräch) | 08.06.2019 | www.kla.tv/14393", klagemauerTV , am 08.06.2019 veröffentlicht

[171] http://www.wisnewski.ch/rezo-kulturrevolution-2-0/

[172] https://www.youtube.com/watch?v=qtu2hbPkzm4 , *„Die grüne Kulturrevolution: Wie viele Tote wird sie fordern? Debattiert!"*, Am 01.06.2019 veröffentlicht

[173] https://www.youtube.com/watch?v=jA6Oit-4sKY&fbclid=IwAR25A73-XS-yoanG30l7rA25s9MVac0NPOw3qD3uUI8Bxx87u3CvUv9i4eU , „WDR 2 Comedy Kinderchor: *Meine Oma ist ne alte Umweltsau"*, 27.12.2019

[174] https://www.youtube.com/watch?v=_G9GQvwsfT4 , „Grüner Hass: Hetzen Spaß-Youtuber die Jugend auf? - Gerhard Wisnewski im Gespräch", am 05.06.2019 veröffentlicht

[175] ibid.

[176] https://www.youtube.com/watch?v=IqH--Yi2CI4   *„Der Ursprung der Klimalüge"*, veröffentlicht am 06.12.2016

[177] Joachim Sonntag, *Deutschland im freien Fall – Wie die milliardenschweren Finanzeliten unsere freiheitliche Demokratie zerstören und unsere Politiker und öffentlichen Medien zu deren Werkzeugen wurden*, 2. erweiterte Auflage, BoD-Verlag, 2017, pages 23ff

[178] https://www.pravda-tv.com/2018/12/haarp-geoengineering-in-deutschland-die-hitzewelle-2018-

vi-

deo/?fbclid=IwAR1RWT9A6K_FPPseisuP76063wpFCWvZzlzTZGN1SKPf8qH DfKAC-jBYETU , *„HAARP: Geoengineering in Deutschland - die Hitzewelle 2018 (Video)"* ; veröffentlicht 18.12.2018

[179] http://news-for-friends.de/mit-haarp-zum-tornado-mit-dem-tornado-zur-co2-steuer/ *"Mit HAARP zum Tornado, mit dem Tornado zur CO2-Steuer....."* Von nfriends, 20. Juli 2017

[180] https://de.scribd.com/doc/3436120/UN-1976-Weather-Weapon-Treaty

[181] https://www.youtube.com/watch?v=5blrkhKucIQ   *„Hitze Dürre - Haarp Wetterwaffen töten 300 Menschen pro Tag. "*; veröffentlicht 09.08.2018

[182] https://www.youtube.com/watch?v=pCWJ027U8SI   *„Geo-Engineering, Wettermanipulation HAARP 2018 in Deutschland"* ; veröffentlicht 14.08.2018

[183] ibid.

[184] https://www.youtube.com/watch?v=5blrkhKucIQ   *„Hitze Dürre - Haarp Wetterwaffen töten 300 Menschen pro Tag. "*, ab Minute 2:25; veröffentlicht 09.08.2018

[185] *https://www.youtube.com/watch?v=pCWJ027U8SI   „Geo-Engineering, Wettermanipulation HAARP 2018 in Deutschland"* , ab Minute 6:20; veröffentlicht 14.08.2018

[186] https://www.youtube.com/watch?v=5blrkhKucIQ   *„Hitze Dürre - Haarp Wetterwaffen töten 300 Menschen pro Tag. "*, ab Minute 2:25; veröffentlicht 09.08.2018

[187] https://www.youtube.com/watch?v=VaiNlH51lOM   *„Die größte Waffe, welche die Welt je gesehen hat! - Deutsche Untertitel"* , veröffentlicht: 13.08.2018

[188] https://www.youtube.com/watch?v=Y80h1B-_DL4 *"Manipulation des Wetters und des Bewusstseins Geo Engeneering"*

[189] https://www.youtube.com/watch?v=DFVi6DYMnMY&t=276s *"JEDER MUSS DAS WISSEN BEVOR ES GELÖSCHT WIRD !!! Seht was sie euch verschweigen!"*

[190] https://www.youtube.com/watch?v=NRbVZo9v5I4 *„Bürgeranwalt Dominik Storr zu Chemtrails - Todestreifen am Himmel"*, am 03.04.2019 veröffentlicht

[191] https://www.weather-modification-journal.de/nsa-whistleblower-snowden-enth%C3%BCllt-schockierende-wahrheit-hinter-den-chemtrails/ *„Wetter-Modifikation = Wetteränderung durch toxische Chemikalien"*

[192] https://www.youtube.com/watch?v=Dt46HlnRLkM *„Das Märchen von den Chemtrails - Erklärungen und Hintergründe"*

[193] https://www.youtube.com/watch?v=U2FWU_Nx4Uc *„Chemtrails gibt es nicht - die spinnen, die Verschwörungstheoretiker"*

[194] https://www.youtube.com/watch?v=0rNpHKSjIdQ *"Gibt es Chemtrails? | Harald Lesch"*

[195] *https://www.youtube.com/watch?v=BrIKAI5snFk*
„CHEMTRAILS - das sind die Beweise! - Bundeswehr gibt sprühen zu! Geoengineering" Hier wird die Existenz von Chemtrails geleugnet.

[196] https://www.augsburger-allgemeine.de/landsberg/Woher-kommen-die-Kreise-am-Himmel-id43014186.html Augsburger Allgemeine, 19.10.18 *„Woher kommen die Kreise am Himmel? "*

[197] https://www.tz.de/muenchen/stadt/nanu-sind-etwa-chemtrails-ueber-muenchen-sagen-experten-9553863.html *„Seltsame Ringe über München: Jetzt ist die Ursache für das Phänomen geklärt"*

[198] https://www.youtube.com/watch?v=A_Ix6rP0M78 *„heute show: Deutschland Deine Irren: Chemtrails mit Lutz van der Horst"*

[199]
https://www.youtube.com/watch?v=OUuUwe85ZlU&fbclid=IwAR15ZmlVCEiOrCaF8dhfWrNR8d3BzxanRdeJMaufi6Pwlj27MXLnyKQaNqY *„OVERCAST Klimaexperiment am Himmel (Chemtrail/Geoengineering Doku)"*, veröffentlicht am 13.12.2017

[200] https://www.mimikama.at/allgemein/nie-gesehene-fotos-von-chemtrails-flugzeugen/?fbclid=IwAR1WNQ1HeWlB4rWfZ3MCZQUnBI5Sn-oYQuB7uWYQY1fLtupOViHfQRfL5fA , MIMIKAMA *„Nie gesehene Fotos von Chemtrails-Flugzeugen? – Ehm... doch!"*

[201] ibid.

[202] ibid.

[203] ibid.

[204] https://www.youtube.com/watch?v=Dt46HlnRLkM *„Das Märchen von den Chemtrails - Erklärungen und Hintergründe"*

[205] https://www.youtube.com/watch?v=0rNpHKSjIdQ *"Gibt es Chemtrails? | Harald Lesch"*

[206] https://www.youtube.com/watch?v=U2FWU_Nx4Uc *„Chemtrails gibt es nicht - die spinnen, die Verschwörungstheoretiker"*

[207] https://www.youtube.com/watch?v=8RPlQ8jsXSs&feature=youtu.be *"NDR Regenwasser voller Nanopartikel"*

[208] https://gesundmagazin.com/chemtrails-sind-verantwortlich-fuer-krankheiten-sie-zerstoeren-unser-immunsystem-mit-video/ , *„Chemtrails sind verantwortlich für Krankheiten Sie zerstören unser Immunsystem (mit Video)"*, 21. Februar 2019

[209] *„Von Klimawandel, Geisterwolken, und Chemtrails"*, 2008, DVD, Skadi-Media Bochum

[210] https://www.youtube.com/watch?v=-OwxcaoZECA *"Aerosol Crimes - Clifford E. Carnicom [Deutsch]"*, am 23.10.2013 veröffentlicht

[211] https://www.youtube.com/watch?v=FW9gVpzvSZo *„Piloten, Ärzte & Wissenschaftler berichten über Chemtrails"*

[212] https://www.youtube.com/watch?v=_8o4xgSVcyg *"Chemtrails Trojanische Wolken Doku (full length)"*
[213] www.bmbf.de/pubRD/Infografik_climate_engineering.pdf
[214] https://www.youtube.com/watch?v=8RPlQ8jsXSs&feature=youtu.be *"NDR Regenwasser voller Nanopartikel"*, am 17.07.2016 veröffentlicht
[215] https://www.youtube.com/watch?v=Xot1EI4s6j0 *"ZDF heute-journal 14.01.2009 Wetter – Chemtrails"*
[216] https://www.youtube.com/watch?v=tuVspN5RIoE *„NEWW!! ARD u ZDF zeigen Haarp und Chemtrails sind keineswegs eine Verschwörungstheorie UNFASSBAR!"*, am 03.01.2017 veröffentlicht
[217] https://www.youtube.com/watch?v=Xot1EI4s6j0 *"ZDF heute-journal 14.01.2009 Wetter – Chemtrails"*
[218] https://www.youtube.com/watch?v=tuVspN5RIoE *„NEWW!! ARD u ZDF zeigen Haarp und Chemtrails sind keineswegs eine Verschwörungstheorie UNFASSBAR!"*, am 03.01.2017 veröffentlicht
[219] https://www.youtube.com/watch?v=sEWe-EBcx1k *„Dr. med D. Klinghardt === ✈ Chemtrail Fallout ist die wichtigste Vergiftungsursache!"*, am 29.08.2018 veröffentlicht
[220] https://www.youtube.com/watch?v=UCIZT05hfjc *„#ARD & #ZDF zeigen #Haarp und #Chemtrails Es gibt sie wirklich 2017."*
[221] https://www.legitim.ch/single-post/2017/08/07/Die-NASA-gibt-zu-Lithium-und-andere-Chemikalien-in-die-Atmosph%C3%A4re-zu-sprayen Jan Walter: *"Die NASA gibt zu Lithium und andere Chemikalien in die Atmosphäre zu sprayen"*, 7 Aug 2017
[222] ibid.
[223] DIE WELT – Nr. 254 – Dienstag, 31. Oktober 1978
[224] https://www.politikforen.net/showthread.php?155157-Die-90-Dezimierung-der-Menschheit-wird-mit-Nano *„Die 90%-Dezimierung der Menschheit wird mit Nano-Waffen erfolgen!"* , 11.08.2014
[225] ibid.
[226] Leyline.de , *„Bayern: Katastrophale Konzentration von Aluminium, Barium und Arsen in der Atemluft amtlich bestätigt"*, 18. November 2016 saga4ever.blogspot.com
[227] Joachim Sonntag, *Deutschland im freien Fall – Wie die milliardenschweren Finanzeliten unsere freiheitliche Demokratie zerstören und unsere Politiker und öffentlichen Medien zu deren Werkzeugen wurden*, 2. erweiterte Auflage, BoD-Verlag, 2017, Anlage 3
[228] https://www.weather-modification-journal.de/nsa-whistleblower-snowden-enth%C3%BCllt-schockierende-wahrheit-hinter-den-chemtrails/ *„Wetter-Modifikation = Wetteränderung durch toxische Chemikalien"*
[229] ibid.

[230] http://www.bund-rvso.de/chemtrails.html „*Chemtrails 2019: Kritische BUND-Stellungnahme zu Verschwörungstheorien, Industrieinteressen & postfaktischen Debatten*"

[231] https://www.youtube.com/watch?v=-OwxcaoZECA *"Aerosol Crimes - Clifford E. Carnicom [Deutsch]"*, Am 23.10.2013 veröffentlicht, das Zitat s. Minute 22:10 im Video.

[232] ibid., das Zitat s. Minute 26 im Video.

[233] http://www.sauberer-himmel.de/untersuchungen/
„*Untersuchungen von Regenwasser, Polymerfasern etc. & wissenschaftliche Grundlagen*"

[234] https://www.youtube.com/watch?v=_8o4xgSVcyg *"Chemtrails Trojanische Wolken Doku (full length)"*

[235] ibid.

[236] George Orwell, *1984*, Ungekürzte Ausgabe im Ullstein Taschenbuch, 38. Auflage 2015, page 115

[237] https://www.facebook.com/ursula.l.mayer/posts/2116799428344036

[238] ibid.

[239] https://www.politikforen.net/showthread.php?155157-Die-90-Dezimierung-der-Menschheit-wird-mit-Nano „*Die 90%-Dezimierung der Menschheit wird mit Nano-Waffen erfolgen!*",11.08.2014

[240] https://www.facebook.com/marigny.degrilleau/posts/1018294345016824

[241] Zitiert aus einer Rezension (2015) bei Amazon.de: zum Buch „*Kriegswaffe Planet Erde*" von Rosalie Bertell

[242] https://www.youtube.com/watch?v=_8o4xgSVcyg *"Chemtrails Trojanische Wolken Doku (full length)"*

[243] ibid.

[244] https://www.youtube.com/watch?v=7oTa9CZVw6c „*Neue Wolkenarten - Die Presse bestätigt Chemtrails!*", veröffentlicht am 25.03.2017

[245] http://www.chemtrail.de/wp-content/uploads/2013/12/art1.pdf „*Piloten, Ärzte und Wissenschaftler packen aus! – Chemtrails*"

[246] https://www.youtube.com/watch?v=PW9wF5gI5dg „*Dr. Klinghardt (Deutsch/English) - subtitulado en Castellano*", veröffentlicht am 13.12.2018

[247] ibid.

[248] https://www.youtube.com/watch?v=NRbVZo9v5I4 **„*Bürgeranwalt Dominik Storr zu Chemtrails - Todestreifen am Himmel*"**, am 03.04.2019 veröffentlicht

[249] „*Von Klimawandel, Geisterwolken, und Chemtrails*", DVD, Skadi-Media,Friederikastr. 107, D-44789 Bochum, 2008

[250] https://www.youtube.com/watch?v=ofXyRV73xaw „*Dr. Klinghardt zu Geoengineering, Impfungen + Entgiftung (Kurzversion)*", veröffentlicht am 05.12.2017

[251] https://www.weather-modification-journal.de/

[252] https://www.zeit.de/wissen/umwelt/2019-09/geoengineering-klimawandel-ccs-ozeanduengung-kohlendioxid-strahlungsbilanz , „*Geoengineering: Da hilft nur noch, am Klima zu klempnern*", 28.09.2019

[253] https://www.youtube.com/watch?v=bli57XeXUt0 *"ES GIBT KEINE CHEMTRAILS ! - DU ALUHUTDEPP ! DAS ULTIMATIVE BEWEISVIDEO"* (ddb Netzwerk)

[254] Joachim Sonntag, *Deutschland im freien Fall – Wie die milliardenschweren Finanzeliten unsere freiheitliche Demokratie zerstören und unsere Politiker und öffentlichen Medien zu deren Werkzeugen wurden,* 2. erweiterte Auflage, BoD-Verlag, 2017, Anlage 3

[255] Gabriele Schuster-Haslinger, *"verraten verkauft verloren"*, Amadeus Verlag GmbH & Co. KG, 2015, pages 45ff

[256] https://www.youtube.com/watch?v=_8o4xgSVcyg *"Chemtrails Trojanische Wolken Doku (full length)"*

[257] https://www.youtube.com/watch?v=Bs-_BOFdbpM , *"Bewusst.tv - Morgellons und Transhumanismus"*, Am 05.02.2014 veröffentlicht

[258] https://www.youtube.com/watch?v=39hqrLPsSt8 , *"HAARP und die NSA - Geheime Wetterexperimente in Alaska? | ExoMagazin"*, veröffentlicht am 25.12.2013

[259]

https://www.youtube.com/watch?v=P9dc3Plo7MA&feature=share&fbclid=IwAR 20JzMaRVbxTaTLok4AYCaCROY27ceAYPsbSf7R0h43NLFKTD-PxHZAfHU , *"Der wahre Grund für 5G ist 1000 Mal schlimmer als die Strahlung"*, Am 12.04.2019 veröffentlicht

[260] https://www.youtube.com/watch?v=WaudJgutsPw&t=1650s *"Doku: Der geheime Krieg - Solares Geoengineering - deutsch synchronisierte Version"* (Minute 5:25 im Video), veröffentlicht am 15.03.2016

[261] Chris Haderer und Peter Hiess, „Chemtrails – Wettermanipulation am Himmel? – Wettermanipulation unter den Augen der Öffentlichkeit", Copyright by V. F. SAMMLER, Graz 2005, page 25

[262] ibid.

[263] ibid.

[264] https://www.youtube.com/watch?v=_8o4xgSVcyg *"Chemtrails Trojanische Wolken Doku (full length)"*

[265] Gabriele Schuster-Haslinger, *"verraten verkauft verloren"*, Amadeus Verlag GmbH & Co. KG, 2015, pages 45ff

[266] https://gesundmagazin.com/chemtrails-sind-verantwortlich-fuer-krankheiten-sie-zerstoeren-unser-immunsystem-mit-video/ , *"Chemtrails sind verantwortlich für Krankheiten Sie zerstören unser Immunsystem (mit Video)"*, 21. Februar 2019

[267] https://www.youtube.com/watch?v=GA3Gvr_ApL0 *"Wie wir vergiftet werden - Dr. Dietrich Klinghardt"*

[268] http://www.chemtrail.de/wp-content/uploads/2013/12/art1.pdf *"Piloten, Ärzte und Wissenschaftler packen aus! – Chemtrails"* veröffentlicht: 25.03.2017

[269] https://www.youtube.com/watch?v=8RPlQ8jsXSs&feature=youtu.be *"NDR Regenwasser voller Nanopartikel"*

[270] https://www.youtube.com/watch?v=brkm2QoXWsM

„*Werner Altnickel: Geoengineering, Chemtrails, SRM & HAARP*"

[271] https://www.stuttgarter-nachrichten.de/inhalt.bosch-chef-diesel-reinigt-die-luft-vom-feinstaub.79ed306c-f509-4b21-ad8a-7f512891004a.html , Klaus Köster: „*Bosch-Chef - Diesel reinigt die Luft vom Feinstaub*", 27.01.2016

[272] https://www.youtube.com/watch?v=brkm2QoXWsM „*Werner Altnickel: Geoengineering, Chemtrails, SRM & HAARP*"

[273] https://gesundmagazin.com/chemtrails-sind-verantwortlich-fuer-krankheiten-sie-zerstoeren-unser-immunsystem-mit-video/ „*Chemtrails sind verantwortlich für Krankheiten Sie zerstören unser Immunsystem (mit Video)*", 21. Februar 2019

[274] https://www.n-tv.de/wissen/COPD-haeufiger-als-Krebs-article4271976.html , „*Hohes Risiko für Lungenleiden COPD häufiger als Krebs*", 11.9. 2011

[275] https://gesundmagazin.com/chemtrails-sind-verantwortlich-fuer-krankheiten-sie-zerstoeren-unser-immunsystem-mit-video/ „*Chemtrails sind verantwortlich für Krankheiten Sie zerstören unser Immunsystem (mit Video)*", 21. Februar 2019

[276] https://www.youtube.com/watch?v=PW9wF5gI5dg „*Dr. Klinghardt (Deutsch/English) - subtitulado en Castellano*", veröffentlicht am 13.12.2018

[277] https://www.focus.de/gesundheit/werden-menschen-duemmer-umwelthormone-eine-gefahr-fuer-das-menschliche-gehirn_id_7847170.html , FOCUS-Online-Gastautorin Pia Jaeger 18.02.2018, 18:30

[278] https://www.youtube.com/watch?v=8RPlQ8jsXSs&feature=youtu.be "*NDR Regenwasser voller Nanopartikel*"

[279] https://www.youtube.com/watch?v=_8o4xgSVcyg "*Chemtrails Trojanische Wolken Doku (full length)*"

[280] http://www.chemtrail.de/wp-content/uploads/2013/12/art1.pdf „*Piloten, Ärzte und Wissenschaftler packen aus! – Chemtrails*" veröffentlicht: 25.03.2017

[281] Jugend TV – CH – St.Gallen: „*Giftige Chemtrails – Ein Geschäft auf Kosten der Umwelt*" (am Ende des Videos "*Chemtrails Trojanische Wolken Doku (full length)*" wiedergegeben.

[282] https://www.youtube.com/watch?v=Y80h1B-_DL4&t=48s "*Manipulation des Wetters und des Bewusstseins Geo Engeneering*"

[283] Ulrich Heerd, *HAARP PROJEKT – über Mobilfunk zur Strahlenwaffe*, 2. Auflage, Edition HAARP, MICHAELS VERLAG, 2012, page 17

[284] https://zeit-zum-aufwachen.blogspot.de/2014/08/haarp-rostock-marlow-grote-anlage-der.html

[285] ibid.

[286] https://www.youtube.com/watch?v=DFVi6DYMnMY&t=276s "*JEDER MUSS DAS WISSEN BEVOR ES GELÖSCHT WIRD !!! Seht was sie euch verschweigen!*"

[287] https://www.chemtrailsprojectuk.com/new-world-survival-tips/ "*Chemtrails Project UK - Campaign to Ban Chemtrails and Geoengineering*"

[288] https://www.youtube.com/watch?v=39hqrLPsSt8 , „*HAARP und die NSA - Geheime Wetterexperimente in Alaska? | ExoMagazin*", veröffentlicht am 25.12.2013, Minute 4:07

[289] https://www.youtube.com/watch?v=dmTT9HN-sOw *„HAARP SPIEGELT sich auf OSTSEE! WIE VIELE Beweise wollt IHR noch?"*, veröffentlicht am 16.04.2018, Minute 1:31

[290] Ulrich Heerd, *HAARP PROJEKT – über Mobilfunk zur Strahlenwaffe*, 2. Auflage, Edition HAARP, MICHAELS VERLAG, 2012, pages 19ff

[291] https://www.youtube.com/watch?v=39hqrLPsSt8 *„HAARP und die NSA - Geheime Wetterexperimente in Alaska? | ExoMagazin"*, veröffentlicht am 25.12.2013

[292] Ulrich Heerd, *HAARP PROJEKT – über Mobilfunk zur Strahlenwaffe*, 2. Auflage, Edition HAARP, MICHAELS VERLAG, 2012, page 66

[293] https://www.youtube.com/watch?v=39hqrLPsSt8 *„HAARP und die NSA - Geheime Wetterexperimente in Alaska? | ExoMagazin"*, veröffentlicht am 25.12.2013

[294] https://www.youtube.com/watch?v=dmTT9HN-sOw *„HAARP SPIEGELT sich auf OSTSEE! WIE VIELE Beweise wollt IHR noch?"*, veröffentlicht am 16.04.2018

[295] https://www.youtube.com/watch?v=UCIZT05hfjc *„#ARD & #ZDF zeigen #Haarp und #Chemtrails Es gibt sie wirklich 2017."*

[296] http://www.ostsee-zeitung.de/Nachrichten/Das-Geheimnis-im-Wald-von-Marlow *„Das Geheimnis im Wald von Marlow – Die Deutsche Marine betreibt im Recknitz-Städtchen eine Sendestation. Um die Anlage ranken sich wüste Verschwörungstheorien."*

[297] https://futurezone.at/meinung/haarp-todesstrahlen-aus-alaska/286.909.761

[298] http://www.europarl.europa.eu/sides/getDoc.do?pubRef=-//EP//TEXT+REPORT+A4-1999-0005+0+DOC+XML+V0//DE#Contentd374406e958 , Bericht über Umwelt, Sicherheit und Außenpolitik, Ausschuß für auswärtige Angelegenheiten, Sicherheit und Verteidigungspolitik, 14.01.1999

[299] https://www.facebook.com/search/top/?q=chemtrails%20in%20verbindung%20mit%20haarp%20benutzt%20werden.&epa=SEARCH_BOX

[300] https://www.youtube.com/watch?v=dmTT9HN-sOw *„HAARP SPIEGELT sich auf OSTSEE! WIE VIELE Beweise wollt IHR noch?"*, veröffentlicht am 16.04.2018

[301] https://www.youtube.com/watch?v=7oTa9CZVw6c *„Neue Wolkenarten - Die Presse bestätigt Chemtrails!"*, veröffentlicht am 25.03.2017

[302] https://www.youtube.com/watch?v=Y80h1B-_DL4&t=48s *„Manipulation des Wetters und des Bewusstseins Geo Engeneering"*

[303] https://www.youtube.com/watch?v=7oTa9CZVw6c *„Neue Wolkenarten - Die Presse bestätigt Chemtrails!"*, veröffentlicht am 25.03.2017

[304] https://www.youtube.com/watch?v=DFVi6DYMnMY&t=276s *"JEDER MUSS DAS WISSEN BEVOR ES GELÖSCHT WIRD !!! Seht was sie euch verschweigen!"*

[305] https://www.youtube.com/watch?v=a9g5LIFc8Y4&t=73s *„Bester Chemtrail-Vortrag von Werner Altnickel"*

[306] ibid.

[307] ibid.

[308] https://www.youtube.com/watch?v=a9g5LIFc8Y4&t=73s *„Bester Chemtrail-Vortrag von Werner Altnickel"*

[309] ibid.

[310] ibid.

[311] ibid.

[312] www.stopthecrime.net

[313] https://www.youtube.com/watch?v=a9g5LIFc8Y4&t=73s *„Bester Chemtrail-Vortrag von Werner Altnickel"*

[314] http://www.arbeiterfotografie.com/naturgewalten-als-waffe/index-naturgewalten-als-waffe-0001.html , Anneliese Fikentscher und Andreas Neumann: *"Naturgewalten als Waffe - Hiroshima, Nagasaki, Fukushima – Japan 11-03-11 – Analyse zur Entstehung des Erdbeens in Japan am 11.3.2011"*, 25.3.2011

[315] https://www.youtube.com/watch?v=a9g5LIFc8Y4&t=73s *„Bester Chemtrail-Vortrag von Werner Altnickel"*

[316] ibid.

[317] https://www.youtube.com/watch?v=dmTT9HN-sOw&t=245s *„HAARP SPIEGELT sich auf OSTSEE ! WIE VIELE Beweise wollt IHR noch?"*

[318] https://www.youtube.com/watch?v=EgczgWJUOLA *„Chemtrails und Haarp - Brigitta Zuber"*

[319] https://www.youtube.com/watch?v=dmTT9HN-sOw&t=245s *„HAARP SPIEGELT sich auf OSTSEE ! WIE VIELE Beweise wollt IHR noch?"*

[320] ibid.

[321] http://www.arbeiterfotografie.com/naturgewalten-als-waffe/index-naturgewalten-als-waffe-0001.html , Anneliese Fikentscher und Andreas Neumann: *"Naturgewalten als Waffe - Hiroshima, Nagasaki, Fukushima – Japan 11-03-11 – Analyse zur Entstehung des Erdbeens in Japan am 11.3.2011"*, 25.3.2011

[322] ibid.

[323] https://bilddung.wordpress.com/2014/12/26/war-dieser-tsunami-menschgemacht/ BilDung für das Volk *„War dieser Tsunami menschgemacht ?"*

[324] http://www.stopthecrime.net

[325] ibid.

[326] ibid.

[327] https://bilddung.wordpress.com/2014/12/26/war-dieser-tsunami-menschgemacht/ BilDung für das Volk *„War dieser Tsunami menschgemacht ?"*

[328] ibid.

[329] Ulrich Mies (Hg.), *Der Tiefe Staat schlägt zu – Wie die westliche Welt Krisen erzeugt und Kriege vorbereitet*, Promedia Verlag, Wien, 2. Auflage 2019, page 132

[330] http://news-for-friends.de/mit-haarp-zum-tornado-mit-dem-tornado-zur-co2-steuer/ *"Mit HAARP zum Tornado, mit dem Tornado zur CO2-Steuer....."* Von nfriends, 20. Juli 2017

[331] https://gumshoenews.com/2017/08/31/manmade-hurricane-harvey-the-military-can-steer-a-hurricane/

[332] https://gumshoenews.com/2017/07/10/the-breaking-of-the-levees-in-new-orleans-gentrification-and-jewish-law/ *„The Breaking of the Levees in New Orleans, "Gentrification," and Jewish Law"*, July 10, 2017

[333] ibid.

[334] https://www.contra-magazin.com/2017/09/wetterextreme-als-waffe-das-weltklima-als-versuchslabor-wurden-harvey-und-irma-kuenstlich-erzeugt/ , Eva-Maria Griese: *„ Wetterextreme als Waffe: Das Weltklima als Versuchslabor – wurden Harvey und Irma künstlich erzeugt ? "*, 13. September 2017.

[335] https://www.globalisierung-fakten.de/ozonloch/ozonloch-entwicklung/

[336] Rosalie Bertell, *„Kriegswaffe Erde"*, j-k-fischer-verlag, Gelnhausen/Roth, 3. Auflage 11/2016, page 256

[337] https://www.youtube.com/watch?v=YmL7mJExaFQ *„Der OZON-SCHWINDEL- Wissenschaftler Entdeckten die Wahre Ursache des Ozonlochs!"*, veröffentlicht am 24.02.2018

[338] https://www.youtube.com/watch?v=YmL7mJExaFQ *„Der OZON-SCHWINDEL- Wissenschaftler Entdeckten die Wahre Ursache des Ozonlochs!"*, veröffentlicht am 24.02.2018

[339] Marion Schimmelpfennig, *„Giftcocktail Körperpflege: Der schleichende Tod aus dem Badezimmer"*, J.K.Fischer-Verlag, 2017

[340] Thomas Klein, *Sonnenlicht – Das größte Gesundheitsheimnis – Sonnenmangel und seine schwerwiegenden Folgen, Hygeia-Verlag, 2010*

[341] https://www.youtube.com/watch?v=8RT9BReqSag&t=141s *„ENERGIEWAFFEN-TEST am eigenen Volk! 'Waldbrände' in Kalifornien 2017! Laserwaffen, Mikrowellen, NWO"*, Minute 11:43

[342] https://www.youtube.com/watch?v=Ll6i6M64On8&t=14s *"Waldbrände = Waffentests? Äußerst verdächtiges 'Brandverhalten'"*

[343] http://www.faszination-regenwald.de/info-center/zerstoerung/index.htm , *„Faszination-regenwald - Zerstörung tropischer Regenwälder"*

[344] https://www.regenwald.org/themen/palmoel/fragen-und-antworten , *„Fakten über Palmöl"*

[345] https://www.youtube.com/watch?v=8RT9BReqSag&t=141s *„ENERGIEWAFFEN-TEST am eigenen Volk! 'Waldbrände' in Kalifornien 2017! Laserwaffen, Mikrowellen, NWO"*, Minute 1:50

[346] https://www.youtube.com/watch?v=lMIoBdQxKHY , *„Boeing YAL-1 Airborne Laser Testbed Lethal Intercept"*, Minute 2:15 – 2:29

[347] https://www.youtube.com/watch?v=8RT9BReqSag&t=141s *„ENERGIEWAFFEN-TEST am eigenen Volk! 'Waldbrände' in Kalifornien 2017! Laserwaffen, Mikrowellen, NWO"*, Minute 3:30

[348] https://www.youtube.com/watch?v=Ahcc-Gr55WA , *„Waldbrände in Südamerika - die ganze Wahrheit!"*, am 25.08.2019 veröffentlicht

[349] https://www.youtube.com/watch?v=hzWKNUQfG_4 *„Aus der „Feuerhölle" Südamerikas - aktueller Bericht"*, Am 25.08.2019 veröffentlicht

[350] https://www.legitim.ch/post/enth%C3%BCllt-prayfortheamazon-ist-fake-von-a-bis-z , Jan Walter: *„Enthüllt: #PrayForTheAmazon ist FAKE! (von A bis Z)"*, am 29.08.19, aktualisiert am 31.08.19

[351] https://www.legitim.ch/post/enth%C3%BCllt-prayfortheamazon-ist-fake-von-a-bis-z , Jan Walter: *„Enthüllt: #PrayForTheAmazon ist FAKE! (von A bis Z)"*, am 29.08.19, aktualisiert am 31.08.19

[352] F. William Engdahl, *„Geheimakte NGOs"*, Kopp-Verlag, 2017

[353] https://www.youtube.com/watch?v=lJ-rXRf88sA , *„Feuer in Australien: Was hinter den Buschbränden steckt"*, 15.11.2019

[354] https://www.youtube.com/watch?v=lYA6ErMN9RM&t=34s *„Warum brennt Australien? Von wegen Klimawandel!"*, 12.01.2020

[355] https://www.youtube.com/watch?v=5ZRwpKrVlKw *„Brandstiftung in Australien: Gretas Klima-Schwindel aufgedeckt"*, 10.01.2020

[356] ibid., Minute 3:30

[357] https://www.youtube.com/watch?v=lYA6ErMN9RM&t=34s *„Warum brennt Australien? Von wegen Klimawandel!"*, 12.01.2020, Minute 2; 4:50

[358] https://www.mimikama.at/allgemein/hochgeschwindigkeitsbahnen-ausloeser-der-braende-in-australien-und-kalifornien/ *„Hochgeschwindigkeitsbahnen: Auslöser der Brände in Australien und Kalifornien?"*, 11.01.2020

[359] https://www.youtube.com/watch?v=lYA6ErMN9RM&t=34s *„Warum brennt Australien? Von wegen Klimawandel!"*, 12.01.2020, Minute 7:30

[360] https://www.zeit.de/gesellschaft/zeitgeschehen/2020-01/australien-braende-hitze-feuerwehr-evakuierung-victoria *„240.000 Menschen zur Evakuierung aufgefordert"*, 10. Januar 2020

[361] ibid., Minute 3:30

[362] https://www.zeit.de/gesellschaft/zeitgeschehen/2020-01/australien-braende-hitze-feuerwehr-evakuierung-victoria *„240.000 Menschen zur Evakuierung aufgefordert"*, 10. Januar 2020

[363] https://www.zeit.de/gesellschaft/zeitgeschehen/2020-01/australien-braende-hitze-feuerwehr-evakuierung-victoria *„240.000 Menschen zur Evakuierung aufgefordert"*, 10. Januar 2020

[364] Joachim Sonntag, *„2025 - Der vorletzte Akt: Warum wir Heimat, Freiheit und Sicherheit verlieren"*, CBX-Verlag München, 2019, Anhang 1, pages 212ff

[365] https://www.youtube.com/watch?v=lYA6ErMN9RM&t=34s *„Warum brennt Australien? Von wegen Klimawandel!"*, 12.01.2020, Minute 10:15

[366] https://mail.google.com/mail/u/0/#inbox/FMfcgxwHMjvMCNTNCbSTthQbBMxZljvh , *„LAURA EISENHOWER PACKT AUS !!!"*, Legitim.ch, 13.4.20

[367] https://www.youtube.com/watch?v=L2ziG1GKVsg&t=188s *„16. AZK: „Digitalisiert in eine strahlende Zukunft – todsicher!" - Anke Kern | www.kla.tv/13437"* , veröffentlicht am 01.12.2018

[368] ibid.

[369] ibid.

[370] ibid.

[371] https://www.kla.tv/5g-mobilfunk/10543&autoplay=true , *„Baumschäden durch Mobilfunkstrahlung"*, www.kla.tv/10543 , 21.05.2017

[372] ibid.

[373] https://zeit-zum-aufwachen.blogspot.de/2014/08/haarp-rostock-marlow-grote-anlage-der.html

[374] https://www.youtube.com/watch?v=KFV51crLwQE *"Heiße Abschreckung: US-Armee testet Mikrowellenwaffe"*

[375] https://www.youtube.com/watch?v=Cl_IR_qxi34 *„Mobilfunk als Mikrowellenwaffe- Barrie Trower"*

[376] https://www.youtube.com/watch?v=KFV51crLwQE *"Heiße Abschreckung: US-Armee testet Mikrowellenwaffe"*

[377] https://www.youtube.com/watch?v=8RT9BReqSag&t=141s *„ENERGIEWAFFEN-TEST am eigenen Volk! 'Waldbrände' in Kalifornien 2017! Laserwaffen, Mikrowellen, NWO"*

[378] https://www.youtube.com/watch?v=L2ziG1GKVsg&t=188s *„16. AZK: „Digitalisiert in eine strahlende Zukunft – todsicher!" - Anke Kern | www.kla.tv/13437"* , veröffentlicht am 01.12.2018

[379] ibid.

[380] ibid.

[381] https://www.youtube.com/watch?v=vqFKhjXl1Cw *"Aufrüstung der Polizei mit Mikrowellenwaffen"*

[382] http://google.com/patents/US6506148 (zitiert in http://www.globale-evolution.de/showthread.php/4025-Mind-Control-(Gedanken-Kontrolle)/page7 vom 26.01.2016)

[383] https://www.youtube.com/watch?v=pjy6yWBzwpE *„ MK Ultra - Das Gehirnwäscheprogramm der CIA [ZDF/Phoenix Doku]"*, am 03.09.2016 veröffentlicht

[384] https://www.spiegel.de/netzwelt/netzpolitik/5g-mobilfunkfrequenzen-versteigert-firmen-bezahlen-6-6-milliarden-euro-a-1272131.html , *„Mobilfunkfrequenzen 5G-Auktion bringt Deutschland knapp 6,6 Milliarden Euro"*, 12.06.2019

[385] https://www.spiegel.de/netzwelt/web/5g-gefaehrlich-was-experten-zum-thema-5g-und-gesundheit-sagen-a-1257267.html#js-article-comments-box-pager , *„Neuer Mobilfunkstandard Gefährdet 5G die Gesundheit? "*,11.03.2019

[386] https://www.jungewelt.de/artikel/368178.fortschritt-kontra-gesundheit-versuchskaninchen-f%C3%BCr-5-g.html , Ralf Wurzbacher: *„Versuchskaninchen für »5 G«"*, 5.12.2019

[387] https://www.tagesschau.de/inland/5g-gefahren-115.html , Wulf Rohwedder, tagesschau.de: *„Neue Mobilfunktechnik - Ist 5G gefährlich? "*, 12.06.2019

[388] Offenlegungsschrift DE 10253 433 A1 2004.05.27, Bundesrepublik Deutschland, Deutsches Patent- und Markenamt, Anmeldetag: 11.11.2002

[389] https://www.youtube.com/watch?v=qVG5wwO1PDI *„AUF ● GEKLÄRT - TRANSHUMANISMUS | SMART-DUST UND AGENDEN 21, 2030 & 2045"*, am 18.11.2017 veröffentlicht

[390] https://www.youtube.com/watch?v=fDk960sQIvw&t=1236s „Gedankenkontrolle mit 5G – Patente", am 11.04.2019 veröffentlicht

[391] https://www.youtube.com/watch?v=fDk960sQIvw&t=1236s „Gedankenkontrolle mit 5G – Patente", am 11.04.2019 veröffentlicht

[392] https://www.youtube.com/watch?v=L2ziG1GKVsg&t=188s „16. AZK: „Digitalisiert in eine strahlende Zukunft – todsicher!" - Anke Kern | www.kla.tv/13437" , veröffentlicht am 01.12.2018

[393] https://www.google.com/search?q=Harald+Kautz-Vella+%C3%BCber+5G+%26+die+Hintergr%C3%BCnde&ie=utf-8&oe=utf-8&client=firefox-b , *„Harald Kautz-Vella über 5G & die Hintergründe"*, am 10.11.2018

[394] Dr. Klaus Scheler: *„Polarisation: Ein wesentlicher Faktor für das Verständnis biologischer Effekte von gepulsten elektromagnetischen Wellen niedriger Intensität"* (Sonderbeilage 3-2016 | 29. Jahrgang, „umwelt – medizin – gesellschaft")

[395] ibid.

[396]

https://www.youtube.com/watch?v=P9dc3Plo7MA&feature=share&fbclid=IwAR20JzMaRVbxTaTLok4AYCaCROY27ceAYPsbSf7R0h43NLFKTD-PxHZAfHU , *„Der wahre Grund für 5G ist 1000 Mal schlimmer als die Strahlung"*, am 12.04.2019 veröffentlicht

[397] https://www.youtube.com/watch?v=eZmRom81nQo , *„RFID Chip muss nicht mehr implantiert werden. Chippen ohne es zu wissen – Cyborg"*, 18.05.2016, Minute 0:36

[398]

https://www.youtube.com/watch?v=P9dc3Plo7MA&feature=share&fbclid=IwAR20JzMaRVbxTaTLok4AYCaCROY27ceAYPsbSf7R0h43NLFKTD-PxHZAfHU , *„Der wahre Grund für 5G ist 1000 Mal schlimmer als die Strahlung"*, Am 12.04.2019 veröffentlicht

[399] https://www.kla.tv/ErichHambach Erich Hambach: „16. AZK: Bühnen-Interview mit Erich Hambach zum Thema *'Auslaufmodell Mensch? - Transhumanismus und künstliche Intelligenz wollen uns ersetzen'"*

[400] https://www.legitim.ch/home/author/Jan-Walter , Jan Walter: *„Geheime Agenda - Der wahre Grund für 5G ist 1000 Mal schlimmer als die Strahlung!"* , 8. April 2019

[401] https://www.mines-kreativstuebchen.de/blog/digitalisierung-5g-smartphone#gsc.tab=0 , Jasmin Reichel: *„Digitalisierung, 5G, Smartphone, Nanotechnologie, Smartdust und Phased Array - was wirklich dahinter steckt"*, 21.5.2019

[402] https://marbec14.wordpress.com/2019/09/10/kalifornien-passant-filmt-wie-leblose-bienen-zwischen-zwei-5g-antennen-auf-den-boden-klatschen/ , *„Kalifornien: Passant filmt, wie leblose Bienen zwischen zwei 5G-Antennen auf den Boden klatschen!"*, 10. September 2019

[403] https://www.t-online.de/digital/smartphone/id_85555326/5g-netz-versuche-in-genf-und-bruessel-wegen-strahlung-gestoppt.html?fbclid=IwAR1f9jo7ppPx97QPjxW9-FAnakfl4rY0cMWjFFTAAYwF5uRnbiqBlUi74Gg , *„Bedenken wegen Strahlung - 5G-Versuche in Genf und Brüssel gestoppt"*, am 12.04.2019

[404] https://www.t-online.de/digital/smartphone/id_85555326/5g-netz-versuche-in-genf-und-bruessel-wegen-strahlung-

gestoppt.html?fbclid=IwAR1f9jo7ppPx97QPjxW9-FAnakfl4rY0cMWjFFTAAYwF5uRnbiqBlUi74Gg , *„Bedenken wegen Strahlung - 5G-Versuche in Genf und Brüssel gestoppt"*, am 12.04.2019

[405] https://www.google.com/search?q=Harald+Kautz-Vella+%C3%BCber+5G+%26+die+Hintergr%C3%BCnde&ie=utf-8&oe=utf-8&client=firefox-b , *„Harald Kautz-Vella über 5G & die Hintergründe"*, am 10.11.2018

[406] *https://www.youtube.com/watch?v=S-NiZqNzerg* „5G Experiment misslingt und hunderte Vögel sterben in Den Haag,wie gefährlich ist 5G für den Mensch" (Text unter dem video),am 06.11.2018 veröffentlicht

[407] https://www.tagesschau.de/inland/5g-gefahren-115.html , Wulf Rohwedder, tagesschau.de: *„Neue Mobilfunktechnik - Ist 5G gefährlich?"*, 12.06.2019

[408] https://www.raum-und-zeit.com/bewusstsein/transhumanismus/ Detlef Scholz, *„Die transhumanistische Bewegung"*, raum&zeit, Ausgabe 198/2015

[409] Faltblatt *„Gender Mainstreaming – Kinderseelen werden gebrochen. Empörte Bürger wehren sich"*, heraugegeben von „Junge Freiheit", 11.Auflage, Stand September 1016

[410] Interview mit Prof. Dr. Ulrich Kutschera, COMPACT Spezial Magazin, Sonderausgabe Nr. 12, pages 40ff.

[411] Fachtagung *„Frühkindliche Sexualerziehung in der KiTa", herausgegeben von der HAG (Hamburgische Arbeitsgemeinschaft für Gesundheitsförderung e.V.)*

[412] https://www.youtube.com/watch?v=G1FtXKR5jic&feature=youtu.be *„Der Krieg gegen Kinder - Sexualpädagogik der Vielfalt (CSE Agenda)"*

[413] ibid.

[414] https://www.kla.tv/9603 , *„Pädagogik der Geschlechter- und Familienvielfalt führt zur Auflösung des traditionellen Familienbildes (2 von 3)"*, 23. Dezember 2016

[415] http://www.gender-mich-nicht.de/?gclid=CjwKEAjw9MrIBRCr2LPek5-h8U0SJAD3jfhtOwx0tL3UkYpbq-VNz2jHgXAp4W8h1Qb_lkfU_QN5ghoCfpjw_wcB

[416] Faltblatt *„Gender Mainstreaming – Kinderseelen werden gebrochen. Empörte Bürger wehren sich"*, heraugegeben von „Junge Freiheit", 11.Auflage, Stand September 1016

[417] George Orwell, *1984*, Ungekürzte Ausgabe im Ullstein Taschenbuch, 38. Auflage 2015, pages 131ff

[418] https://www.legitim.ch/post/agenda-21-einst-florierende-industrienationen-stehen-am-rande-des-kollaps , Jan Walter: *„AGENDA 21 - Einst florierende Industrienationen stehen am Rande des Kollaps!"*, 04.07.2019

[419] https://www.mobilegeeks.de/news/implantierte-rfid-chips-in-schweden-mehr-als-nur-ein-trend/ , Carsten Drees: *„Implantierte RFID-Chips: In Schweden mehr als nur ein Trend"*, 25.10.2018

[420] https://www.youtube.com/watch?v=eZmRom81nQo , *„RFID Chip muss nicht mehr implantiert werden. Chippen ohne es zu wissen – Cyborg"*, 18.05.2016, Minute 0:36

[421] https://www.theepochtimes.com/ag-barr-opposes-bill-gates-proposal-for-covid-19-vaccine-certifi-cates_3305276.html/amp?fbclid=IwAR2BcnS6M3NkQgj80wWg2jHYERSZkPtz DJglMReoq7to9H-j0ttxPP-T7NY , The Epoch Times, By Zachary Stieber: "AG Barr Opposes Bill Gates Proposal for COVID-19 Vaccine Certificates", April 9, 2020

[422] https://www.youtube.com/watch?v=P9dc3Plo7MA&feature=share&fbclid=IwAR 20JzMaRVbxTaTLok4AYCaCROY27ceAYPsbSf7R0h43NLFKTD-PxHZAfHU , *„Der wahre Grund für 5G ist 1000 Mal schlimmer als die Strahlung"*, Am 12.04.2019 veröffentlicht

[423] https://traugott-ickeroth.com/liveticker/ , Traugott Ickeroth Blog, *„Der Sturm ist da – Liveticker"*. 19.06.2020

[424] https://www.auswaertiges-amt.de/de/aussenpolitik/themen/abruestung-ruestungskontrolle/uebersicht-bcwaffen-node/verbotbiowaffen-bwue-node „Übereinkommen über das Verbot biologischer Waffen (BWÜ)", *„Das Übereinkommen über das Verbot der Entwicklung, Herstellung und Lagerung bakteriologischer (biologischer) Waffen und von Toxinwaffen sowie über die Vernichtung solcher Waffen (BWÜ) trat am 26. März 1975 in Kraft und enthält ein umfassendes Verbot biologischer Waffen."*

[425] https://vitzlisneuer.wordpress.com/2019/04/07/die-deutsche-luegenpresse-schweigt-eisern-das-labor-des-todes/ *„Die deutsche Lügenpresse schweigt ... eisern. Das Labor des Todes."*, 7.4.2019

[426] ibid., Minute 9:25

[427] ibid., Minute 8:53

[428] ibid., Minute 19:31

[429] ibid., Minute 18:50

[430] ibid., Minute 17:54

[431] ibid., Minute 25:25

[432] ibid.

[433] ibid.

[434] ibid.

[435] ibid.

[436] ibid.

[437] https://www.youtube.com/watch?v=byXgus2Cksk&feature=youtu.be , *„Die Eugenik-Agenda der Elite und Transhumanismus"*, Min 34:24, am 02.08.2014 veröffentlicht

[438] https://steemkr.com/deutsch/@saamychristen/geographie-026-biowaffen-in-georgien , „Geographie 026 - Biowaffen in Georgien?", *01. Oktober 2018*

[439] Frank-Rüdiger Halt: *„Volk im Wachkoma"*, Frieling-Verlag Berlin, 2016, page 23

[440] https://www.youtube.com/watch?v=8RPlQ8jsXSs&feature=youtu.be *"NDR Regenwasser voller Nanopartikel"*

[441] https://www.legitim.ch/single-post/2017/08/07/Die-NASA-gibt-zu-Lithium-

und-andere-Chemikalien-in-die-Atmosph%C3%A4re-zu-sprayen Jan Walter: *"Die NASA gibt zu Lithium und andere Chemikalien in die Atmosphäre zu sprayen"*, 7 Aug 2017

[442] https://www.youtube.com/watch?v=8RPlQ8jsXSs&feature=youtu.be *"NDR Regenwasser voller Nanopartikel"*

[443] http://www.spiegel.de/gesundheit/diagnose/morgellons-krankheit-schlimmes-hautleiden-beruht-wohl-auf-einbildung-a-836099.html ; 6.6.2012

[444] ibid.

[445] https://www.youtube.com/watch?v=NR0m_ADZ4JA ; *„Morgellons 'Krankheit' Chemtrails"*

[446] https://daserwachendervalkyrjar.wordpress.com/2015/03/11/morgellons-die-buchse-der-pandora-ist-geoffnet/ *„Morgellons: Die Büchse der Pandora ist geöffnet"*, 11/03/2015

[447] ibid.

[448] http://www.wakenews.tv/watch.php?vid=16d2ed12d *"Morgellons"*

[449] https://www.youtube.com/watch?v=cTp_1HzrCoo ; Herbert Schott: *„Chemtrails und Nanotechnologie zur Manipulation der Menschheit Teil 1"*

[450] https://www.youtube.com/watch?v=NR0m_ADZ4JA ; *„Morgellons 'Krankheit' Chemtrails"*

[451] https://www.youtube.com/watch?v=8eoNuIDOaVg *"Dr. med. Manfred Doepp, Thema 'Morgellons' "*

[452] http://www.wakenews.tv/watch.php?vid=d27522d26 *"Morgellons sind Biowaffen (Borellien übrigens auch)"*

[453] http://www.wakenews.tv/watch.php?vid=16d2ed12d *"Morgellons"*

[454] http://www.wakenews.tv/watch.php?vid=dcddf6e34 *„erschreckend ! "Morgellons" (Nanorobots, synthetische Würmer, Biowaffen) bewegen sich"*

[455] http://www.wakenews.tv/watch.php?vid=f047d398f *"Morgellons in Karotte"*

[456] http://www.wakenews.tv/watch.php?vid=9911df782 *„Chemtrails + Morgellons (Fasern) in Nordrhein Westfahlen Deutschland !"*

[457] http://www.wakenews.tv/watch.php?vid=eb30896d8 *„Erschreckend !!! Morgellons schon überall, sogar in BIO-Bananen !"*

[458] https://daserwachendervalkyrjar.wordpress.com/2015/03/11/morgellons-die-buchse-der-pandora-ist-geoffnet/ *„Morgellons: Die Büchse der Pandora ist geöffnet"*, 11/03/2015

[459] www.morgellons-research.org

[460] Gabriele Schuster-Haslinger, *„verraten verkauft verloren"*, Amadeus Verlag GmbH & Co. KG, 2015

[461] ibid., pages 50ff

[462] https://www.youtube.com/watch?v=cTp_1HzrCoo ; Herbert Schott: *„Chemtrails und Nanotechnologie zur Manipulation der Menschheit Teil 1"*

[463] https://www.youtube.com/watch?v=Do9lehJNg88 ; Herbert Schott: *„Chemtrails und Nanotechnologie zur Manipulation der Menschheit Teil 2"* , am 17.03.2014 veröffentlicht

[464] https://www.youtube.com/watch?v=cTp_1HzrCoo ; Herbert Schott: *„ Chemtrails und Nanotechnologie zur Manipulation der Menschheit Teil 1"* , am 16.03.2014 veröffentlicht
[465] ibid.
[466] Weiterführende Literatur bezüglich der Schnittstelle zwischen Funksignal und dem menschlichen Biophotonenhaushalt findet man auf http://www.aquarius-technologies.de/veroeffentlichungen.html.
[467] https://www.youtube.com/watch?v=cTp_1HzrCoo ; Herbert Schott: *„ Chemtrails und Nanotechnologie zur Manipulation der Menschheit Teil 1"* , am 16.03.2014 veröffentlicht
[468] https://www.youtube.com/watch?v=Do9lehJNg88 ; Herbert Schott: *„ Chemtrails und Nanotechnologie zur Manipulation der Menschheit Teil 2"*, am 17.03.2014 veröffentlicht
[469] https://www.youtube.com/watch?v=Do9lehJNg88 ; Herbert Schott: *„ Chemtrails und Nanotechnologie zur Manipulation der Menschheit Teil 1"* , am 16.03.2014 veröffentlicht
[470] https://www.youtube.com/watch?v=NR0m_ADZ4JA ; *„ Morgellons 'Krankheit' Chemtrails"*
[471] https://www.youtube.com/watch?v=5blrkhKuclQ *„ Hitze Dürre - Haarp Wetterwaffen töten 300 Menschen pro Tag."* : ab 20:42
[472] https://www.youtube.com/watch?v=rQA_Jf8svPc&t=29s *" 'Ihr Thema ...': Geo-Engineering ein unkalkulierbares Risiko für Mensch und Natur"*
[473] https://www1.wdr.de/fernsehen/aktuelle-stunde/startseite/nsu-prozess-zeugen-sterben-100.html ; Jan Hofer, Matthias Goergens: *„ Das reihenweise Sterben der NSU-Zeugen"*
[474] https://www.youtube.com/watch?v=cTp_1HzrCoo ; Herbert Schott: *„ Chemtrails und Nanotechnologie zur Manipulation der Menschheit Teil 1"*
[475] http://www.aquarius-technologies.de/veroeffentlichungen.html ; Harald Kautz-Vella: *„ Fakten zum Thema Geoengineering"*
[476] https://www.youtube.com/watch?v=FW9gVpzvSZo *„ Piloten, Ärzte & Wissenschaftler berichten über Chemtrails"*
[477] https://www.youtube.com/watch?v=Bs-_BOFdbpM , *„*Bewusst.tv - Morgellons und Transhumanismus", am 05.02.2014 veröffentlicht
[478] https://www.youtube.com/watch?v=NR0m_ADZ4JA ; *„ Morgellons 'Krankheit' Chemtrails"*
[479] https://www.youtube.com/watch?v=Bs-_BOFdbpM *„ Bewusst.tv - Morgellons und Transhumanismus"*
[480] ibid.
[481] https://www.zentrum-der-gesundheit.de/codex-alimentarius-ia.html?fbclid=IwAR17zPrh9oKnPMo5k2sQKdoti8jglrDXC5c-rFD8yNcKweR_mTeTDifCTtA#toc-gesundheitliche-selbstbestimmung-ist-bedroht
[482] ibid.
[483] https://www.youtube.com/watch?v=Bs-_BOFdbpM , *„ Bewusst.tv - Morgellons und Transhumanismus"*, Minute 26:40, am 05.02.2014 veröffentlicht

[484] *https://gesundmagazin.com/chemtrails-sind-verantwortlich-fuer-krankheiten-sie-zerstoeren-unser-immunsystem-mit-video/* „Chemtrails sind verantwortlich für Krankheiten Sie zerstören unser Immunsystem (mit Video)", 21. Februar 2019

[485] Gabriele Schuster-Haslinger, *„verraten verkauft verloren"*, Amadeus Verlag GmbH & Co. KG, 2015, pages 48

[486] https://patents.google.com/patent/US20120251502

[487] http://de.wikimannia.org/Kanzlerakte

[488] https://www.youtube.com/watch?v=XtA9o6IQSo4 Augenöffner! Die Unterwerfung der BRD-Kanzler, am 09.10.2012 veröffentlicht

[489] https://www.planet-wissen.de/gesellschaft/krankheiten/ehec/ehec-epidemie-100.html , *„Bakterien. Die Ehec-Epidemie von 2011 – ein Rückblick"*, planet wissen, 24.03.2017

[490] http://www.spiegel.de/wirtschaft/service/ehec-epidemie-2011-die-infektionsquelle-wurde-nie-gefunden-a-923249.html SPIEGEL ONLINE, Nicolai Kwasniewski: *„Neue Erkenntnisse zur Epidemie 2011 Der Ehec-Skandal, der nie aufgeklärt wurde"*, 20.09.2013

[491] Wolfgang Eggert u.a. , *„Die geplanten Seuchen AIDS, SARS und die militärische Genforschung"*, 2003

[492] http://euro-med.dk/?p=23140 *„Chemtrails "Offiziell": Bakterielle Und Chemische Kriegsführung Unter Dem Vorwand Der Inexistenten Globalen Erwärmung"*, 3. Juni 2011

[493] http://chronos-medien.de/texteinblicke6.html#seuchen , Interview mit der illustrierten Zeitschrift "BOX"

[494] Markus Egert, *"Ein Keim kommt selten allein"*, Verlag: Ullstein extra, 2018

[495] http://www.spiegel.de/gesundheit/diagnose/ebola-kommt-das-virus-aus-dem-labor-a-997610.html , Holger Dambeck *„Stammt das Ebolavirus aus einem Geheimlabor?"*, 17.10.2014

[496] http://chronos-medien.de/texteinblicke6.html#seuchen , Interview mit der illustrierten Zeitschrift "BOX"

[497] https://www.amanita.at/interessantes/artikel?id=21&fbclid=IwAR3IfzvtTX-JdVyWRyt2EbrdWiRjS-rM72S_gIA2KZtbcIbGIDd_LkT2bRE *„Kriegszyklen & der Schweinegrippe-Völkermord"* (ohne Datum, jedoch aus dem Text kann man schließen, dass der Artikel aus dem Jahre 2009 stammt)

[498] https://www.focus.de/politik/deutschland/soeder-prescht-voran-merkel-deutete-sie-nur-an-warum-sich-deutschland-mit-ausgangssperre-so-schwertut_id_11789268.html?obref=outbrain-f100-web&cm_ven=f100_outbrain , Henriette Jedicke: *„Merkel deutet an, Söder drohtWarum sich Deutschland mit Ausgangssperre so schwertut"*, 19.03.2020

[499] https://www.facebook.com/100015405430664/posts/768076520382522/?comment_id=768094813714026 , Min.1:53

[500] https://patents.google.com/patent/US20120251502

501 https://www.facebook.com/nach.denker.9/posts/609796002929040?comment_id= 609864572922183 , *„Ist das Coronavirus im Labor entstanden? "*, 08.02.2020, , Min.9:15

502 https://www.youtube.com/watch?v=dGx9MPSBWPY , *„ WUHAN - Was geht in China vor sich? "*, 02.02.2020", Min.12:50

503 ibid., Min.3:35

504 ibid., Min.7:05

505 https://www.zeit.de/news/2020-01/30/coronavirus-und-bill-gates-falschbehauptungen-im-umlauf, Faktencheck: Coronavirus und Bill Gates: Falschbehauptungen im Umlauf, 30. Januar 2020

506 https://www.youtube.com/watch?v=dGx9MPSBWPY , *„ WUHAN - Was geht in China vor sich? "*, 02.02.2020", Min.5:10

507 ibid., Min.11:10

508 https://www.anonymousnews.ru/2020/01/26/bill-gates-stiftung-corona-virus/ , *„ Bill Gates Stiftung prognostizierte 65 Millionen Tote durch Corona-Virus – vor 3 Monaten"*, 26.01.2020

509
https://www.youtube.com/watch?v=j3BSN6kCZkE&feature=share&fbclid=IwAR 1qZSHfIVG2T4OeKVYXFmyRK4PUVpDI0TGW4Nb53SIpB9lIZfdjc7FHs3M , *„ Amazing Polly - deutsch - Die globale Pandemie Event 201 "*, 14.03.2020, Minute: 0:38

510 ibid., Minute: 3:17

511 https://www.anonymousnews.ru/2020/01/26/bill-gates-stiftung-corona-virus/ , *„ Bill Gates Stiftung prognostizierte 65 Millionen Tote durch Corona-Virus – vor 3 Monaten"*, 26.01.2020

512 https://www.independent.ie/opinion/comment/fear-is-more-contagious-than-any-virus-39045195.html , Donald Lynch: *"Fear is more contagious than any virus "*, 15.03.20

513
https://mail.google.com/mail/u/0/#search/legitim/FMfcgxwHMZLFPhksLCBXFS dhCphNklrV , LEGITIM - Newsletter (27.3. 2020), *„Trump will Notstand lockern: Massnahmen sollten nicht schlimmer als das Problem selbst sein!"*

514
https://heidenzorn.omasiso.de/stuff/wordpress/index.php/2020/04/04/kommentar-eines-facharztes-dr-juergen-mueller-zu-prof-bhakdi/ *„Kommentar eines Facharztes – Dr. Jürgen Müller zu Prof Bhakdi"*, 4. April 2020

515
https://www.youtube.com/watch?v=2sZUS3SAWzk&fbclid=IwAR3SvNf3Z5Uz3 MN6lj3pNK5kIDYkMPzc_lzAxcqA-ss_8K3WZqBN8ohwo9o *„ Corona ist eine Inszenierung: Padologe sagt: Corona ist eine Inszenierung und gibt es so gar nicht!"*, 23.04.2020

516 https://splitter-pfe.ch/pdf/home/200502_rubikon_wodarg_der-pandemie-krimi.pdf , Wolfgang Wodarg: *„ Der Pandemie-Krimi - Covid-19 ist ein Fall für Medizin-Detektive. "*, 02.05.2020

517 ibid.
518 ibid.
519 ibid.
520 ibid.
521 ibid.
522 https://www.youtube.com/watch?v=Vaw_3F3Kq50 , *„RUBIKON: Im Gespräch: „Ein Menschheitsverbrechen" (Wolfgang Wodarg und Jens Lehrich)",* 31.05.2020, Minute 14:50
523 https://www.tagesschau.de/inland/fernsehpreis-corona-berichterstattung-101.html
524 *https://www.freiewelt.net/nachricht/covid-19-in-der-endphase-ist-wie-ertrinken-nur-langsamer-10080673/ , „Qualvoller Tod durch das Coronavirus - COVID-19 in der Endphase ist wie Ertrinken, nur langsamer",* 16.03.2020
525

https://www.facebook.com/anonline.darktribefashion/videos/2591724261142684/ , Demokratischer Widerstand Berlin I Pressekonferenz 07.05.2020, Minute 0 - 2
526 https://splitter-pfe.ch/pdf/home/200502_rubikon_wodarg_der-pandemie-krimi.pdf , Wolfgang Wodarg: *„Der Pandemie-Krimi - Covid-19 ist ein Fall für Medizin-Detektive. ",* 02.05.2020
527 ibid.
528 *https://www.youtube.com/watch?v=PfYot63f7Kg&t=2349s ,* „Herman & Popp Bombe im Bundesinnenministerium geplatzt! (Reupload)", 12.05.2020, Minute 20:53
529 ibid., Minute 4:57
530 https://traugott-ickeroth.com/liveticker/ , Traugott Ickeroth Blog, *„Der Sturm ist da – Liveticker".* 19.06.2020
531

https://mail.google.com/mail/u/0/#inbox/FMfcgxwHNVtkckTkRcpmDZtrRSnRJcJC , „Das BUNDESAMT für STATISTIK widerlegt den BUNDESRAT !!! (KEINE PANDEMIE)" , ©2020 LEGITIM | NEWSLETTER, 18.05.20
532 ibid., Minute 19:05
533 https://www.house-of-light.gr/de/_/1./corona-virus-hoax-defender-2020.html *„Corona-Virus-Hoax & - DEFENDER 2020"*
534 https://www.youtube.com/watch?v=JBB9bA-gXL4&feature=youtu.be&fbclid=IwAR0us-GU9kbG9yBXoTXPJlsT4wuoJZJx2UYIlYJP2EEsBQkzvseJRt3wouQ : *„Corona-Krise: Prof. Sucharit Bhakdi erklärt warum die Maßnahmen sinnlos und selbstzerstörerisch sind" ,* 19.3.20, Minute 9
535 Netzfund
536 https://www.youtube.com/watch?v=gpdIUunAPys&t=166s , *„Herbert Kickl zieht Bilanz: 'Kanzler Kurz hat Menschen bewusst in Angst und Schrecken versetzt!' ",* 22.04.2020
537 https://www.youtube.com/watch?v=BBsET-tUzzM&t=732s , *"18 - Das Corona Kartenhaus zerstört ! Überraschung! schnell gucken*

18 - Das Corona Kartenhaus zerstört ! Überraschung! schnell gucken",
27.04.2020
[538] https://www.youtube.com/watch?v=BBsET-tUzzM&t=732s , *"18 - Das
Corona Kartenhaus zerstört ! Überraschung! schnell gucken*
18 - Das Corona Kartenhaus zerstört ! Überraschung! schnell gucken",
27.04.2020
[539]

https://m.youtube.com/watch?v=f6ikWIVpkv0&feature=share&fbclid=IwAR2X
QT9Sf5XkZOVbVeuT9rwxCqE_qmfKcWX1ziTcfMlOOsG_AsMnVfOMEU
[540] https://www.heidelberg24.de/heidelberg/coronavirus-heidelberg-klage-
anwaeltin-bahner-regeln-gericht-massnahmen-corona-verordnung-verbot-
13640822.html , *„Polizei ermittelt gegen sie - Wegen Corona-Verordnungen:
Anwältin aus Heidelberg macht ernst"*, 10.04.20
[541]

https://www.facebook.com/photo.php?fbid=1353132768225118&set=a.58555939
8315796&type=3&theater
[542]

*https://www.youtube.com/watch?v=wwXYbCQNVZA&feature=youtu.be&fbclid=I
wAR1KzXlrUdOYUUbJUH-LBBB-3leBPk9hEmlT00UZqY2mCi5cRi6jFBP3ASo*
„Rechtsanwältin Beate Bahner verhaftet und in Psychiatrie (Sprachnachricht)",
13.04.2020
[543] https://www.youtube.com/watch?v=HNZgXpVNXIg *„ Broders Spiegel:
Generalprobe für den Notstand?"*, 06.04.2020
[544] https://www.youtube.com/watch?v=W186IQ3ljC8 , Ken Jebsen *„Gates kapert
Deutschland! #GibGATESkeineChance
#WIRWOLLENUNSERERECHTEWIEDER"*, 06.52020, Minute 2
[545] Dr. Klaus Maurer, *Die „ BRD"-GmbH oder zur völkerrechtlichen Situation in
Deutschland und den sich daraus ergebenden Chancen für ein neues Deutschland*, Dritte Auflage, Sunflower-Verlag, 2016, page 40
[546] https://viennnna.blogspot.com/2020/05/die-*neuenmrna-impfstoffe*.html , *"DIE
NEUEN mRNA-IMPFSTOFFE - viennnna.blogspot.com"*, 24.05.2020
[547] https://www.sueddeutsche.de/politik/schweinegrippe-aufregung-um-zwei-
klassen-impfung-1.36055 Süddeutsche Zeitung: *„ Aufregung um "Zwei-Klassen-
Impfung"*, 19.Oktober 2009
[548] Stern Nr.22, 24.5.2018, Norbert Höfler und Jonas Wresch: *„ WIR BRAUCHEN
EUCH!"* page 27
[549] https://www.planet-
wissen.de/natur/insekten_und_spinnentiere/bienen/pwiebienensterben100.html
Planet wissen: *„Bienensterben"*
[550] Stern Nr.22, 24.5.2018, page 27
[551] https://www.zeit.de/wissen/umwelt/2018-04/bienensterben-ursachen-pestizide-
imker-klimawandel Gunther Willinger: *"Bienensterben: Rettet die Bienen, aber
nicht so!"*
[552] https://marbec14.wordpress.com/2019/09/10/kalifornien-passant-filmt-wie-
leblose-bienen-zwischen-zwei-5g-antennen-auf-den-boden-klatschen/ ,

„Kalifornien: Passant filmt, wie leblose Bienen zwischen zwei 5G-Antennen auf den Boden klatschen!", 10. September 2019
[553] https://www.youtube.com/watch?v=a9g5LIFc8Y4&t=73s *„Bester Chemtrail-Vortrag von Werner Altnickel"*
[554] Nancy L. Swanson, Andre Leu, Jon Abrahamson and Bradley Wallet (2014), Genetically engineered crops, glyphosate and the deterioration of health in the United States of America. *Journal of Organic Systems* **9,** Number 2, page 6
[555] http://www.aquarius-technologies.de/veroeffentlichungen.html ;
Harald Kautz-Vella: *„Fakten zum Thema Geoengineering - 2. Faserkrankheit, Pseudo-Darmparasiten, eingebildete Parasitose & Autismus. Die vielen Gesichter der Morgellon'schen Erkrankung."*
[556] https://www.youtube.com/watch?v=GA3Gvr_ApL0
„Wie wir vergiftet werden - Dr. Dietrich Klinghardt"
[557] http://www.scielo.br/pdf/gmb/v30n2/a26v30n2.pdf
[558] Nancy L. Swanson, Andre Leu, Jon Abrahamson and Bradley Wallet (2014), Genetically engineered crops, glyphosate and the deterioration of health in the United States of America. *Journal of Organic Systems* **9,** Number 2, page 6
[559] ibid.
[560] https://www.youtube.com/watch?v=FW9gVpzvSZo
„Piloten, Ärzte & Wissenschaftler berichten über Chemtrails"
[561] https://www.youtube.com/watch?v=GA3Gvr_ApL0
„Wie wir vergiftet werden - Dr. Dietrich Klinghardt"
[562] Th. Schmitz und S. Siebert, *Klartext Impfen – Ein Aufklärungsbuch zum Schutz unserer Gesundheit,* HarperCollins Germany GmbH, Hamburg, 2019
[563] A. Moritz, *Die geimpfte Nation: Wie Impfen der Bevölkerung schadet Warum ADHS, Autismus, Asthma und Allergien dramatisch zunehmen,* Narayana Verlag GmbH, 2018
[564] https://cc.bingj.com/cache.aspx?q=Robert+F.+Kennedy+Jr.+-+Vereint+gegen+den+Impfzwang!&d=4520500498137245&mkt=de-DE&setlang=de-DE&w=xh2rtqV-lE4Hr4b6Qy6NkheC1GmgpFuX , *„Robert F. Kennedy Jr. - Vereint gegen den Impfzwang!"*, 18.09.2019
[565] ibid.
[566] https://www.die-gesunde-wahrheit.de/2017/12/02/impfstoffen/ *„CDC bestätigt: Glyphosat und Nierenzellen von Affen in Impfstoffen"*
[567] https://www.pravda-tv.com/2017/02/die-groesste-luege-dieser-welt-impfungen-und-das-masern-virus/ *„Die größte Lüge dieser Welt: Impfungen und das Masern-Virus",* 8. Februar 2017 aikos2309
[568] ibid.
[569] https://www.pravda-tv.com/2017/02/die-groesste-luege-dieser-welt-impfungen-und-das-masern-virus/ 8. Februar 2017 aikos2309
[570] https://news-for-friends.de/ *„Globale Schock: Krebs wird in Impfstoffen übertragen, gibt das Unternehmen zu"* 26. Mai 2018
[571] https://www.die-gesunde-wahrheit.de/2017/12/02/impfstoffen/ *„CDC bestätigt: Glyphosat und Nierenzellen von Affen in Impfstoffen"*

[572] http://www.wakenews.tv/watch.php?vid=387f43076 *"Parasiten und Würmer im Körper - Eine Gefahr für die Gesundheit? QuantiSana.TV 12.06.2017"*(ab Minute 13:45)

[573] https://www.zentrum-der-gesundheit.de/dezimierung-der-menschheit-ia.html *"Impfung - Dezimierung der Menschheit"* (aktualisiert: 06.03.2018)

[574] A. Moritz, *Die geimpfte Nation: Wie Impfen der Bevölkerung schadet Warum ADHS, Autismus, Asthma und Allergien dramatisch zunehmen*, Narayana Verlag GmbH, 2018

[575] https://www.zentrum-der-gesundheit.de/dezimierung-der-menschheit-ia.html *"Impfung - Dezimierung der Menschheit"* (aktualisiert: 06.03.2018)

[576] https://www.youtube.com/watch?v=Sfm1oXpvkTA&t=833s , *„COVID-19 , Aktuelle Informationen zum COVID-19 von der BZgA. - Heiko Schöning: #Corona - Kriminelle Zusammenhänge verstehen. #Coronavirus"* , 27.03.2020

[577] https://www.pravda-tv.com/2013/12/eine-jahrhundertluge-spanische-grippe-wurde-durch-massenimpfungen-ausgelost/ *„Eine Jahrhundertlüge: Spanische Grippe wurde durch Massenimpfungen ausgelöst"*, 4. Dezember 2018

[578] https://www.zentrum-der-gesundheit.de/dezimierung-der-menschheit-ia.html *"Impfung - Dezimierung der Menschheit"* (aktualisiert: 06.03.2018)

[579] https://www.anonymousnews.ru/2020/01/26/bill-gates-stiftung-corona-virus/ , *„Bill Gates Stiftung prognostizierte 65 Millionen Tote durch Corona-Virus – vor 3 Monaten"*, 26.01.2020

[580] http://www.s-und-g.info *„Stimme Gegenstimme S & G"*, Ausgabe 15/2017

[581] https://www.spiegel.de/politik/deutschland/jens-spahn-legt-gesetz-zur-impfpflicht-gegen-masern-vor-a-1265812.html , *„Gesundheitsminister Spahn legt Vorschläge zur Impfpflicht gegen Masern vor"*, 05.05.2019

[582] 9-Uhr-Nachrichtensendung am 5.5.2019 im WDR4

[583] https://vaccineimpact.com/ , *„Fetal DNA Contaminants Found in Merck's MMR Vaccines"*, May 21, 2019

[584] https://www.tagesschau.de/kommentar/impfpflicht-103.html

[585] https://systematischgesund.de/gesundheit/impfen/kindersterblichkeit/ als Video eingebettet (kla.tv/14793), Minute 19:19 bis 21:13

[586] //www.aerzteblatt.de/nachrichten/107757/Schon-mehr-als-5-000-Maserntote-im-Kongo?rt=8659a0b86d7e4097af5151b41fcf0ba4 , *"Masernimpfung erhöht Kindersterblichkeit dramatisch"*, 28.11.2019

[587] https://www.welt.de/vermischtes/article200979632/Kinderkrankheit-im-Kongo-Toedlicher-als-Ebola.html , *„Tödlicher als Ebola"* , veröffentlicht am 26.09.2019

[588] https://systematischgesund.de/gesundheit/impfen/kindersterblichkeit/ *"Masernimpfung erhöht Kindersterblichkeit dramatisch"*, 2.12.2019

[589] Th. Schmitz und S. Siebert, *Klartext Impfen – Ein Aufklärungsbuch zum Schutz unserer Gesundheit*, HarperCollins Germany GmbH, Hamburg, 2019

[590] A. Moritz, *Die geimpfte Nation: Wie Impfen der Bevölkerung schadet Warum ADHS, Autismus, Asthma und Allergien dramatisch zunehmen*, Narayana Verlag GmbH, 2018

591 https://www.youtube.com/watch?v=dbRCARZlzhc , „*Dringender Weckruf 2: Halten Impfunbedenklichkeitserklärungen einem Praxistest stand?*" | 21.09. 2019, Minute 1:02 - 1:28

592 https://systematischgesund.de/gesundheit/impfen/kindersterblichkeit/ als Video eingebettet (kla.tv/14793)

593 ibid., Minute 1:46

594 https://www.youtube.com/watch?v=tsArJHgBoCg , „*VAXXED | Trailer deutsch german [HD]*", 03.03.2017

595 Daniel Prinz, *Wenn das die Menschheit wüsste ...*, Amadeus Verlag GmbH & Do KG, 2017, pages 251ff

596 http://www.s-und-g.info „*Österreich: Kein Job ohne Impfung – Vorbote allgemeiner" Impfpflicht?*", zitiert in „*Stimme Gegenstimme S & G*", Ausgabe 15/2017, www.krone.at/oesterreich/graz-wer-nicht-geimpft-ist-bekommt-keinen-job-strenge-regelung-story-548460

597 https://www.youtube.com/watch?v=nTgyakGAddM , „La Dra Rauni Kilde habla sobre la Conspiración de la Gripe Porcina" ("Dr. Rauni Kilde spricht über die Schweinegrippe-Verschwörung"), Am 31.08.2009 veröffentlicht

598 https://www.amanita.at/interessantes/artikel?id=21&fbclid=IwAR3IfzvtTX-JdVyWRyt2EbrdWiRjS-rM72S_gIA2KZtbcIbGIDd_LkT2bRE „*Kriegszyklen & der Schweinegrippe-Völkermord*" (ohne Datum, jedoch aus dem Text kann man schließen, dass der Artikel aus dem Jahre 2009 stammt)

599 https://www.youtube.com/watch?v=Z8jgOa1vw4w , „*Corona Virus - Fakten ! keine Verschwörung! Was ist die WAHRHEIT ? Coach Cecil*", 02.02.2020, Min.16

600 http://chronos-medien.de/texteinblicke6.html#seuchen , Interview mit der illustrierten Zeitschrift "BOX",

601 https://www.zentrum-der-gesundheit.de/dezimierung-der-menschheit-ia.html *"Impfung - Dezimierung der Menschheit"* (aktualisiert: 06.03.2018)

602 https://www.epochtimes.de/politik/welt/toedliche-menschenversuche-mit-hpv-impfungen-indische-aerzte-verklagen-bill-gates-a1291203.html, „*Tödliche Menschenversuche mit HPV-Impfungen: Indische Ärzte verklagen Bill Gates*", 11.12.2015

603 https://www.youtube.com/watch?v=Z8jgOa1vw4w , „*Corona Virus - Fakten ! keine Verschwörung! Was ist die WAHRHEIT ? Coach Cecil*", 02.02.2020, Min.20:30 – 22:40

604 https://cgconsult.jimdo.com/2013/10/27/dezimierung-der-menschheit/ , „*Dezimierung der Menschheit*", 27. Oktober 2013

605 http://www.umweltinstitut.org/themen/landwirtschaft/pestizide/glyphosat.html „*Glyphosat - Das meistverkaufte Pflanzengift der Welt*"

606 https://monsanto.com/innovations/biotech-gmos/articles/gmo-facts/

607 https://www.zentrum-der-gesundheit.de/dezimierung-der-menschheit-ia.html *"Impfung - Dezimierung der Menschheit"* (aktualisiert: 06.03.2018)

608 Thomas Klein, *Fluor – Vorsicht Gift! Die schwerwiegenden Folgen der Fluoridvergiftung*, Hygeia-Verlag, 2012

609 https://news-for-friends.de/ „*Warum vergiften sie uns?*" 26. Mai 2018

[610] Thomas Klein, *Fluor – Vorsicht Gift! Die schwerwiegenden Folgen der Fluoridvergiftung*, Hygeia-Verlag, 2012
[611] https://news-for-friends.de *„ Warum vergiften sie uns? "* 26. Mai 2018
[612] https://www.youtube.com/watch?v=_8o4xgSVcyg
„ Chemtrails Trojanische Wolken Doku (full length) "
[613] https://www.zdf.de/nachrichten/politik/die-welt-verbuendet-sich-milliarden-fuer-corona-impfstoff-100.html , *„ Corona-Geberkonferenz - 7,4 Milliarden gegen das Virus "*, 04.05.2020
[614] https://www.youtube.com/watch?v=9inOYVK7Bj8 , *„ Gates rechnet mit 700.000 Impfgeschädigten! Interview * Kommentar "*, 26.05.2020
[615] https://www.youtube.com/watch?v=083VjebhzgI , Interview Bill Gates im ARD, 12.04.2020
[616] https://www.youtube.com/watch?v=Vaw_3F3Kq50 , *„ RUBIKON: Im Gespräch: „ Ein Menschheitsverbrechen" (Wolfgang Wodarg und Jens Lehrich)"*, 31.05.2020, Minute 8:50
[617] https://viennnna.blogspot.com/2020/05/die-*neuenmrna-impfstoffe*.html , *"DIE NEUEN mRNA-IMPFSTOFFE - viennnna.blogspot.com"*, 24.05.2020
[618] https://www.sueddeutsche.de/politik/schweinegrippe-aufregung-um-zwei-klassen-impfung-1.36055 Süddeutsche Zeitung: *„ Aufregung um "Zwei-Klassen-Impfung"*, 19.Oktober 2009
[619] https://www.youtube.com/watch?v=-rD9M-M8GIo Norman Investigativ *„ Denver Illuminaten Airport - Ist an den Gerüchten was dran? "*, 30.10.2019
[620] https://www.youtube.com/watch?v=3MCaceXGYHw *„ Die verschwiegene Wahrheit über Gifte und Krebs "*, Veröffentlicht am 19.09.2018
[621] https://www.youtube.com/watch?v=6ccUAQHdUGo&t=4s , *„ Vitamin B17 gegen Krebs - Die Wirkung von bitteren Aprikosenkernen "*, am 28.10.2012 veröffentlicht
[622] https://www.alternativ-report.de/2019/06/09/neue-studie-beweist-krebs-ist-zu-100-prozent-eine-vom-menschen-gemachte-krankheit/ , *„ Neue Studie beweist: Krebs ist zu 100 Prozent eine vom Menschen gemachte Krankheit "*, 9.Juni 2019
[623] https://dieblauehand.info/chemotherapie-eine-mta-med-techn-assistentin-packt-aus/ Andrea Viertl: *„ Chemotherapie – Eine MTA (med. techn. Assistentin) packt aus! "*, 10.7.2018
[624] https://www.youtube.com/watch?v=pwkLXPhOTQI&feature=youtu.be&t=782 *„ KenFM im Gespräch mit: Lothar Hirneise ("Chemotherapie heilt Krebs und die Erde ist eine Scheibe") "*, Am 14.05.2019 veröffentlicht
[625] https://dieblauehand.info/chemotherapie-eine-mta-med-techn-assistentin-packt-aus/ Andrea Viertl: *„ Chemotherapie – Eine MTA (med. techn. Assistentin) packt aus! "*, 10.7.2018
[626] ibid.
[627] Amazon.de: Aus einer Rezension von Uwe Hiltmann zum Buch: G Edward Griffin: „Eine Welt ohne Krebs: Die Geschichte des Vitamin B17 und seiner Unterdrückung" 2005

[628] https://dieblauehand.info/chemotherapie-eine-mta-med-techn-assistentin-packt-aus/ Andrea Viertl: *„Chemotherapie – Eine MTA (med. techn. Assistentin) packt aus!"*, 10.7.2018

[629] Eenda

[630] https://www.youtube.com/watch?v=HI7DOgj1sJI&t=261s *"Was Ihr über Krebs nicht wissen sollt..."*

[631] https://quer-denken.tv/biologische-krebsvorsorge-krebstherapie-i-linus-pauling-und-vitamin-c/ von Michael Friedrich Vogt in Querdenken-TV: *„Biologische Krebsvorsorge & Krebstherapie I: Linus Pauling und Vitamin C"*, 27. Mai 2017

[632] https://www.youtube.com/watch?v=DuidG6hNCrk&t=1726s *"Krebs - Das Ende einer Volkskrankheit Dr. Matthias Rath - Das Ende einer Volkskrankheit 20.10.2011"*

[633] ibid.

[634] ibid.

[635] https://www.youtube.com/watch?v=6ccUAQHdUGo&t=4s *„vitamin b17 gegen krebs - die wirkung von bitteren aprikosenkernen"*

[636] http://webcache.googleusercontent.com/search?q=cache:73-ZWpyDUZkJ:www.ralf-kollinger.de/wp/wp-content/uploads/2014/01/Akte-Vitamin-B-17-Amygdalin-Urteil-Laetril.pdf+&cd=1&hl=de&ct=clnk&gl=de&client=firefox-b *„Akte Vitamin B 17 Amygdalin Urteil – Laetril - Ralf Kollinger"*

[637] https://www.youtube.com/watch?v=6ccUAQHdUGo&t=4s *„vitamin b17 gegen krebs - die wirkung von bitteren aprikosenkernen"*

[638] Markus Egert und Frank Thadeusz, Ein Keim kommt selten allein, Ullstein Buchverlage GmbH, 2018, page 148

[639] https://www.deutsche-apotheker-zeitung.de/daz-az/2012/daz-46-2012/vitamin-b17-bei-krebs *"'Vitamin B17' bei Krebs? - Wie Amygdalin zu beurteilen ist"*

[640] *https://www.deutsche-apotheker-zeitung.de/daz-az/2012/daz-46-2012/vitamin-b17-bei-krebs* , Dr. Ulrike König: *„Fragen aus der Praxis - 'Vitamin B17' bei Krebs? - Wie Amygdalin zu beurteilen ist"*

[641] https://www.youtube.com/watch?v=H0Whdt1DBpc&t=314s *"Aprikosenkerne gegen Krebs: Lebensgefährliche Naturheilkunde"*

[642] https://www.youtube.com/watch?v=MJ23O_fV5b4 *"Vitamin B17: Die größte Vertuschung über Krebs in der Geschichte oder doch alles Lüge?"*

[643] *Gesundheit und Krankheit verstehen – Eine neue Medizin auf Basis der 5 Biologischen Narurgesetze – entdeckt von Dr. med. Mag. Theol. Tyke Geerd Hamer*, 11. Auflage, Verantwortlicher Autor: Björn Eybl, Traunstr. 23, A-4600 Wels:

[644] https://www.youtube.com/watch?v=6ccUAQHdUGo&t=4s *„vitamin b17 gegen krebs - die wirkung von bitteren aprikosenkernen"*

[645] ibid.

[646] ibid.

[647] Brigitte Helene (Hrsg.), *Vitamin B17 – Die Revolution in der Krebsmedizin*, BoD-Verlag, 2012

[648] Peter Kern, Krebs bekämpfen mit *Vitamin B17 – Vorbeugen und heilen mit Nitrilen aus Aprikosenkernen,*   VAK Verlags GmbH, Kirchzarten bei Freiburg, 2008

[649] G Edward Griffin: *Eine Welt ohne Krebs: Die Geschichte des Vitamin B17 und seiner Unterdrückung,* Kopp Verlag, 2005

[650] https://www.youtube.com/watch?v=CzOl9XtfBJU *"Hilft Methadon gegen Krebs? | Zur Sache Baden-Württemberg!"* veröffentlicht: 12.05.2017

[651] https://www.youtube.com/watch?v=y9zdr8FQTE0 *"Methadon in der Krebstherapie - Pro und Contra - der ganze Talk | stern TV (28.06.2017)"*

[652] ibid.

[653] Daniel Prinz, *Wenn das die Menschheit wüsste ...,* Amadeus Verlag GmbH & Do KG, 2017, pages 248f

[654] ibid., pages 237ff und 249f

[655] https://www.youtube.com/watch?v=L2ziG1GKVsg&t=188s „16. AZK: „Digitalisiert in eine strahlende Zukunft – todsicher!" - Anke Kern | www.kla.tv/13437", veröffentlicht am 01.12.2018

[656] net find

[657]

https://www.facebook.com/dawid.snowden/videos/vb.345142656089183/1274342572732838/?type=2&theater ||#208| *„Systematische Volksverdummung über die öffentlich rechtlichen Medien|",* 5.Juni 2019

[658] Joachim Sonntag, *„2025 - Der vorletzte Akt: Warum wir Heimat, Freiheit und Sicherheit verlieren",* CBX-Verlag München, 2019, Anhang 1, page 228

[659] Joachim Sonntag, *Deutschland im freien Fall – Wie die milliardenschweren Finanzeliten unsere freiheitliche Demokratie zerstören und unsere Politiker und öffentlichen Medien zu deren Werkzeugen wurden,* 2. erweiterte Auflage, BoD-Verlag, 2017, pages 50ff

[660] Alexander Unzicker, *„ Vom Urknall zum Durchknall – Die absurde Jagd nach der Weltformel",* Springer Verlag Heidelberg Dordrecht London New York, korrigierter Nachdruck 2010, page 119f

[661] https://www.anonymousnews.ru/ , Holger Douglas: *„Biologe vor Gericht: Kritik an Gender-Theorien soll als Volksverhetzung bestraft werden"*

[662] https://www.legitim.ch/home/author/Jan-Walter , Jan Walter: *„Geheime Agenda - Der wahre Grund für 5G ist 1000 Mal schlimmer als die Strahlung!",* 8. April 2019

[663]

https://www.facebook.com/search/top/?q=www.GMACAG.com&epa=SEARCH_BOX

[664]

https://www.youtube.com/watch?v=P9dc3Plo7MA&feature=share&fbclid=IwAR20JzMaRVbxTaTLok4AYCaCROY27ceAYPsbSf7R0h43NLFKTD-PxHZAfHU , *„Der wahre Grund für 5G ist 1000 Mal schlimmer als die Strahlung",* Am 12.04.2019 veröffentlicht

[665] Joachim Sonntag, *„2025 - Der vorletzte Akt: Warum wir Heimat, Freiheit und Sicherheit verlieren",* CBX-Verlag München, 2019, pages 14ff und 102ff

[666] https://news-for-friends.de/wie-wird-die-agenda-21-weltweit-umgesetzt/?fbclid=IwAR2uFUSfj_8zESyEV2wn_-OU00kKYJfphcGGxkWOqhD-J-mJq6NYKy_hYYQ , *„ Wie wird die Agenda 21 weltweit umgesetzt? “*, 7.April 2019

[667] http://www.wisnewski.ch/rezo-kulturrevolution-2-0/

[668] G. Wisnewski, *Verheimlicht, vertuscht, vergessen*, Kopp Verlag, 2018, page 46f

[669] https://www.youtube.com/watch?v=_G9GQvwsfT4 , „Grüner Hass: Hetzen Spaß-Youtuber die Jugend auf? - Gerhard Wisnewski im Gespräch", am 05.06.2019 veröffentlicht

[670] F. Fabian, *Die geheim gehaltene Geschichte Deutschlands – Was bis heute von Historikern verschwiegen wird*, Bassermann Verlag (innerhalb der Verlagsgruppe Random House GmbH, München), 2015

[671] https://www.youtube.com/watch?v=pD0t2M2cNc4 , „Das Ende der Parteien. Teil 1. Deutschland vor wunderbarem Neubeginn.", 06.01.2020

[672] https://www.youtube.com/watch?v=TNuhH6arYPw , „Das Ende der Parteien. Teil 2. Deutschland vor wunderbarem Neubeginn.", 06.01.2020

[673] Ulrich Mies (Hg.), *Der Tiefe Staat schlägt zu – Wie die westliche Welt Krisen erzeugt und Kriege vorbereitet*, Promedia Verlag, Wien, 2. Auflage 2019, page 33)

[674] https://www.youtube.com/watch?v=19asrm-S4i0&t=14s *„ Horst Seehofer, erklärt warum Wählen sinnlos ist !!! Bei Pelzig 20.5.2010 "*

[675] Ulrich Mies und Jens Wernicke (Hg.), *Fassadendemokratie und Tiefer Staat – Auf dem Weg in ein autoritäres Zeitalter*, Promedia Verlag, Wien, 6. Auflage 2018, page 10f

[676] Ulrich Mies (Hg.), *Der Tiefe Staat schlägt zu – Wie die westliche Welt Krisen erzeugt und Kriege vorbereitet*, Promedia Verlag, Wien, 2. Auflage 2019, page 123

[677] Rainer Mausfeld, *Warum schweigen die Lämmer? – Wie Elitendemokratie und Neoliberalismus unsere Gesellschaft und unsere Lebensgrundlagen zerstören*, Westend Verlag GmbH, Frankfurt/Main, 2018, page 137

[678] ibid., page 131

[679] Joachim Sonntag, *„ 2025 - Der vorletzte Akt: Warum wir Heimat, Freiheit und Sicherheit verlieren "*, CBX-Verlag München, 2019, pages 75ff

[680] Ulrich Mies (Hg.), *Der Tiefe Staat schlägt zu – Wie die westliche Welt Krisen erzeugt und Kriege vorbereitet*, Promedia Verlag, Wien, 2. Auflage 2019, pages 17f

[681] ibid., page 13

ISBN 9783945794937

Broché, 272 pages, 1ère édition, 04/2019
CBX Verlag UG München,   15 €

L'année "2025" est tirée du document de la NASA "The Future Is Now ! NASA Future Strategic Issues and Warfare - Circa 2025" et est synonyme du jour X, où la prise de pouvoir mondiale par l'élite doit se faire à partir du processus rampant de la mondialisation (dans lequel nous sommes actuellement). La mondialisation qui s'accélère de toutes ses forces, le devoir d'être un bien-pensant, les mesures répressives contre les dissidents politiques et le lavage de cerveau selon lequel "l'Allemagne est colorée" par les médias ne sont que de la fumée. Il vise à obscurcir ce dont il s'agit: l'être humain transparent, le contrôle total et la soumission totale du monde sous la domination de l'élite financière - le nouvel ordre mondial

ISBN 9783744809542

Broché, 229 pages, 2e édition augmentée, 09/2017
BoD Verlag Norderstedt **9,99 €**

L'Allemagne se développe à pas de géant, passant d'un État-providence libre à un État multiculturel dominé par la pensée et les idéologies de gauche/verte, soutenu par l'endoctrinement d'une souveraineté médiatique "politiquement correcte" - décrite par l'auteur comme la "chute libre de l'Allemagne". Ce processus se déroule en étroite collaboration avec les syndicats, les autorités, les organes politiques, les initiatives citoyennes, les églises, les organisations non gouvernementales (ONG), les médias publics et une industrie des réfugiés qui a vu le jour et qui se chiffre en milliards. Cette évolution désastreuse pour notre pays est principalement influencée par des puissances étrangères et est la conséquence du fait que l'Allemagne n'est plus souveraine depuis le 8 mai 1945.